Imágenes de

Pictures of

MADRID

Imágenes de

Pictures of

MADRID

ediciones
LA LIBRERÍA

1.ª edición: mayo 2012
2.ª edición: enero 2014
3.ª edición: febrero 2016

C/ Mayor, 80
28013 Madrid
Tlfno.: 91 541 71 70
E-mail: info@edicioneslalibreria.es

Textos: Mª Isabel Gea Ortigas
Traducción: Mecaservi
Fotografías: Álvaro Benítez Álvez
Diseño de cubierta: Javier Fernández Lizán

I.S.B.N.: 978-84-9873-176-7
Depósito Legal: M-13795-2012

INTRODUCCIÓN

MADRID no sólo es el casco antiguo, es decir, el Madrid medieval, el Madrid de los Austrias y el Madrid de los Borbones. También es el Madrid moderno del paseo de La Castellana, del AZCA, del Campo de las Naciones, y de pueblos y ciudades como Alcalá de Henares, Manzanares el Real, Chinchón, Buitrago, Torrelaguna, Aranjuez,... e incluso paisajes como el hayedo de Montejo de la Sierra, o La Pedriza. Porque Madrid es, además de la capital de España, la provincia, hoy Comunidad Autónoma, tal como se ve a lo largo de las páginas de este libro.

La provincia de Madrid está situada en el centro de España, entre los 39° 52′ y 41° 10′ de latitud norte y los 0° 35′ de longitud este y 0° 50′ de longitud oeste del meridiano de Madrid. Limita al norte con las provincias de Segovia y Guadalajara, al este con esta última y Cuenca, al sur con Toledo y al oeste con Ávila y Segovia. De norte a sur presenta casi 2 000 metros de desnivel entre Peñalara (2 430 m) y Aranjuez (491 m). Su altitud media está entre 600 y 700 metros sobre el nivel del mar. Tiene una superficie de 7 995 km^2 y una población que ronda los cuatro millones de habitantes. La superficie total del territorio municipal de Madrid capital es de 60 708 hectáreas, incluidas las 15 000 del Monte del Pardo y las 1727 de la Casa de Campo. Doscientos quince barrios subdividen los 21 distritos de Madrid capital.

La provincia presenta dos zonas totalmente diferentes. La noroeste está ocupada por la extensa Cordillera Central con ramificaciones como La Maliciosa, La Cabrera y La Pedriza. La Cordillera Central se puede atravesar a través de los puertos de Somosierra, Navacerrada, alto de los Leones y Guadarrama. La zona sureste por el contrario, presenta un aspecto llano con profusión de manantiales salinos. Entre los principales ríos que cruzan la provincia se hallan el Manzanares –conocido despectivamente como «el aprendiz de río»– que nace a diez kilómetros del pueblo de Manzanares el Real y pasa por El Pardo y Madrid; el Lozoya, del cual se surtía en origen el Canal de Isabel II; el Henares, el Tajuña, que riega la famosa vega del mismo nombre junto con el Tajo. La provincia está comprendida dentro de la cuenca del Tajo, beneficiándole las cuencas del Jarama, Guadarrama y Alberche. Madrid es la capital más escasa de aguas. De ahí la construcción de embalses como el de El Atazar, la Pinilla, Santillana, El Vellón, etc.

El clima de la meseta castellana se caracteriza por inviernos fríos y veranos calurosos. La provincia tiene una temperatura media de 14 grados. La mínima desciende algunos grados bajo cero y la máxima se aproxima a los 40. Las lluvias son generalmente escasas salvo en las montañas, que durante el invierno aparecen cubiertas de nieve. La sierra es uno de los lugares preferidos por los madrileños de la capital para pasar las vacaciones de verano. En el valle del Lozoya se halla el conocido monasterio de El Paular.

La provincia se divide en seis partidos judiciales: Alcalá de Henares al este, Aranjuez al sur, Colmenar Viejo al norte, Madrid en el centro, Navalcarnero al sureste y San Lorenzo de El Escorial al noroeste. En lo eclesiástico pertenece al arzobispado de Madrid-Alcalá. En total tiene 184 pueblos, incluyendo Tres Cantos, segregado de Colmenar Viejo recientemente.

TAN ANTIGUA COMO EL HOMBRE

Los cercanías de Madrid fueron habitadas por hombres correspondientes al Paleolítico Inferior, según los restos encontrados en los yacimientos situados en los alrededores del Manzanares, a su paso por Madrid (cerro de San Isidro, El Sotillo, Delicias, etc.), y en los de Alcalá y Arganda. Por la calidad de los restos hallados en el cerro de San Isidro, está considerado como el más importante yacimiento del Paleolítico Inferior de Europa.

A partir del siglo III a.C., durante el período del Bronce, llegaron pueblos conocedores de la metalurgia y se instalaron cerca de las minas de Villalba, Torrelaguna y Patones y junto a los ríos Manzanares, Henares, Jarama y Tajo. Se han encontrado necrópolis en Ciempozuelos, Patones y Torrelaguna, así como el dolmen de Entretérminos, de Villalba, de esta época.

Alrededor del año 500 a.C. llegaron los pueblos celtas procedentes del norte que con la fusión de los pueblos íberos dio lugar a los celtíberos, que en la provincia de Madrid se denominaron carpetanos. Han aparecido restos en los cerros de El Viso y Ecce Homo, de Alcalá de Henares y en el cerro Redondo, de Fuente El Saz.

En el siglo II a.C. comenzó la conquista de la península ibérica por los romanos, hallando tan sólo pueblos pastoriles. No había ciudades. Por su posición centrada, la provincia se convirtió en importante paso obligado de algunas calzadas como la que iba de Mérida a Zaragoza y la que iba a Segovia desde Titulcia. También había otras calzadas de menor importancia. Los romanos se asentaron en Alcalá de Henares (la antigua *Complutum*), Titulcia y Patones. *Complutum* fué el principal enclave urbano que mereció la categoría de ciudad. Los romanos también construyeron villas o casas de campo de las que se han encontrado restos en Carabanchel, Villaverde, Getafe y Alcalá.

En el siglo V; los suevos, vándalos y alanos invadieron la península. Como no había suficientes soldados para la defensa, Roma pidió ayuda a los visigodos quienes lograron hacer huir a los invasores. Posteriormente, los visigodos, aprovechando la debilidad del Imperio romano, se instalaron definitivamente en España y en nuestra región en Alcalá de Henares, donde se han hallado siete necrópolis en sus cercanías y en Talamanca. Recientemente han aparecido otros cementerios en Aranjuez, Colmenar Viejo y Torrelaguna.

En el año 711 se inició la conquista islámica por el sur de España. Llegaron principalmente bereberes de las montañas del norte de África que, conforme se adentraban en la península, buscaban zonas y paisajes que les recordaran su país. Se han llegado a encontrar restos en La Pedriza y en La Cabrera.

Por su localización centrada, la provincia de Madrid fue desde sus orígenes tierra de paso. En tiempos de los musulmanes la Sierra se convirtió en zona fronteriza entre la España musulmana y la España cristiana.

Las tierras situadas al norte del Tajo se destinaron a vigilar los pasos del Guadarrama y Somosierra. Por este motivo, en el siglo IX se construyeron una serie de atalayas para alertar en caso de avistamiento de tropas cristianas. Estas torres vigías se hallaban a poca distancia unas de otras (unos 1 500 metros aproximadamente) para poder comunicarse visualmente (de día con humo y de noche con antorchas). Eran de planta circular, de unos seis metros de diámetro y su interior se hallaba distribuido por plataformas que dividían el espacio en pisos. Las puertas se situaban a dos metros de distancia del suelo, con el fin de favorecer a los refugiados. Se accedía a través de escaleras de mano que luego se guardaban en el interior de la atalaya. Muchos pueblos de la Comunidad de Madrid con el prefijo *torre* proceden de estas torres vigías. Algunas de estas atalayas permanecen todavía en pie como la de Torrelodones, junto a la carretera de La Coruña, la de Arrebatacapas y la de El Vellón.

Entre los siglos IX y X se fortificaron las ciudades situadas entre la Sierra y Toledo, con el fin de defender estas ciudades frente a la expansión de los reinos cristianos hacia el sur, entre ellas Madrid y Talamanca.

Alfonso VI en el siglo XI conquistó el reino de Toledo, en el que se incluía la provincia de Madrid, y lo anexionó al reino de Castilla. En Madrid convivieron durante más de cuatro siglos musulmanes, cristianos y judíos. En esta época los núcleos más importantes eran: Madrid, Alcalá, Buitrago y Talamanca. Aunque los almorávides recuperaron algunos lugares, en 1132, Alfonso VII logró tomar el castillo de Villarrubia de los Ojos, expulsando definitivamente a los últimos musulmanes de la provincia de Madrid. En 1190 se fijaron los límites entre los Concejos de Madrid y Segovia, tomando el Sistema Central como límite divisorio.

Con el establecimiento de la Corte en Madrid, por decisión de Felipe II, en 1561, la región comenzó a adquirir un gran protagonismo histórico en España. Todavía no existían las provincias tal como las conocemos en la actualidad. En 1749 se llevó a cabo la primera división provincial de España, delimitándose lo que se denominó Intendencia de Madrid. Ésta abarcaba una buena parte de la actual provincia así como territorios pertenecientes hoy a Toledo y Guadalajara. Con la división provincial de 1833 la provincia de Madrid adquirió la forma triangular que hoy conocemos. Hasta la creación de las actuales autonomías, Madrid pertenecía a la región de Castilla la Nueva. A partir de 1983 se aprobó la Comunidad Autónoma de Madrid como autonomía uniprovincial (lo que conllevó la absorción de la Diputación Provincial), ordinaria (en cuyo municipio de Madrid tienen su sede la capital del Estado y los órganos del poder central) y no histórica (puesto que nunca ha existido como ente unitario sino como provincia de la antigua región de Castilla la Nueva como se ha dicho). La Comunidad de Madrid permite que haya una instancia política preocupada únicamente por el bienestar del territorio autónomo, relativamente desligada de los problemas generales del Estado.

VILLA Y CORTE

En cuanto a la ciudad de Madrid, por los restos encontrados a orillas del Manzanares, se deduce que los primeros poblados se asentaron cerca del río, más o menos donde hoy se encuentra la calle de Segovia. Los poblados crecían a lo largo del río, nunca hacia el interior. Vivían de la caza y de la pesca.

Nada se sabe de Madrid durante la dominación romana. Su existencia constituye prácticamente una incógnita durante los primeros siglos de nuestra era. Los únicos restos hallados dentro del municipio son las ya citadas villas romanas de Carabanchel y Villaverde.

En el año 711 los musulmanes invaden la península. La fundación de Madrid se debe al emir Mohamed I (852-856). A finales del siglo X, Madrid, conocida como Mayrit –que en árabe significa *lugar de agua*– era una fortaleza situada donde hoy está el Palacio Real, como defensa del cruce de caminos a Toledo, Zaragoza, Segovia y del valle del Manzanares. Allí se construyó el Alcázar, que primero fue castillo en la Edad Media. La ciudad fue reconquistada por Alfonso VI en el año 1083. Durante dos años, Madrid estuvo sometida a las tropas de Alfonso VI, que transforma la mezquita Mayor en el templo de

Santa María de la Almudena. Madrid estaba entonces rodeada por una muralla que tenía tres puertas: puerta de la Vega, el Arco de Santa María y puerta de la Sagra. En la actualidad queda un trozo visible de muralla, de unos 120 metros de longitud, en la cuesta de la Vega, en que se aprecian algunas torres. A finales del siglo XI o principios del XII los cristianos construyeron una nueva muralla que ampliaba el perímetro de Madrid y que tenía cinco puertas: Vega, Moros, Cerrada, Guadalajara y Balnadú. Han aparecido algunos trozos en distintos puntos de su recorrido y existe uno visible en la calle del Almendro. Había dos zonas muy definidas: la ciudadela o almudaina –dentro de la primera muralla y donde vivían los soldados y guerreros– y la medina –dentro de la segunda muralla y donde residía la población civil–. A lo largo de un siglo y medio, Madrid estuvo cuatro veces en manos de los musulmanes y tres veces en manos de los cristianos.

La ciudad se dividía en diez parroquias que por orden de antigüedad eran: Santa María, San Nicolás, San Salvador, San Juan, San Miguel de la Sagra y San Gil, San Pedro, San Andrés, San Miguel de los Octoes, San Justo y Santiago.

A final del siglo XI y comienzos del XII, Madrid era un conjunto de calles estrechas, empinadas, retorcidas, tortuosas y con un piso absolutamente irregular. El trazado urbano, influido por los invasores musulmanes, había creado numerosas calles excesivamente estrechas, a la manera de las poblaciones africanas, para librarse del sol y de la lluvia. Se procuraba edificar en cuesta de manera que la pendiente ayudara a las aguas a correr hacia abajo.

En 1123 Madrid recibe su primer fuero: «Se concede al Concejo de la Villa de Magerit todos los montes y sierras que hay entre ella y Segovia». El Fuero de Madrid refleja la vida de aquel tiempo, en él se hace mención de cómo era la Villa, su muralla, sus puertas, portillos, casas, calles y parroquias. Quedan además señalados en él los arbitrios municipales referidos a la cerca o muralla, y se nos da una idea clara de los términos del Madrid de entonces cuando trata de los puntos donde los vecinos podían abrevar sus ganados y cuyos límites llegaban a los ríos Jarama, Guadarrama y Henares.

En 1202 Alfonso VII otorga más fueros y ordenanzas a Madrid. La ampliación de los fueros, supuso que toda la zona de Madrid se rigiese al modo comunero en una estructura plural y federal, integrada por hermandades, cofradías, comunidades y concejos. A mediados del siglo XIV, Alfonso XI varió la forma de gobierno de la Villa estableciendo por primera vez: doce corregidores, dos alcaldes y un alguacil. Puede decirse que éste es el primer concejo serio o Ayuntamiento de Madrid.

Entre los siglos XII y XV se formaron los arrabales de San Martín, San Francisco, Santo Domingo, San Millán, San Ginés y Santa Cruz en torno a conventos e iglesias. Estos barrios estaban separados entre sí en un principio y más tarde llegaron a unirse por su crecimiento a través de los años. Hacia el siglo XV se construyó una nueva muralla para abarcar estos arrabales. Tenía un total de ocho puertas y postigos: Vega, Moros, Latina, postigo de San Millán, Atocha, Sol, postigo de San Martín y Santo Domingo. De esta época quedan algunos edificios como las iglesias de San Nicolás y de San Pedro el Viejo, la torre de los Lujanes y la iglesia de San Jerónimo el Real.

En el primer cuarto del siglo XVI, la población de Madrid, según las parroquias, era de 30 000 personas aproximadamente, que ocupaban 4 600 casas. La Villa seguía dividida en parroquias, siendo la más importante la de Santa Cruz con 800 casas y casi 5 000 vecinos y la de menor importancia era la de San Miguel con 80 casas y apenas 500 vecinos. Madrid podía ser tenida como la cuarta ciudad del Reino, detrás de Zaragoza, Sevilla y Toledo, que contaban con casi 50 000 almas cada una.

Durante el reinado de Carlos V se aplica de verdad el Fuero de la Villa, que delimitaba su extensión por las márgenes de tres ríos: el Jarama, el Henares y el Guadarrama. No podía ser límite el Manzanares por la sencilla razón de que este río estaba dentro de Madrid y no al lado.

En 1561, Felipe II traslada la Corte de Toledo a Madrid y salvo durante los años de 1601 a 1606 en que Felipe III la lleva a Valladolid, Madrid ha sido desde entonces la capital de España.

A partir de este traslado, la población se duplica hasta 60 000 habitantes. La superficie de Madrid se agranda y el rey ordena la construcción de una nueva cerca que tiene un total de ocho puertas y postigos: Vega, Segovia, Toledo, Antón Martín, Sol, Red de San Luis, postigo de San Martín y Santo Domingo. Como consecuencia del traslado de la Corte a Madrid, la Villa perdió en poco tiempo todos sus elementos naturales de propia vida. En el siglo XV abundaban los montes y a los cien años de instalada la Corte, gran parte de los árboles habían sido talados para levantar palacios a la nobleza y alimentar los hogares de la población cortesana. Durante el reinado de Felipe II se fundaron un total de 17 conventos, de los que sólo se conserva en la actualidad el de las Descalzas.

La reforma más importante del reinado de Felipe III será la de la Plaza Mayor, sustituyendo a la primitiva plaza del Arrabal y que se convirtió en el núcleo más importante de la ciudad por sus varios cometidos: fiestas, comercios, autos de fe, corridas de toros, etc. Durante su reinado se fundaron catorce conventos de los que se conservan los de la Encarnación, Carboneras, Don Juan de Alarcón y Santa Isabel.

Bajo el reinado de Felipe IV, Madrid es una ciudad grande por lo que se ordenó la construcción de una nueva cerca cuyas salidas estaban flanqueadas por cinco puertas reales o de registro: Segovia, Toledo, Atocha, Alcalá y Bilbao (o de los Pozos), y catorce portillos de menor importancia (abiertos en distintas fechas): Vega, Vistillas, Gilimón, Campillo del Mundo Nuevo, Embajadores, Valencia, Campanilla, Recoletos, Santa Bárbara, Maravillas, Santo Domingo (o Fuencarral), Conde Duque, San Bernardino (o San Joaquín) y San Vicente. Tenía unos 100 000 habitantes y 11 000 edificios, La Corte tenía 450 calles, 17 plazas, 13 parroquias, 24 hospitales, 36 conventos de religiosos, 26 conventos de religiosas y 381 tabernas. Durante su reinado se fundaron 17 conventos, de los que se conservan los de las Comendadoras y las Góngoras.

Algunos de los monumentos más destacables de los siglos XVI y XVII son: la Casa de Cisneros de estilo plateresco, la capilla del Obispo, el Puente de Segovia (obra del arquitecto Juan de Herrera), la iglesia de San Antonio de los Alemanes, la Plaza Mayor (obra de Juan Gómez de Mora y que ha sido marco de numerosos acontecimientos: desde la fiesta de los toros, ferias y otras fiestas populares, hasta la beatificación de san Isidro, san Felipe Neri, santa Teresa de Jesús y san Francisco Javier), el palacio de los Concejos (actual Capitanía General), la Cárcel de la Corte (actual Ministerio de Asuntos Exteriores) y la Casa de la Villa (actual Ayuntamiento).

En 1700 sube al trono Felipe V, primer monarca de la Casa de Borbón. Su reinado tendrá una gran influencia francesa debido a su nacimiento en Francia, y otra italiana por su matrimonio con la hija de los duques de Parma. Felipe V ordenó la construcción del Palacio Real, sustituyendo al antiguo Alcázar, destruido por un incendio en la Nochebuena de 1734. A él se deben también la Real Fábrica de Tapices, las Reales Academias de Lengua, Historia y Medicina y la Biblioteca Real.

Será con su hijo Fernando VI cuando se crea la Real Academia de Bellas Artes de San Fernando. Pero es con Carlos III cuando Madrid cambia su fisonomía: se realizaron 9 000 pozos de saneamiento, se empedraron las calles, se sustituyeron los tiros de mulas por caballos, se empezaron a alumbrar las calles de Madrid con parrillas de aceite, etc. Este reinado es el que dará a Madrid un esplendor hasta entonces no alcanzado. Carlos III mandó construir numerosos edificios tales como el Museo de Ciencias Naturales (hoy Museo del Prado), San Francisco el Grande, la Puerta de Alcalá, el Observatorio Astronómico, el Salón del Prado (hoy paseo del Prado), las fuentes de Cibeles, Neptuno y Apolo, etc. Madrid en aquellos momentos tenía unos 150 000 habitantes, que ocupaban unas 7 500 casas en 557 manzanas. De estos inmuebles, el 35% eran bienes eclesiásticos y el 11% de la nobleza.

Su hijo, Carlos IV, dedicó más esfuerzos a los Reales Sitios que a la ciudad. Madrid comienza a crecer en dirección al parque del Oeste (que entonces no existía), nacen nuevas construcciones alrededor del palacio de Liria. Los paseos principales de Madrid son tres: el de Recoletos, frecuentado por los personajes de rango, clérigos y hombres de mucha edad; el del Prado de San Jerónimo, preferido por la juventud y el de Atocha, reservado a gente trabajadora.

En esta época aparecen los primeros cafés que duran hasta parte de nuestro siglo: el Café de la Fontana de Oro, el Café del Ángel y el Café de la Cruz de Malta, entre otros.

Madrid decayó con Carlos IV casi tanto como había florecido con Carlos III. De los pocos monumentos que conmemoran este desafortunado reinado, destacan las fuentes de la Alcachofa, de la Abundancia y de las Conchas. El servicio de limpiezas que con Carlos III había estado medianamente organizado, recogiéndose las basuras a diario, volvió al abandono, y como aquel trabajo costaba dinero al Concejo de la Villa, éste solicitó y obtuvo autorización para no recogerlas sino dos veces a la semana, con lo que la inmensa mayoría de las calles volvieron a oler mal.

El reinado de Carlos IV se vio truncado por la invasión de los franceses y la guerra de la Independencia (1808-1814) que será un tremendo desastre para la nación. Por medio de un engaño, Napoleón logra que el rey Carlos IV y su familia vayan a Bayona donde les da dos opciones: abdicar en su hijo Fernando o ser prisioneros. En Madrid sólo quedaban los dos infantes pequeños de la familia real. El 2 de mayo de 1808, cuando las tropas francesas se disponen a trasladar a los infantes a Francia, el pueblo madrileño se levantó contra los franceses. En todas las zonas de Madrid se luchará con armas improvisadas. La lucha se desarrolla en la Puerta del Sol, en el Parque de Artillería de Monteleón y en la Puerta de Toledo. Una muchacha de quince años fue con su padre al parque de Monteleón a recoger armas para luchar contra los franceses. Murió allí junto a su padre mientras le facilitaba municiones. Otra versión dice que fue fusilada por llevar encima unas tijeritas propias de su profesión de bordadora. Se llamaba Manuela Malasaña y una calle de Madrid le rinde homenaje al llevar su nombre. Un cuadro de Goya, *Los fusilamientos del 3 de mayo*, reflejó la brutalidad de una noche sangrienta en la defensa de Madrid.

Durante el breve reinado de José I, hermano de Napoleón Bonaparte, Madrid conoció algunos cambios. Se construyeron dos nuevos cementerios fuera de la ciudad, se crearon plazas a costa de derribar conventos e iglesias y se ensancharon calles, lo que le valió el mote de «el rey plazuelas». Desaparecieron así los conventos de San Gil, Santa Clara, Pasión, Mostenses, Santa Catalina y Santa Ana, y las iglesias de Santiago, San Juan, San Ildefonso, San Martín y San Miguel.

Con la vuelta a España de Fernando VII, las reformas urbanas era imposibles de realizar, pues la Hacienda se encontraba en un estado muy precario para los proyectos costosos y ambiciosos que proponía el monarca. De su reinado lo único destacable es la construcción de la nueva y actual Puerta de Toledo.

Con Isabel II, en Madrid se opera una transformación urbana de carácter burgués y progresista. El urbanismo en este tiempo estará ligado a la arquitectura; nada se construía sin antes recurrir a unos planes urbanísticos muy pensados. Se llevaron a cabo una serie de reformas, tanto en el interior o casco antiguo como en el exterior o extrarradio, fuera de la cerca. Así, en el casco antiguo se hicieron reformas en la Puerta del Sol para resolver los problemas de circulación. Se terminaron de construir las plazas de Oriente y de Isabel II, y se construyó el paseo de La Castellana, denominado en principio paseo de las Delicias de Isabel II.

En 1836 se llevó a cabo la desamortización de Mendizábal, que disolvió las órdenes religiosas, poniendo a la venta todas sus propiedades. Con ello se pretendió amortizar las deudas que tenía el país debido a la guerra carlista; además se prohibió que hubiese conventos de menos de veinte religiosos y se limitó a uno sólo por orden dentro de una población. Fueron demolidos un número grande de conventos, entre ellos los de la Merced, San Felipe el Real, la Victoria, Capuchinos de la Paciencia, etc.

Además, entre1834 y 1836, el corregidor marqués viudo de Pontejos llevó a cabo una serie de mejoras en la ciudad: construcción de aceras, rectificación y alineación de calles, desaparición de cajones callejeros de ventas de comestibles, recogida de basuras de forma regular en carros cerrados, creación de cuerpos de serenos, faroleros y de extinción de incendios, construcción de los primeros mercados cerrados, rotulación de las calles al principio y al final de cada calle, cambiar de nombre a aquellas calles que tuvieran nombres repetidos y suprimir aquellos que fueran nombres despectivos (como la calle del Piojo, por ejemplo) y la numeración de las casas tomando como punto de partida la Puerta del Sol, los pares a la derecha y los impares a la izquierda.

Una vez que Chamberí se incorporó a Madrid (a pesar de hallarse al otro lado de la cerca), se convirtió en un lugar de expansión al que los madrileños acudían para tomar el aire y para refrescarse en sus numerosos ventorros. Los domingos por la tarde, el barrio de Chamberí recibía la visita de centenares de madrileños, sobre todo en verano, porque dada su altura, quedaba de cara a la Sierra, sin edificaciones altas que cortasen el vientecillo fresco. Se iba a Chamberí a beber, a bailar, a descansar, a variar, a comprar carne más barata que en la capital, a saborear torreznos distintos de los de la Corte.

Cuando se derribó la cerca en 1868, Madrid se amplió con barrios como Vallecas, Carabanchel, Tetuán de las Victorias, etc. Madrid pasó a ser una ciudad abierta. Nacen así los nuevos barrios de Salamanca, Argüelles y Pacífico. El problema del abastecimiento del agua se solucionó el 24 de junio de 1858, cuando se inauguró el Canal de Isabel II. Tras la revolución de 1868, surgió el Plan Castro, que consistía en prolongar las calles fuera de la derribada cerca, la conversión de los caminos vecinales en calles y el trazado de plazas y jardines en los lugares de confluencia de las vías de nueva creación. El Plan

Castro tuvo sin embargo un fallo importante: el de la creación de una ronda de circunvalación de gran anchura, que se encontraba delimitada por un foso y muro, lo cual venía a constituir otra especie de cerca; por otro lado, este plan no contaba con edificaciones que dieran cierta autonomía a los barrios, ya que al no disponer de mercados, lugares comerciales, museos, edificios públicos, etc., obligaba a tener que acercarse al casco antiguo.

El crecimiento de la población de Madrid de fines del siglo XIX, había sobrepasado los cálculos previstos en años anteriores; de ahí que se pensara en la necesidad urgente de realizar algunas transformaciones urbanas que afectarían al interior de la ciudad: creación de la Gran Vía y en el exterior, la construcción de la Ciudad Lineal, llevada a cabo por Arturo Soria.

En cuanto a la arquitectura, cabe destacar como monumentos más importantes el Congreso de los Diputados, el edificio de la Biblioteca Nacional, el Banco de España, el palacio del marqués de Salamanca, el edificio de la Bolsa, etc.

El desarrollo urbanístico de Madrid en el siglo XX es fiel reflejo de la ciudad dominada por grandes núcleos de congestión urbana. Las aglomeraciones, la falta de orden al planificar y el escaso apoyo prestado a los planes urbanísticos nacionales, han deteriorado cada vez más la fisonomía de la ciudad, hasta hacer que impere en ella el caos. Existen además dos factores que han contribuido de manera preponderante a crear esta situación: por un lado la especulación del suelo, en el que la iniciativa privada ha actuado de modo alarmante, y por otro, el hecho de que Madrid ha sido y sigue siendo foco de atracción, y por tanto, de absorción, con altas cotas en los registros de densidad de población.

En el período de la República fue presentado un proyecto para la realización del Plan de Expansión de Madrid, que preveía que el crecimiento de Madrid debía efectuarse hacia el norte, tomando por directriz La Castellana y dejando a un lado los antiguos ejes como las calles de Atocha y Alcalá. En esta época se construyeron los Nuevos Ministerios en el lugar dejado por el antiguo hipódromo.

Desde 1954, la Comisaría de Urbanismo de Madrid creó viviendas económicas en zonas periféricas de la ciudad como Caño Roto, Entrevías, Fuencarral, Orcasitas, etc. Paralelamente a estas realizaciones, la iniciativa privada de grandes empresas constructoras seguiría la vía de la especulación. El resultado fue la aparición de un tipo de construcciones muy distinto al planteado por los organismos estatales, y de este modo, surgieron barrios nuevos cercanos a las principales vías de comunicación, en los que a veces, y a pesar de su fisonomía burguesa característica, no se reunían las más elementales dotaciones complementarias.

De este siglo caben destacar las construcciones de la Gran Vía, el hotel Ritz, el hotel Palace, el Palacio de Comunicaciones, la Ciudad Universitaria, y más recientemente el Museo de Arte

Contemporáneo, el Centro Colón, las modernas construcciones del paseo de La Castellana, la creación del Centro Comercial AZCA, etc.

El libro empieza con una fotografía del Palacio Real porque, como se ha dicho anteriormente, los orígenes de la ciudad se sitúan en su solar. La lectura del libro se hace cronológicamente pasando por el Madrid medieval, el Madrid de los Austrias, el Madrid de los Borbones, el Madrid moderno y finaliza con una selección de las ciudades y los pueblos más representativos de la Comunidad. A través del gran número de sus fotografías se hace un amplio recorrido visual por la ciudad de Madrid y su Comunidad.

Sed bienvenidos a la ciudad que a todos acoge con los brazos abiertos, tal como dijo en su día Calderón de la Barca:

> Es Madrid patria de todos
> pues en su mundo pequeño,
> son hijos de igual cariño
> nacionales y extranjeros.

y deleítense de todos sus rincones y paisajes a través de las fotografías de este libro.

Isabel Gea Ortigas

INTRODUCTION

MADRID is characterized not only by the small cobblestoned streets of its medieval Madrid, or the Madrid of the Austrias or the Bourbons. It is also represented by the modern Paseo de La Castellana, the AZCA shopping complex, the Campo de las Naciones exhibition park, and by its many little surrounding towns -Alcalá de Henares, Manzanares el Real, Chinchón, Buitrago, Torrelaguna, Aranjuez- or even by the stony countryside of La Pedriza or the oak groves of Montejo de la Sierra. In addition to being the capital of the nation and of the province, Madrid is today an Autonomous Community, as can be observed throughout the pages of this book.

The province of Madrid is situated in the centre of Spain, between latitudes 39º 52' and 41º 10'N. and longitudes 0º 35' E. and 0º 50' W. of the meridian of Madrid. On its northern borders lay the provinces of Segovia and Guadalajara, to the east lay Cuenca and Guadalajara, to the south, the province of Toledo, and to the west, Avila and Segovia. From north to south, the province of Madrid slopes from the highest point, Peñalara (2,430m) to Aranjuez (491m). The average elevation is between 600 and 700 metres above sea level. The total area is 7.995 sq. kilometres, with a population of some four million. The municipality of Madrid has an extensión o f 60,708 hectares, including 15,000 h. of the Monte del Pardo and the 1,727 h. of the Casa de Campo park. The capital is divided into 21 districts which are subdivided into 215 neighbourhoods.

The province has two completely different zones. The northwest contains the extense Cordillera Central with mountainous offshoots such as La Maliciosa, La Cabrera and La Pedriza. The Cordillera Central can be crossed through the passes of Somosierra, Navacerrada, Alto de los Leones and Guadarrama. In contrast, the southern zone is a large meseta with a profusión of springs full of minerals. Among the principal rivers which cross the province, passing through El Pardo and Madrid, is the Manzanares -popularly known as "the apprentice river". Its source is found ten kilometres from Manzanares el Real. Another river is the Lozoya, from which the water system of Madrid, the Canal of Elizabeth II, used to come. Other rivers are the Henares and the Tajuña; the latter irrigates the well known low lands, Vega del Tajuña, as does the Tagus River. The province falls within the basin of the Tagus River as well as within those of the Jarama, Guadarrama and Alberche Rivers. In spite of this, Madrid has very little water, and for this reason, the construction of reservoirs -the Atazar, the Pinilla, the Santillana, the El Vellón, etc.- has been necessary.

The climate of the Meseta of Castile is characterized by cold winters and hot summers. The median temperature is 14º centigrades, the minimum descending to a few degrees below zero and the maximum hovering at about 40º. Rain is generaly scarce except in the mountains, which are covered with snow in the winter. The surrounding sierra contains many spots used for summer holidays by the "madrileños", for example, the beautiful El Paular Monastery in the Lozoya Valley.

The province of Madrid is divided into six judicial districts: Alcalá de Henares, in the east; Aranjuez, in the south; Colmenar Viejo, in the north; Madrid, in the centre; Novalcarnero, in the southeast; and, San Lorenzo de El Escorial, in the northwest. There are a total of 184 towns in the province, including the new town of Tres Cantos, recently separated from Colmenar Viejo. Together with Alcalá, Madrid forms an archiepiscopal see of the Roman Catholic Church.

AS OLD AS HUMANKIND ITSELF

The surroundings of Madrid were inhabited by peoples of the Lower Palaeolithic, whose archaeological remains have been discovered around the Manzanares River, as it passes through Madrid (Cerro de San Isidro, El Sotillo, Delicias, etc.) and in Alcalá and Arganda. The great quality of the remains uncovered at Cerro de San Isidro make it one of the most important archaeological sites of the Lower Palaeolithic in all of Europe.

From the III century B.C., during the Bronze Age, peoples who used bronze tools came to dwell near the mines of Villalba, Torrelaguna and Patones, and also near the Manzanares, Henares, Jarama and Tagus rivers. From this period, we have the Dolmen of Entretérminos in Villalba as well as various necropolis, found in Ciempozuelos, Patones and Torrelaguna.

In approximately 500 B.C., Celtic peoples arrived in Spain from the north of Europe, intermingling with the Iberian peoples to form the Celtiberians, known as the "carpetanos" in the province of Madrid. There are archaeological remains in the hills of El Viso and Ecce Homo situated near Alcalá de Henares and in Cerro Redondo in the village of Fuente el Saz.

The 2nd century B.C. marks the arrival of the Romans to the Iberian Peninsula. They found only herding societies, with no cities established. Because of its position in the centre of the province,

Madrid became an prominent point of transit, increasing in importance when the Romans constructed stone roads, for example between Mérida and Zaragoza, or between Segovia and Titulcia. There also exist many smaller Román roads. The Romans occupied the area that is today Alcalá de Henares (the old "Complutum"), Titulcia and Patones. Complutum became the principal emplacement, growing into an established city. The Romans also constructed villas or country homes, the remains of which have been found in Carabanchel, Villaverde, Getafe and Alcalá.

In the V century, the Suevi, the Vandals and the Alans invaded the Iberian Peninsula. As the Romans did not have sufficient troops for self-defense, Rome appealed to the Visigoths, who were able to drive the invaders away. Thus taking advantage of the weakness of the Roman Empire, the Visigoths became the dominant power in Spain. In the area of Madrid and in Talamanca, the sites of seven necropolis attest to their presence. There are also Visigothic cemeteries in La Pedriza and in La Cabrera.

711 A.C. marks the beginning of the Moorish conquest of Spain. The invaders, mostly Berbers from the mountainous areas of northern Africa, sought out similar areas in Spain for their emplacements. Remains from this period have been found in mountainous areas near Madrid such as La Pedriza and La Cabrera.

Because of its central location, Madrid was always a site of transit. During the Moorish period, the sierra near Madrid marked off a boundary separating the Moorish from the Christian Spain.

The highlands situated north of the Tagus River became the lookout points for the Guadarrama and Somosierra Passes. For this reason, in the IX century, a series of fortresses were constructed to guard against an advance by the Christían troops. These look-out towers are located at a short distance from each other (some 1,500 m) in order to be able to communicate with one another visually, using smoke by day and torches by night. They were round structures, some six metres in diameter, whose interior contained round platforms which divided the interior into floors. For defense purposes, the doors were situated at a distance of six metres from the ground. Access was by small rope ladders which were kept in the interior of the towers. For this reason there exist many towns in the area of Madrid whose name contains the word "torre". Some of these towers still remain today, for example that of Torrelodones, situated on the National Motorway VI, to La Coruña, as well as those of Arrebatacapas and El Vellón.

Between the IX and X centuries, the towns situated between the sierra and Toledo were fortified, with the objective of resisting the Christian expansion to the south. Among them were Madrid and Talamanca.

In the XI century, King Alfonso VI reconquered the Moorish realm of Toledo, which included the province of Madrid, and annexed it to his

Kingdom of Castile. In Madrid, for more than four centuries, Muslims, Christians and Jews lived in harmony. During this period the most important centres were Madrid, Alcalá, Buitrago and Talamanca. Although the Almovids were able to recapture some sites, in 1132, King Alfonso VII managed to take the castle of Villarubia de los Ojos, thus finally expelling the Muslims from the province of Madrid. In 1190 separate realms were established for Madrid and Toledo, fixing as a boundary line the Central Mountain Range of Spain.

When the Court of Madrid was established by Philip II in 1561, this region began to take the lead in the historical developments of Spain. At this time, the provinces as we know them today were non existent. In 1749, the first provincial boundaries were established, marking off Madrid as an administrative area. This administrative region included most of the current Madrid Province as well as territories belonging today to Toledo and Guadalajara. With the territorial division of 1833, the province of Madrid took on the triangular shape it has at present. Until the time of the creation of the autonomous governments, Madrid belonged to the region of New Castile. En 1983 the Community of Madrid was established by law as a normal autonomous provincial government, rather than a historical one because Madrid had never before existed as a separate community (it had always belonged to the region of New Castile). The Community of Madrid, in addition to serving as the site of the national capital and the organs of the central government, administers -quite independently from the national authorities- its own autonomous territory.

TOWN AND COURT

The archaeological remains reveal that the first emplacements of the city of Madrid were located on the banks of the Manzanares River, more or less where Segovia Street is today. The settlements, whose inhabitants were hunters and fishers, grew up along the river banks, never towards the interior.

Nothing is known about Madrid during the Roman domination. During the first centuries A.C. the history of Madrid is very obscure. The only remains found within the municipality are those of the Roman villas of Carabanchel and Villaverde.

In 711, the Moors invaded the Iberian Peninsula. The seftlement of Madrid as a city is due to the Emir Muhammad I (852-856). At the end of the X century, Madrid, then called Mayrit (signifying in Arabic "a place of water"), was a fortress located on the present site of the Royal Palace. It served as a strategic site to protect the principal roadways to Toledo, Zaragoza, Segovia and the Manzanares Valley. This is the site of the Alcázar, first constructed as a castile during the Middle Ages. The city was reconquered by King Alfonso VI in 1083. For two years, Madrid was under the seige of the King, who, after taking the city, transformed the Central Mosque into the temple of Santa María de la Almudena. Madrid was then surrounded by a wall which had three gates: Gate of La Vega, Arch of Santa María and Gate of La Sagra. There still remains in La Cuesta de la Vega a part of the wall -of some 120m in length- in which tower structures can be observed. At the end of the XI century or the beginning of the XII, the Christians built a new wall, which extended the perimeter of Madrid. It had five gates: Vega, Moros, Cerrada, Guadalajara and Balnadú. There were two distinct parts. The citadel, or "almudaina", located inside the outer wall, was where the soldiers lived, and the "medina", located within the inner wall, was where the general population lived. Some parts of the wall can still be observed, for example in Almendro Street. During a century and a half, Madrid was four times in the hands of the Muslims and three times, under Christian rule.

The city was divided into ten parishes. In chronological order, they are: Santa María, San Nicolás, San Salvador, San Juan, San Miguel de la Sagra y San Gil, San Pedro, San Andrés, San Miguel de los Octoes, San Justo y Santiago.

At the end of the XI century and the beginning of the XII, Madrid was a series of narrow, sloped, twisted and tortuous streets, with an extremely irregular surface. The urban lay-out, under the influence of the Muslim invaders, contained many excessively narrow streets, as in African cities, in order to avoid the harshness of the sun and the rain. Buildings were constructed on slopes; thus the water would run off quickly.

In 1123, Madrid received its first legal charter: "Granted to the Town Council of Magerit are all the hills and sierras located between its emplacement and Segovia". The Madrid Charter reflects the life of the times. It reveals what the town was like, its wall, its gate, its passageways, its houses, streets and parishes. In the Charter also appear municipal decisions in relation to the wall. It offers a clear idea of where the boundaries of Madrid terminated at that time, as it indicated the spots where the town's people were allowed to water their animals -on the Jarama, Guadarrama and Henares Rivers.

In 1202, Alfonso VII provided Madrid with more charters and bylaws. The extension of the charters meant that the area of Madrid would fall under communal law, within a plural and federal structure consisting of associations, guilds, communities and councils. At mid XIV century, Alfonso XI changed the structure of the government, establishing for the first time twelve judges, two mayors and one bailiff. This structure can be considered as the forerunner of the city council of Madrid.

Between the XII and XV, poor quarters grew up around convents and churches -San Martín, San Francisco, Santo Domingo, San Millán, San Ginés and Santa Cruz. At first, these quar-

ters were separate neighbourhoods, later growing together as the population increased. In approximately the XV century, a wall was constructed in order to incorporate these new settlements. The wall contained eight gates and openings: Vega, Moros, Latina, Postigo de San Millán, Atocha, Sol, Postigo de San Martín and Santo Domingo. From this period there remain some constructions, such as the churches of San Nicolás and San Pedro el Viejo, the Tower of the Lujanes and the church of San Jerónimo el Real.

In the first quarter of the XVI century, the population of Madrid, according to parish records, was approximately 30,000, housed in 4,600 dwellings. The town continued to be divided into parishes, the most important of which was Santa Cruz, with 800 houses and nearly 5,000 inhabitants, and the least important was San Miguel, with 80 houses and scarcely 500 inhabitants. Madrid could be considered the fourth largest city of the kingdom, behind Zaragoza, Seville, and Toledo, cities having nearly 50,000 inhabitants each.

During the reign of Charles V, the Charter of the city was strictly applied. Thus its boundaries were constituted by three rivers, the Jarama, the Henares and the Guadarrama. Obviously, the Manzanares River could not serve as a boundary, since it fell inside the city limits.

In 1561, Philip II moved the royal court from Toledo to Madrid. Since then, Madrid has been the capital of Spain, except for the years from 1601 to 1606, when Philip III moved the court to Valladolid.

Once established in Madrid, the capital's population doubled, reaching 60,000 inhabitants. As the surface of Madrid was extended, the king ordered the construction of a new wail with eight gates and openings: Vega, Segovia Toledo, Antón Martín, Sol, Red de San Luis, Postigo de San Martín and Santo Domingo. Moving the royal court to Madrid entailed several consequences. In a short time the town lost its local identity. In the XV century, much of the natural vegetation surrounding Madrid was destroyed in order to build palaces for the nobility or was consumed by the growing population. As well, during the reign of Philip II, a total of 17 convents were established in Madrid. Only the convent of Las Descalzas remains.

The most important reform carried out by Philip III was the redesigning of The Plaza Mayor. This magnificent square replaced the old Plaza del Arrabal and became the most important spot in the city. Celebrations, shops, bullfighting, autos-da-fé, etc., were held there. During his reign, fourteen convents were founded, of which there still remain La Encarnación, Carboneras, Don Juan de Alarcón and Santa Isabel.

Under the reign of Philip IV, Madrid was already a large city so he ordered the construction of a new city wall, its exits being flanked by five royal or registraron gates -Segovia, Toledo, Atocha, Alcalá and Bilbao (also called "The Gate of the Wells)- and by fourteen smaller, less impor-

tant gates, each of them being opened on different dates: Vega, Vistillas, Gilimón, Campillo del Mundo Nuevo, Embajadores, Valencia, Campanilla, Recoletos, Santa Bárbara, Maravillas, Santo Domingo (or Fuencarral), Conde Duque, San Bernardino (or San Joaquín) and San Vicente. Madrid had 100,000 inhabitants, 11,000 edifices, 450 streets, 17 squares, 13 parish churches, 24 hospitals, 36 monasteries, 26 convents and 381 taverns. During his reign 17 convents were founded, of which there still remain Las Comendadoras and Las Góngoras.

Some of the most remarkable monuments from the XVI and XVII centuries are the House of Cisneros, of plateresque style, the Bishop's Chapel, the Bridge of Segovia (designed by the architect Juan de Herrera), the church of San Antonio de los Alemanes, the Plaza Mayor (designed by Juan Gómez de Mora, which has been the setting of various events: from bullfighting celebrations, fairs and other popular fiestas up to the beatification of San Isidro, San Felipe Neri, Santa Teresa de Jesús and San Francisco Javier), the Palace of the Councils (the current General Headquarters of the Armed Forces), the Court Prison (the current Ministry of Foreign Affairs) and the House of the Villa (the current Town Hall).

In 1700 the first monarch of the House of the Bourbon, Philip V, came to the throne, his reign having a remarkable French influence -he had been born in France- and also italian -he married the daughter of the Dukes of Parma. Philip V ordered the construction of the Royal Palace which replaced the ancient Moorish Palace (Alcázar), destroyed by a fire on Christmas Eve of 1734. This king was also responsible for the construction of the Royal Tapestry Works, the Royal Academies -of Language, History and Medicine- and the Royal Library.

It was under the reign of Fernando VI that the Royal Academy of Fine Arts was created. But it was Charles III who truly changed the appearance of Madrid: 9,000 septic tanks were dug, the streets were paveed, the mules were substituted by horses as draught animals, Madrid was equipped for the first time with street lighting thanks to a system of oil grilles, etc. This reign provided Madrid with a splendour unknown until then. Charles III ordered the construction of numerous edifices such as the Museum of Natural Sciences (today's Prado Museum), the church of San Francisco el Grande, the Alcalá Gate, the Astronomic Observatory, the Salón del Prado (today's Paseo del Prado), the fountains of Cibeles, Neptuno and Apolo, etc. In those times Madrid had a population of 150,000, occupying 7,500 houses in 557 blocks. The 35% of these assets were church properties and 11% belonged to the nobility.

His son, Charles IV, did more for the Royal Sites than for the city. Madrid began to grow towards the Park of the West (which did not exist in those times) and new constructions were carried out in the surrounds of the Palace of Liria. The main avenues of Madrid were three: Recoletos, frequented by important figures, the clergy *and elderly people; Prado de San Jerónimo, the favourite spot of the youth; and Atocha, reserved for the working class.*

During that period, the first cafes were established -some of which remained until the beginning of this century: the Fontana de Oro Cafe, the Angel Cafe and the Maltese Cross Cafe, among others.

With Charles IV, Madrid declined nearly as much as it had flourished with Charles III. Some of the few monuments that commemorate this unfortunate reign are the fountains called the Artichoke, the Abundance and the Shells. The cleaning service, a fairly well organized daily service during the reign of Charles III, returned to its primal state of neglect. As this service had to be financed by the Town Hall, it asked for permission -and got it- to collect the garbage only twice a week, which resulted in, once again, a general stench.

The reign of Charles IV was frustrated by the French invasion and the subsequent Independence War (1808-1814) which meant an enormous disaster for the nation. Napoleon deceived Charles IV and his family, compelling them to go to Bayone where he offered the king two options: to abdicate in favour of his son Fernando or to become prisoners. The two little princes were the only ones of the royal family to stay in Madrid. On the 2nd of May of 1808, when the French troops were about to take the princes to France, the town's people in Madrid rose up against them. In the whole of Madrid, the population fought with anything that could be turned into a weapon. The main battles were carried out in the Puerta del Sol, the Monteleón Armoury Park and in the Puerta de Toledo. Popular legend has it that a young fifteen-year old girl accompanied her father to the Monteleón Park in order to collect weapons to fight the French. While she was supplying him with ammunition, she was killed at the side of her father. Another version has it that she was shot because she was carrying upon her a pair of scissors, a tool of her craft, embroidering. Her name was Manuela Manasaña. Since then, she has been honoured by a street named after her. One of Goya's most famous paintings, The Shooting of the 3rd of May, reflects the brutality of the battle in defence of Madrid.

During the brief reign of José I, the brother of Napoleon Bonaparte, Madrid witnessed some changes. Two new cemeteries were built outside the city, the streets were widened and new squares were created by tearing down convents and churches, acts which caused the population to nick-name him "king of the squares". Through such acts, the convents of San Gil, Santa Clara, Pasión, Mostenses, Santa Catalina and Santa Clara, and the churches of Santiago, San Juan, San Ildefonso, San Martín and San Miguel disappeared.

With the return of Ferdinard VII to Spain, urban renovation became impossible, since the public treasury was too depleted to carry out the projects suggested by the monarch. During this reign, the only notable construction was that of the new gate of Toledo, which still remains.

With Elizabeth II, Madrid took on a bourgeois and progressive air. Architectural design began to be used in city planning. A series of renovations were carried out, in the interior of the city as well as outside the wall. Thus, the Puerta de Sol was renovated to solve traffic problems. The Squares of Oriente and Elizabeth II were completed. The Paseo de La Castellana, at first having the name of "Paseo de las Delicias de Isabel II", was constructed.

In 1836, the confiscation carried out by Mendizábal caused the abolition of most reli-gious orders and the subsequent sale of all their properties. This measure was intended to put an end to the debts of the country caused by the Carlist war. Moreover, convents and monasteries with more than twenty members were prohibited and a restriction was established so that only one convent of each order could exist within the same population. Many convents were demolished, among them La Merced, San Felipe el Real, La Victoria, Capuchinos de la Paciencia, etc.

Apart from these measures, between 1834 and 1836 the judge Marquis Widower of Pontejos carried out a series of improvements in the city: construction of pavements, straightening and alignment of the streets, removing of the street grocery stalls, regular collection of the garbage in locked chariots, setting up of night watchmen, lamplighters and fire brigades, construction of the first covered markets in Madrid, fixing plaques with the names of the streets at the beginning and end of them, changing of the names of some streets to avoid repetition and pejorative terms (for example, Louse Street) and the numbering of the houses taking as the starting point the Puerta del Sol square, the even numbers on the right side of the streets and the odd, on the left.

Once the neighbourhood of Chamberí was a part of Madrid (in spite of being located on the other side of the wall), it quickly became an area for recreation that the "madrileños" began to frequent to enjoy a breath of fresh air or to have a drink at its numerous inns. On Sunday evenings, specially in summer time, the streets of Chamberí received hundreds of "madrileños" in search of the cool breezes, as this area was at some altitude, facing the sierra, and without high buildings around that might stop the fresh winds from the mountains. People went to Chamberí to drink, to dance, to rest, for a change, to buy meat -cheaper than in the capital- and to taste real "torreznos" (rashers of bacon) which were very different to those served in the centre of Madrid.

When in 1868 fhe wall was demolished, Madrid became a larger city with the incorporation of quarters such as Vallecas, Carabanchel, Tetuán de las Victorias, etc. The offspring of new neighbourhoods -Salamanca, Arguelles and Pacífico- made Madrid an open city. The problem of the water supply was solved on the 24th of June 1858, when the Canal of Elizabeth II was inaugurated. After the revolution of 1868 the Castro Plan was applied. This plan involved the extension of the streets outside the demolished wall, the conversion of minor roads into streets and the *constructions of squares and gardens on the junctions of the new streets. The Castro Plan had, however, an important fault: the construction of a wide ring road, demarcated by a ditch and a wall, was like having another wall around Madrid. On the other hand, this plan did not provide the new quarters of the suburbs with markets, shops, museums, public edifices, etc., which resulted in a lack of autonomy and compelled their inhabitants to go to the inner part of town.*

The growth of the population in Madrid at the end of the XIX century exceeded forecasts from previous years, thus the urgent need to carry out some urban reforms in the inner part of town -construction of the Gran Vía Street-, as well as in the outskirts -construction of the Ciudad Lineal (Linear Town), designed by Arturo Soria.

As for the architecture, the most important monuments carried out in that period were the Chamber of Deputies, the National Library building, the Bank of Spain, the Palace of the Marquis of Salamanca and the Stock Exchange edifice, among others.

The urban development of Madrid in the XX century constitutes a faithful reflection of a city dominated by large centres of urban congestion. The agglutinations, the lack of organization and the government's scarce financial support for any kind of town planning resulted in a worsening of the appearance of the city and have brought on urban chaos. There are, likewise, two factors which exacerbated this situation: on one hand, the alarming land speculation on the part of the private sector, and on the other, the fact that Madrid was -and still is- the centre of attraction for more people than it can absorb.

During the República, a project was presented in order to carry out the Expansion Plan of Madrid. This project forecast that the growth of Madrid should go northwards, taking as a guide-line the Castellana Avenue and leaving aside Atocha and Alcalá streets, the old main arteries. It is in this time that the New Ministries were built on the old site of the Hippodrome.

From 1954, the Commission for Urban Madrid created economical housing in the outskirts of the city, such as Caño Roto, Entrevias, Fuencarral, Orcasitas, etc. Parallel to these measure, the large construction companies continued to speculate with the land. The result was the emergence of buildings designed very differently from the official plan. In this way, there grew up new housing areas near the main arteries, which, at times, in spite of their outward appearance, did not fulfil the official standards.

The most important constructions built in this century are the Gran Vía Street, the Hotel Ritz, the Hotel Palace, the Palace of Communications, the University campus, and more recently the Museum of Contemporary Art, the Columbus Centre, the modern edifices along the Paseo de La Castellana, the shopping complex AZCA, etc.

This book begins with a photograph of the Royal Palace since the origins of the city are situated on this site. The book is structured chrono-

logically, beginning with Medieval Madrid and continuing with the Madrid of the Austrias dynasty, the Madrid of the Bourbon dynasty, up to modern Madrid. It ends with a selection of some of the most representative towns and villages of the Community of Madrid. The large number of photographs permits a perusal through the city of Madrid and its Community.

As expressed by Calderón de la Barca:

«Madrid is the land of all
because although small
native or newcomer
each is a son»

Welcome to the city that receives everyone with open arms. Savour all of its nooks and crannies displayed on the pages herein.

Isabel Gea Ortigas

MADRID
CIUDAD

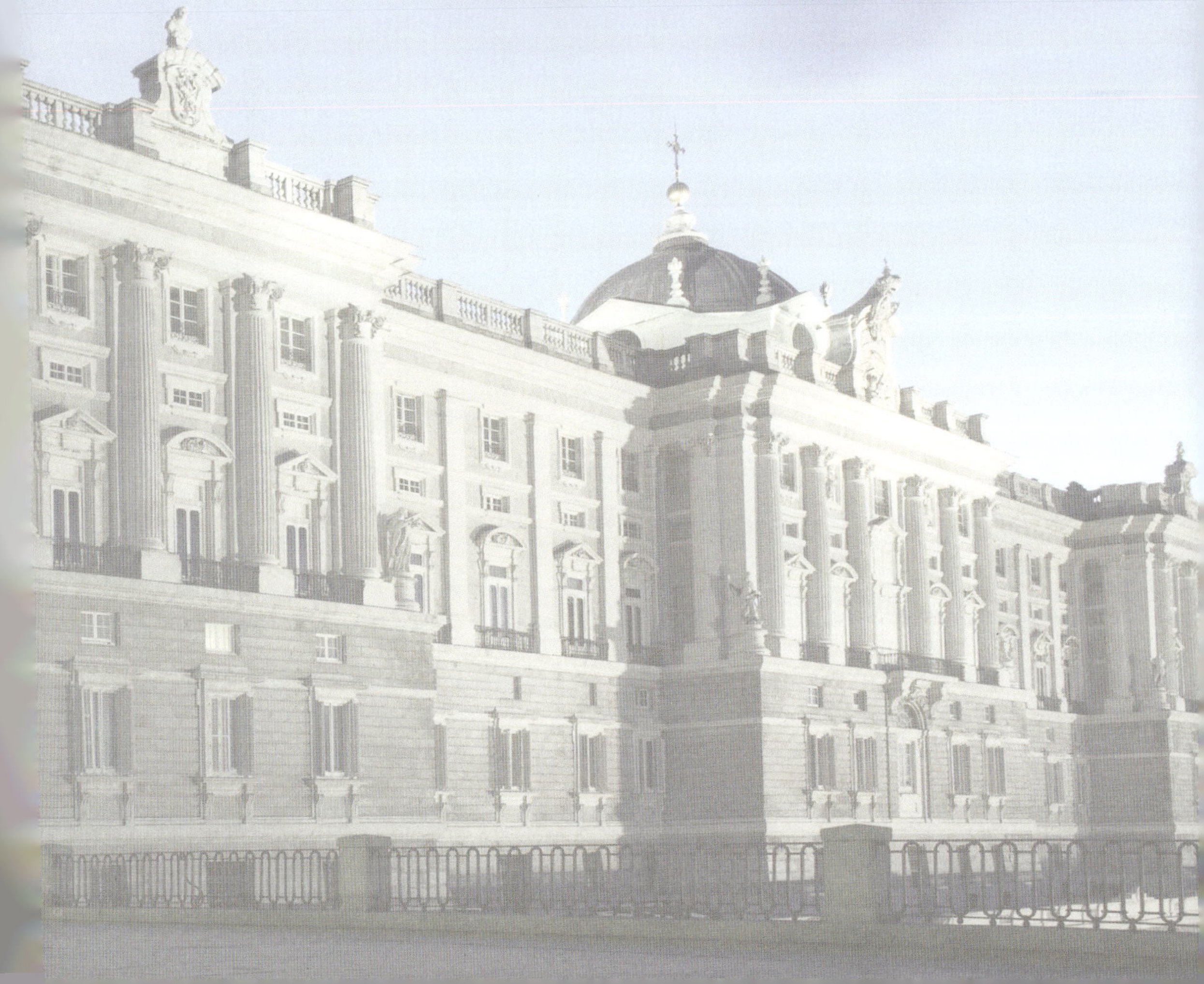

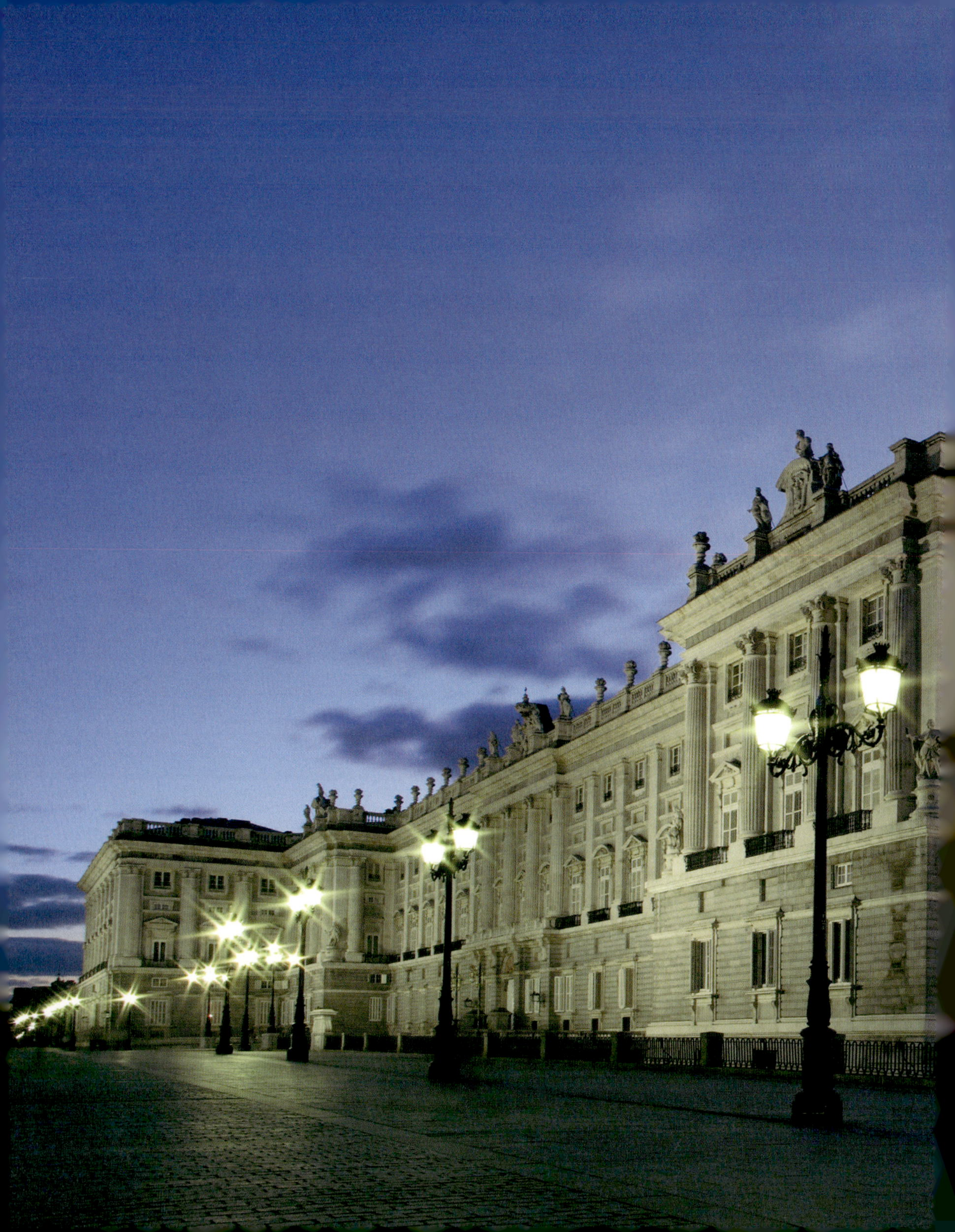

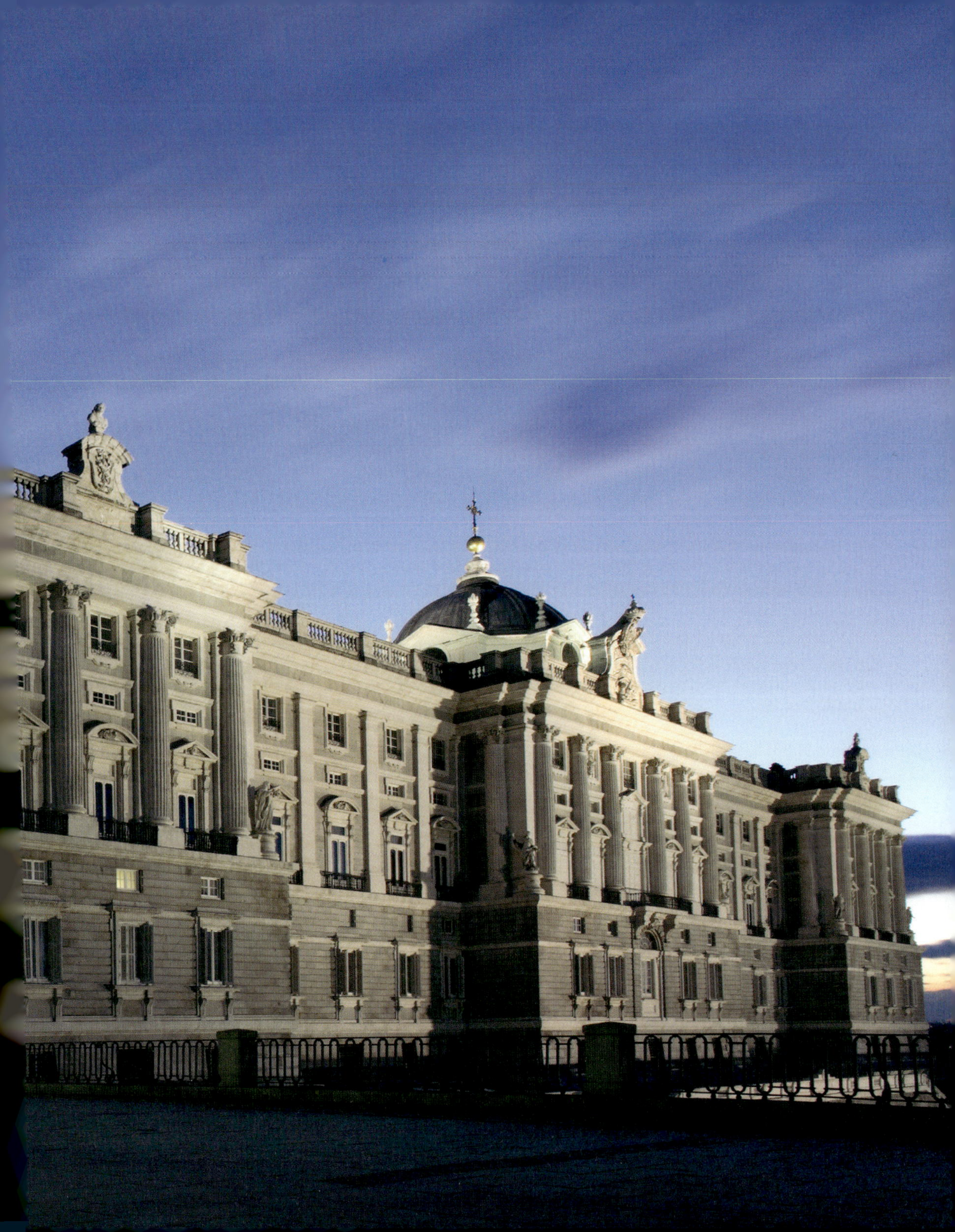

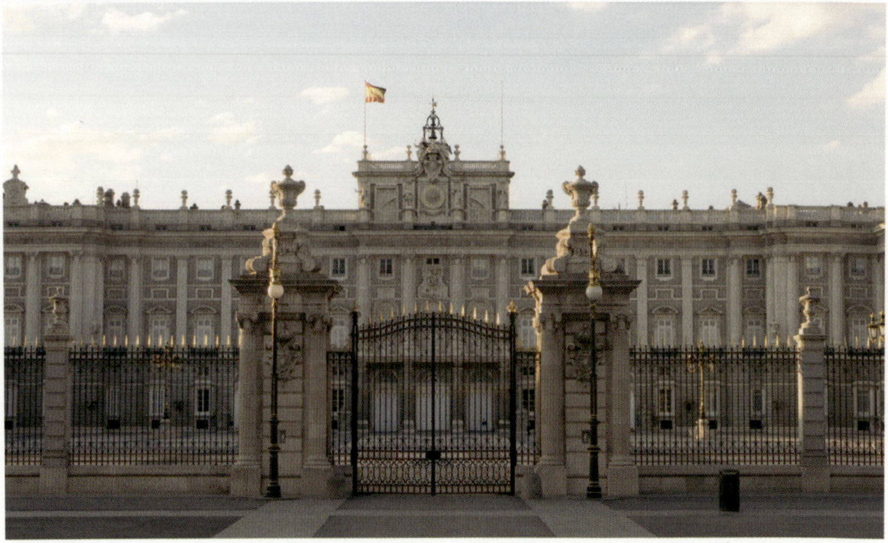

En la Nochebuena de 1734, el Alcázar, antigua residencia real, fue destruido por un devastador incendio. El 7 de abril de 1738 se puso la primera piedra del futuro Palacio Real en el centro de la fachada del Mediodía (foto arriba), en la plaza de la Armería, ocupando el mismo emplazamiento del desaparecido Alcázar.

El primer miércoles de cada mes, salvo agosto, a las doce del mediodía se lleva a cabo el Relevo de la Guardia Real, en la plaza de la Armería, con la intervención de varios Cuerpos a caballo y a pie ataviados con uniformes antiguos de la época de Alfonso XIII.

On Christmas Eve 1734 the Alcázar, former royal residence, was destroyed by a devastating fire. On 7 April 1738, the first stone of the future Royal Palace was laid in the centre of the south façade (top photo) in the Plaza de la Armería, on the same site as the former Alcázar.

The changing of the Royal Guard takes place in the Plaza de la Armería at noon on the first Wednesday of each month, except August. This involves several mounted and dismounted corps who wear uniforms from the time of Alfonso XIII.

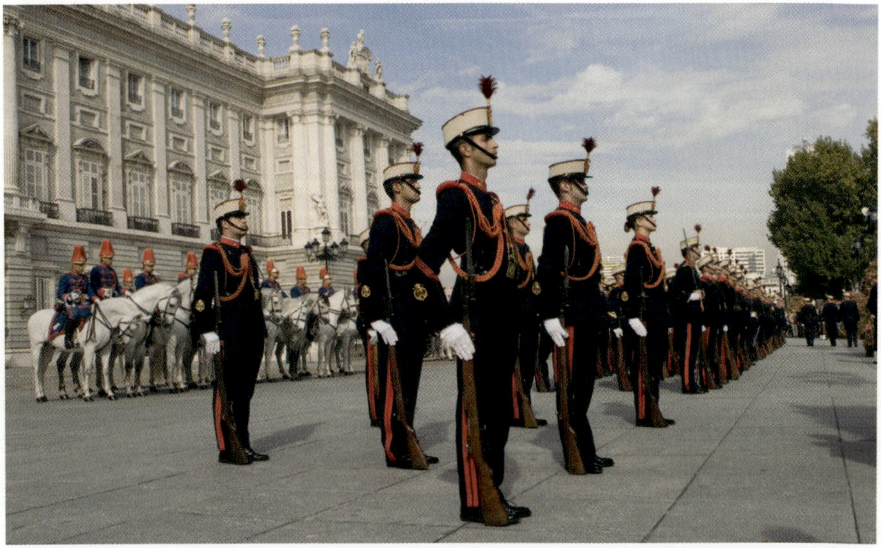

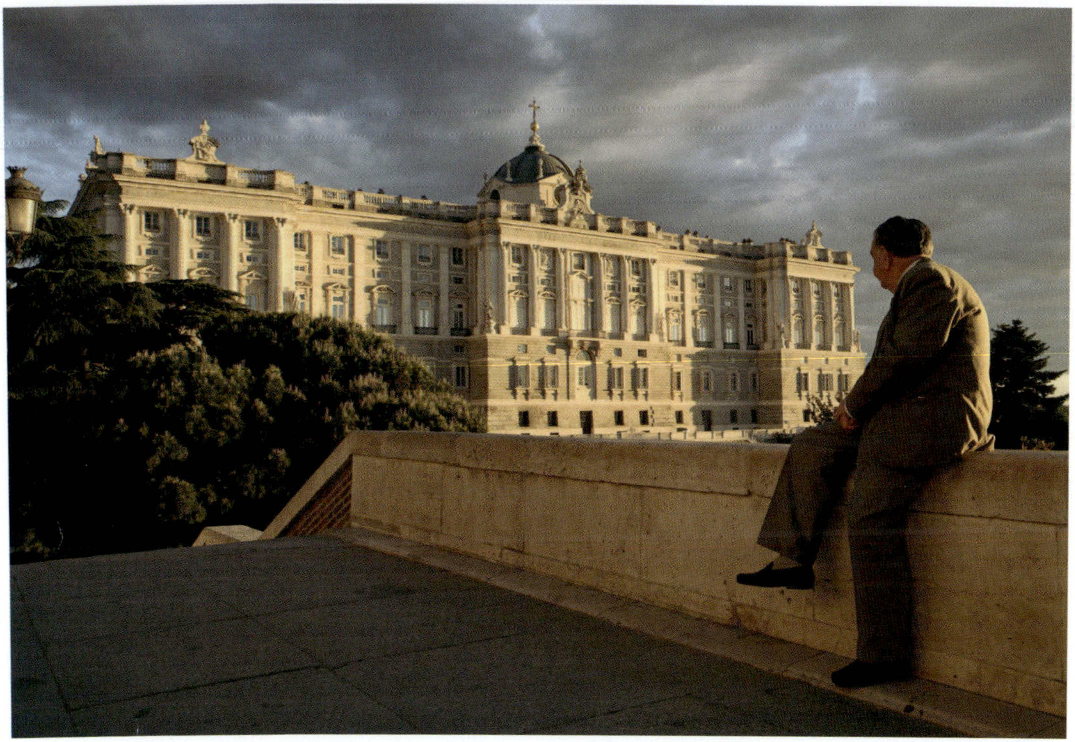

Por orden expresa de Felipe V, el Palacio Real se construyó íntegramente en piedra, para evitar que un incendio pudiera hacerlo desaparecer como pasó con el Alcázar. En la fachada norte se encuentra la capilla Real con su preciosa cúpula destacando sobre la azotea.

At the express orders of Philip V the Royal Palace was built wholly in stone so as to prevent it being destroyed by fire, as had occurred with the Alcazar. The Royal Chapel, with its delightful dome standing out on the roof, is in the north façade.

Doble página (34-35): Vista de las fachadas este y norte del Palacio Real. Destaca la cúpula de la capilla Real.

Double page (34-35): View of the east and north façades of the Royal Palace. The dome of the Royal Chapel stands out.

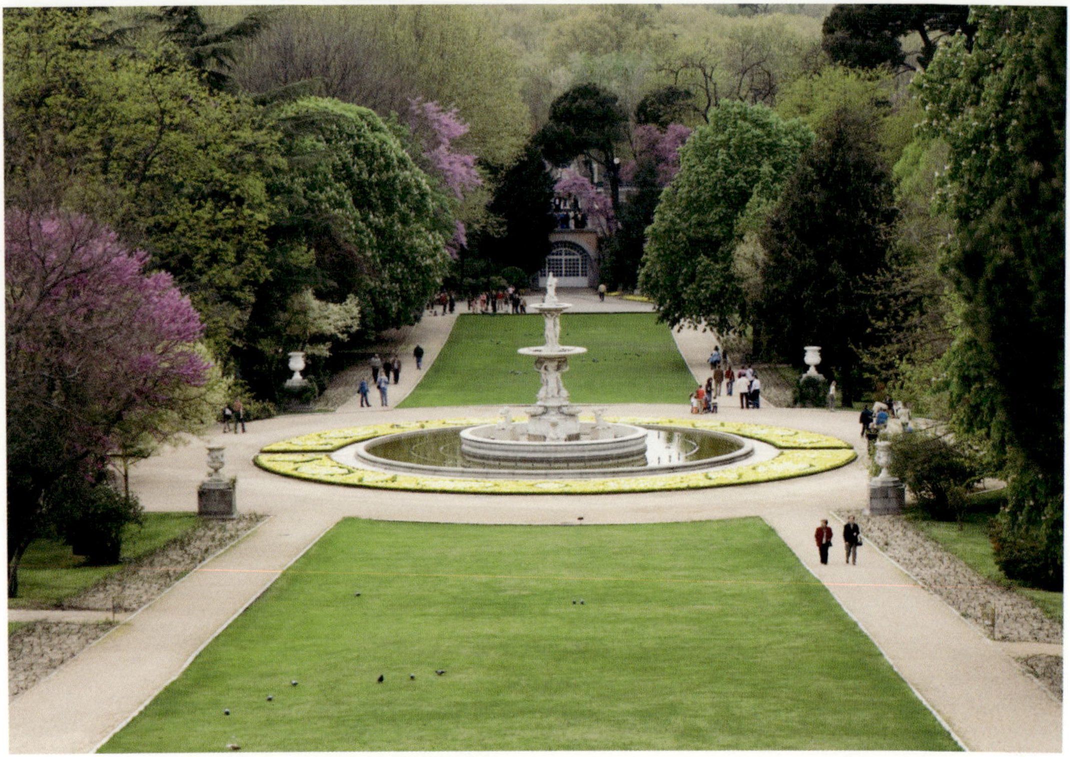

La fuente de las Conchas se halla en los jardines del Campo del Moro. Fue diseñada por Juan de Villanueva y construida por Felipe Castro y Manuel Álvarez en 1775 para adornar el jardín del palacio del Infante don Luis, situado en Boadilla del Monte. Posteriormente pasó al jardín de la quinta de Vistalegre, propiedad de la reina María Cristina de Borbón y, finalmente, Isabel II la trasladó al Campo del Moro.

The Fuente de las Conchas is situated in the gardens of the Campo del Moro. It was designed by Juan de Villanueva and built in 1775 by Felipe Castro and Manuel Álvarez in order to embellish the garden of the Palace of the Infante Don Luis in Boadilla del Monte. It was subsequently moved to the Vistalegre park owned by Queen María Cristina de Borbón and finally Isabella II had it transferred to the Campo del Moro.

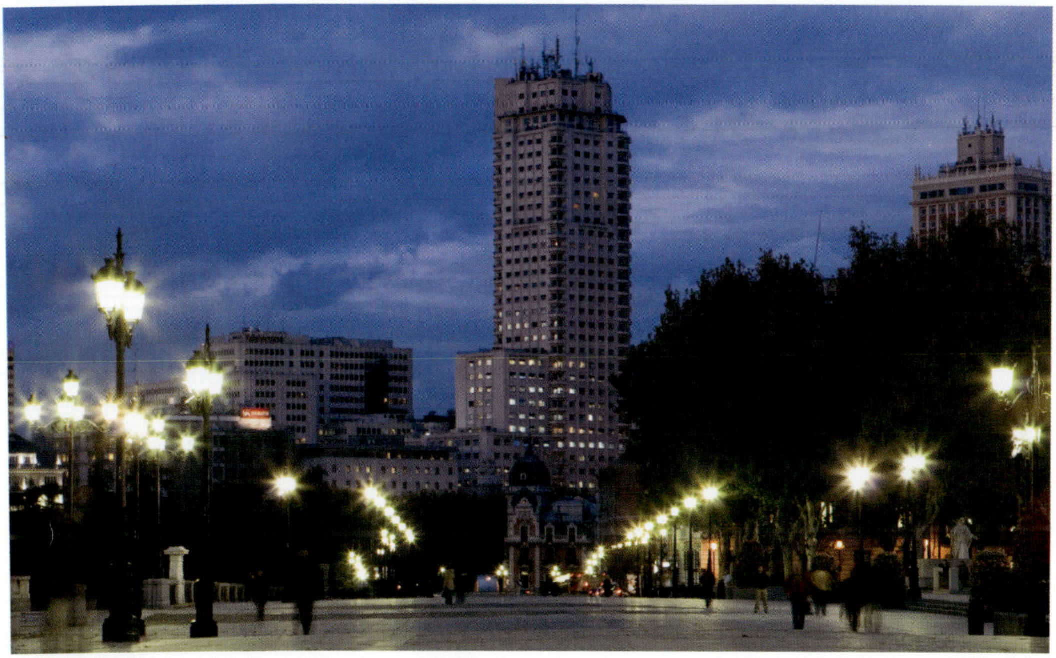

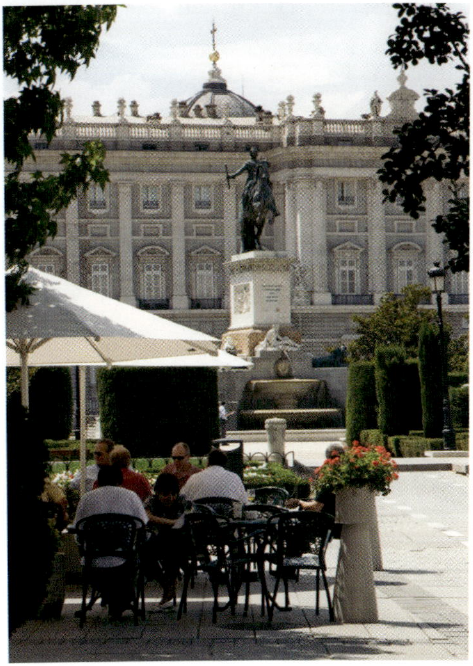

La calle de Bailén ofrece por la noche una preciosa vista con la Torre de Madrid al fondo. Ésta se construyó en 1957 y es obra de los hermanos Julián y Joaquín Otamendi. Durante muchos años constituyó el «techo» de Madrid.

La plaza de Oriente es un lugar apacible para pasear y sentarse en una terraza con la vista de la estatua de Felipe IV a caballo y la fachada este del Palacio Real.

At night the Calle de Bailén provides a wonderful view with the Torre de Madrid in the background. This was built in 1957 by the brothers Julián and Joaquín Otamendi. For many years it was the highest building in Madrid.

The Plaza de Oriente is a quiet place to stroll and sit on a café terrace with views of the statue of Philip IV on horseback and the east façade of the Royal Palace.

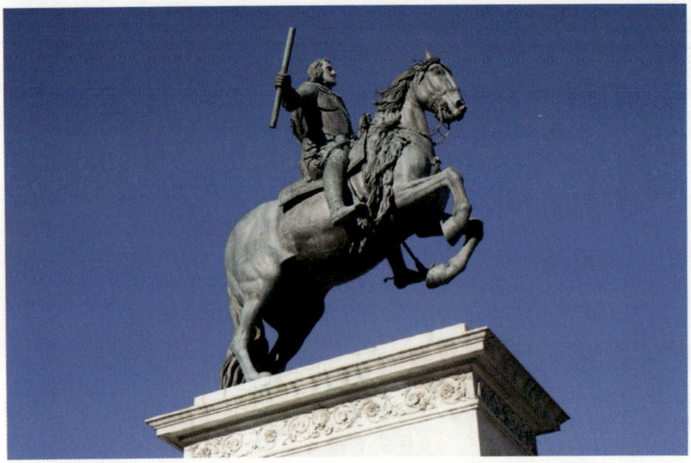

La estatua ecuestre de Felipe IV preside la plaza de Oriente. Es obra de Pietro Tacca y realizada en 1640. Se dice que para que el caballo mantuviera esa magnífica corbeta hubo que recurrir al ingenio de Galileo quien propuso que la parte trasera fuera maciza y la delantera hueca.

The equestrian statue of Philip IV, which was sculptured by Pietro Tacca in 1640, presides over the Plaza de Oriente. It is said that, in order for the horse to maintain its magnificent curvet, recourse had to be had to the genius of Galileo who proposed that the rear part should be solid and the front part hollow.

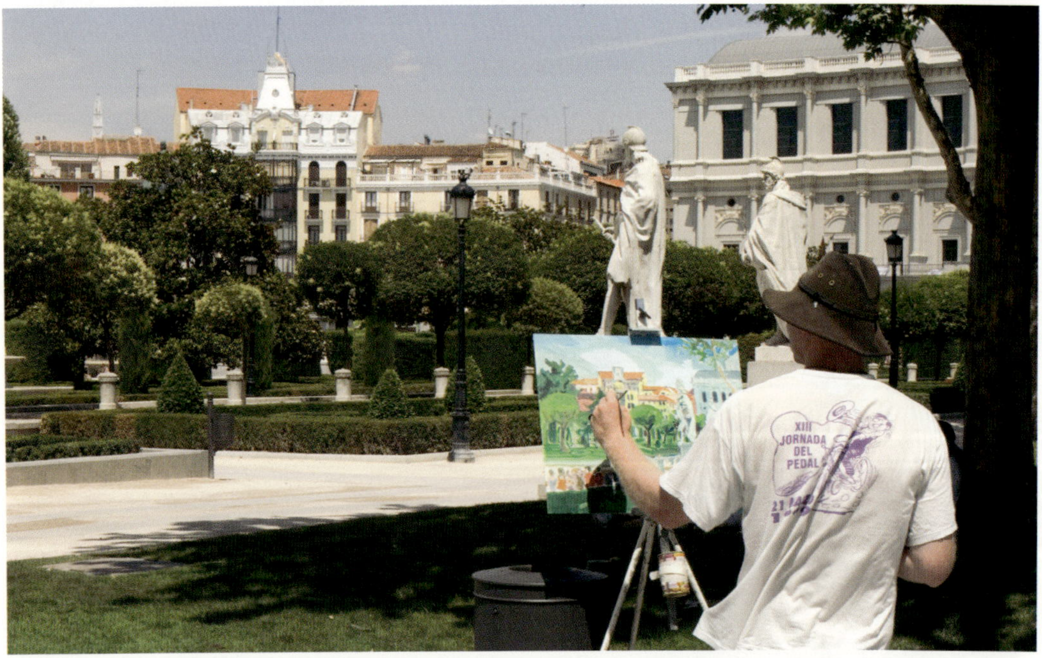

Además, la plaza está rodeada por una serie de estatuas que representan a varios reyes españoles y que, inicialmente, deberían adornar la cornisa del Palacio Real.

The square is also surrounded by a series of statues representing various Spanish kings and which were originally to adorn the cornice of the Royal Palace.

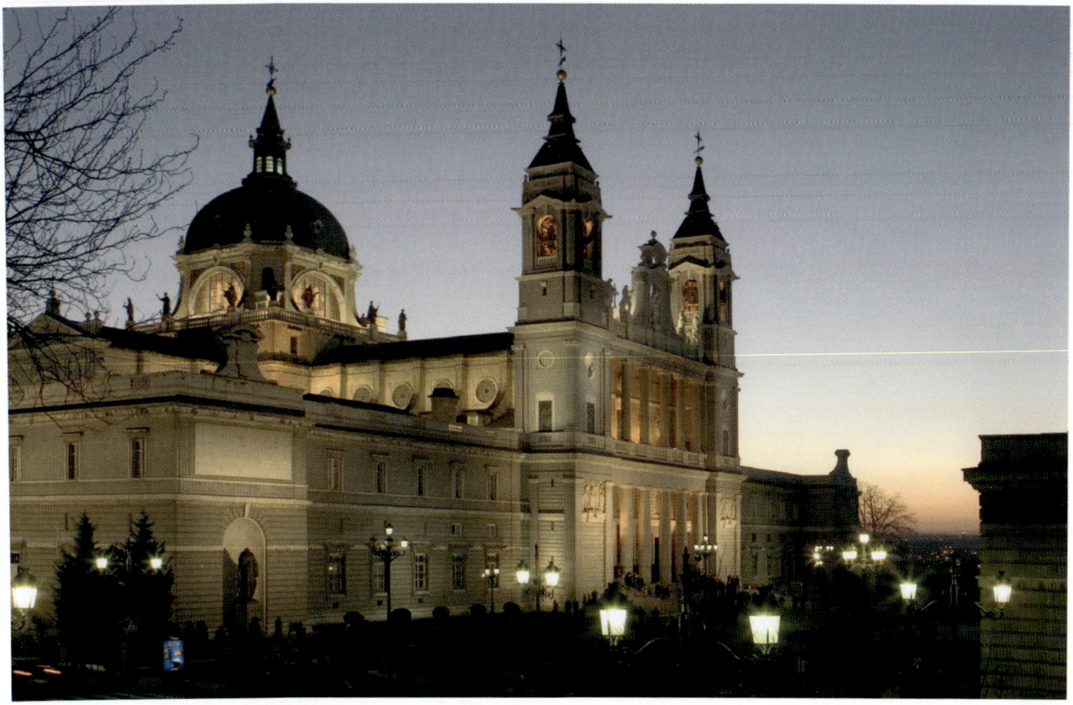

La catedral de la Almudena se halla frente al Palacio Real y se inauguró en 1992 con la bendición del Papa Juan Pablo II. Su construcción se había prolongado a lo largo de 109 nueve años, ya que se iniciaron en 1883. Alfonso XII puso la primera piedra con el deseo expreso de que los restos de su primera esposa, la reina María de las Mercedes, reposaran en la catedral.

The Almudena Cathedral stands opposite the Royal Palace and was consecrated in 1992 by Pope John Paul II. It had taken 109 years to build, having been begun in 1883. Alfonso XII laid the first stone with the express wish that the remains of his first wife, Queen María de las Mercedes, should lie in the cathedral.

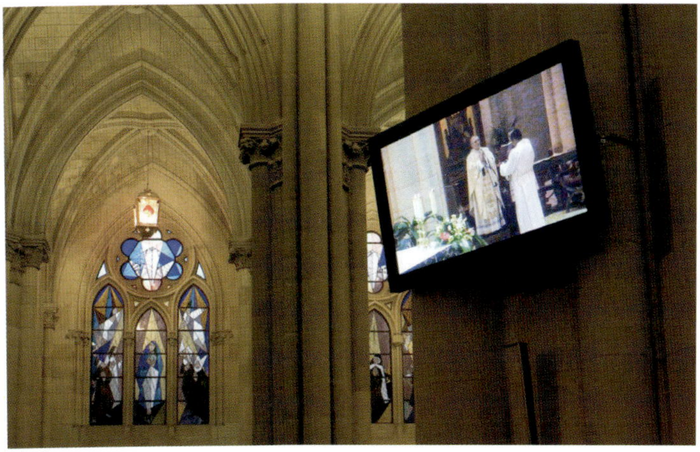

Con ocasión de la boda del príncipe Felipe con doña Leticia en mayo de 2004, se colocaron las vidrieras, obra de Kiko Argüello.

The stained glass windows, the work of Kiko Argüello, were put in place for the wedding of Prince Felipe and Princess Leticia in 2004.

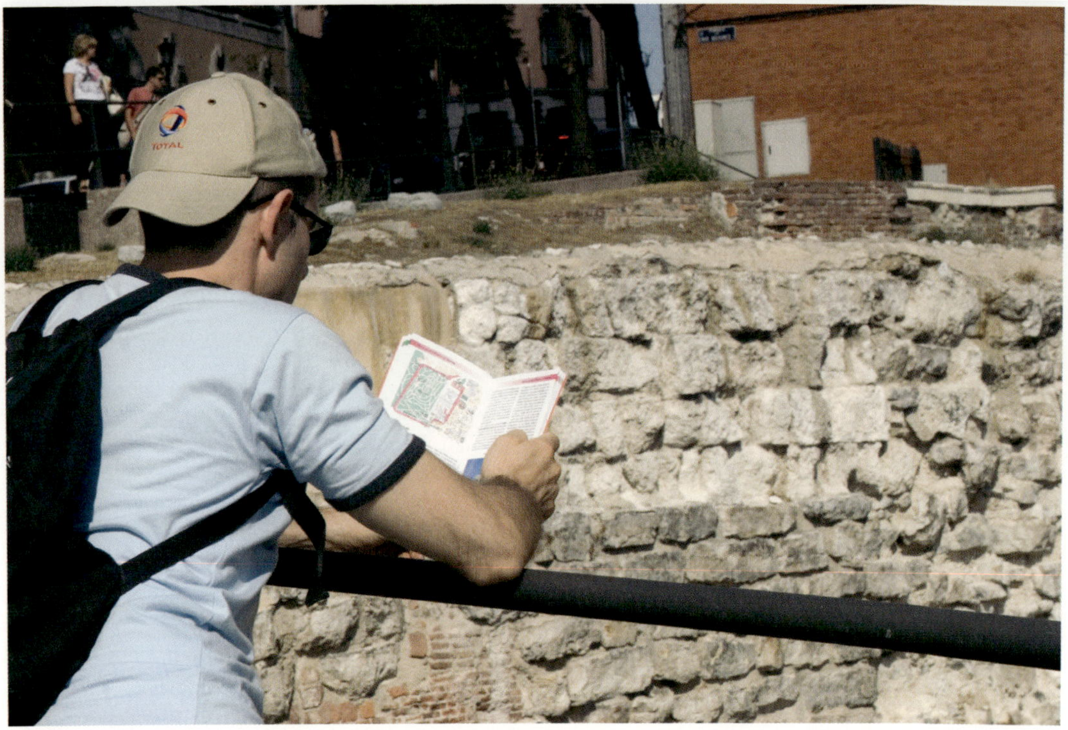

Los restos de la muralla árabe se hallan en la cuesta de la Vega, en el parque de Mohamed I, fundador de Madrid en el siglo IX. Es el monumento más antiguo de Madrid.

The remains of the Moorish wall are located on the Cuesta de la Vega in Mohammed I park, named after the man who founded Madrid in the ninth century. It is Madrid's oldest monument.

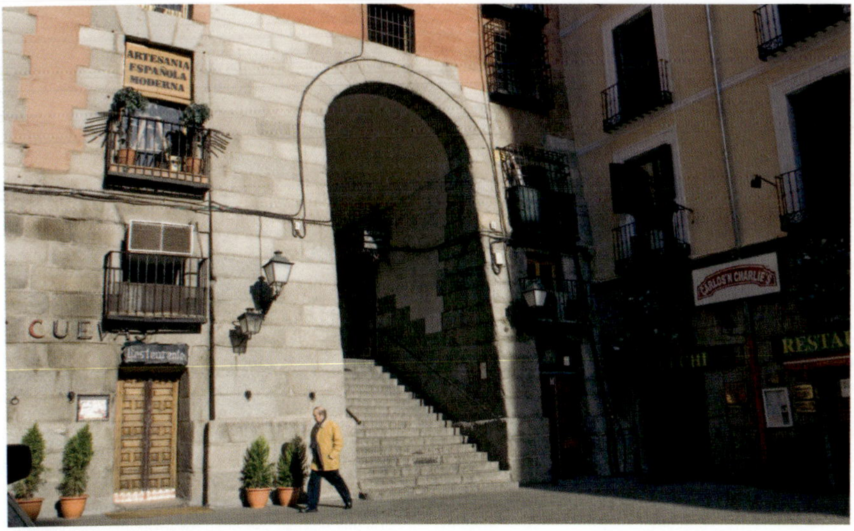

El Arco de Cuchilleros es uno de los lugares más típico y bonito de Madrid. Su larga escalera salva el desnivel tan grande que existe entre la calle de Cuchilleros y la Plaza Mayor (en su parte más alta).

En la Cava de San Miguel se halla el restaurante más antiguo de Madrid: Sobrino de Botín. El francés Jean Botín llegó a Madrid a principios del siglo XVIII para trabajar como cocinero en casa de un noble. Poco después abrió una posada donde hoy se encuentra el restaurante, en un edificio construido en 1590. El negocio lo heredó un sobrino de la esposa de Botín llegando hasta nuestros días.

The Arco de Cuchilleros is one of the prettiest and most typical places in Madrid. The big difference in elevation between the Calle de Cuchilleros and the Plaza Mayor (at the top) is overcome by a long flight of steps linking the two.

In the Cava de San Miguel is to be found the oldest restaurant in Madrid, Sobrino de Botín. The Frenchman Jean Botín arrived in Madrid at the beginning of the eighteenth century to work as a cook in the house of a nobleman. Soon afterwards he opened an inn where the restaurant now stands, in a building constructed in 1590. The business was inherited by a nephew of Botín's wife and has continued up to the present day.

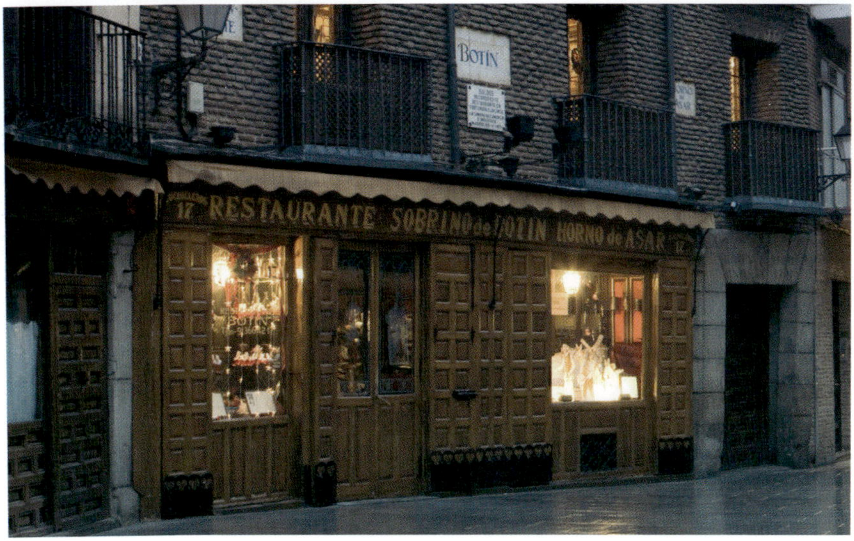

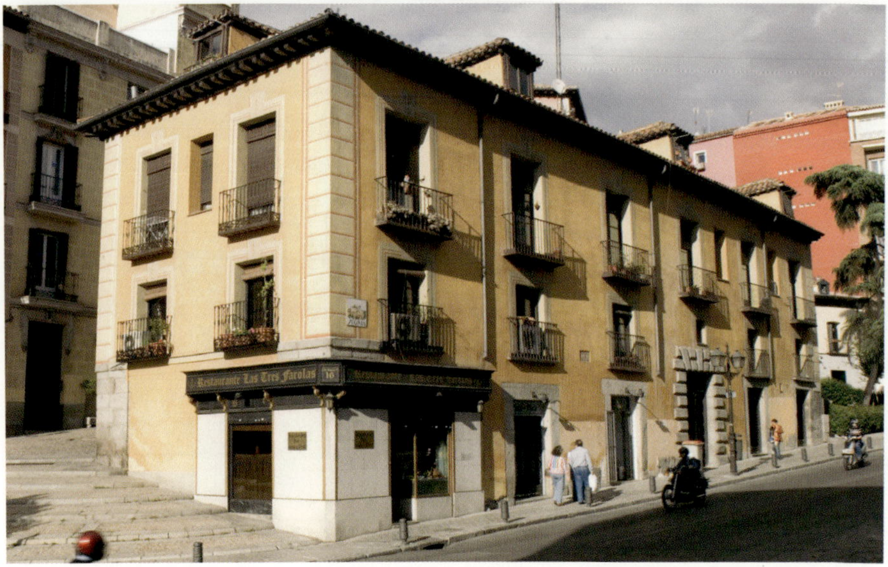

La mayoría de los edificios de la calle de Segovia (arriba) son muy antiguos como la casa de la fotografía, del siglo XVII, que es un ejemplo de la arquitectura madrileña de los Austrias.

La empinada calle de Segovia (abajo) discurre en un pequeño valle sobre el curso de un antiguo arroyo. El viaducto, al fondo, salva el desnivel. Fue construido en 1942 en sustitución del anterior del siglo XIX.

Most of the buildings on the Calle de Segovia (above) are very old, such as the one in the photograph which dates from the seventeenth century. It is an example of Madrid architecture during the time of the Hapsburgs.

The steeply-climbing Calle de Segovia (below) runs along a small valley over the course of a former stream. The difference in elevation is overcome by the viaduct in the background. It was erected in 1942 to replace the one that had been built in the nineteenth century.

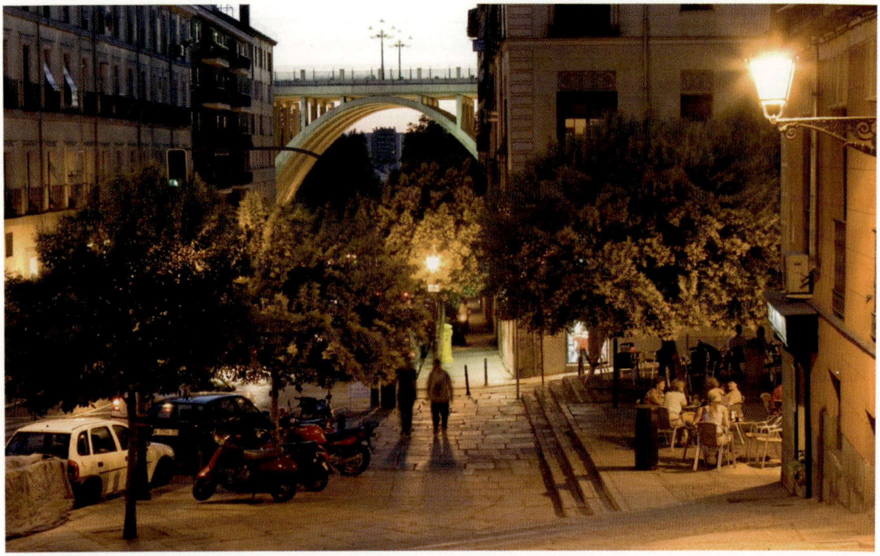

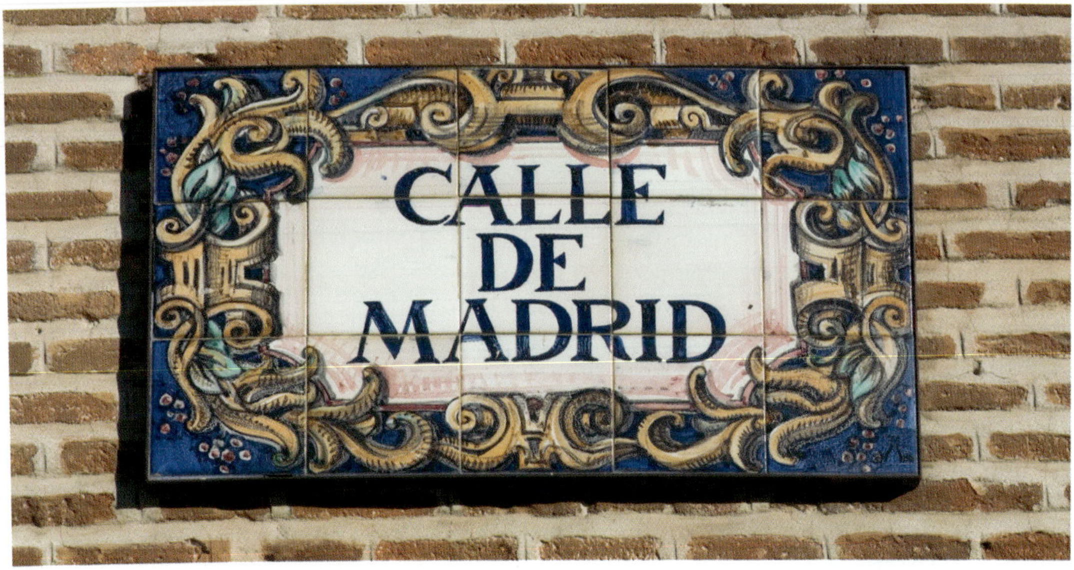

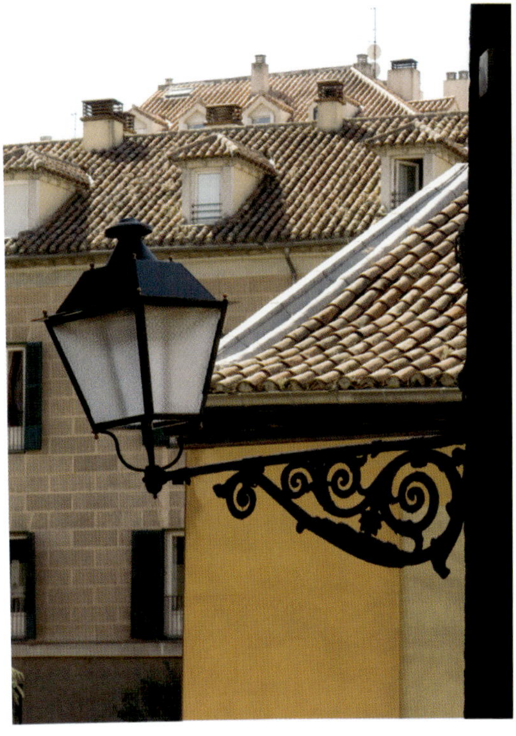

La preciosa placa de cerámica de la calle de Madrid fue diseñada por Juan Manuel Sánchez Ríos, de la Escuela de Cerámica. Esta calle se halla en un lateral del Ayuntamiento, en pleno casco antiguo, sembrado de tejados con sus rojas tejas y antiguas farolas en las esquinas.

The delightful ceramic plaque indicating the Calle de Madrid *was designed by Juan Manuel Sánchez Ríos of the Ceramics School. This street, which is at the side of the City Hall right in the middle of old Madrid, also boasts lots of red-tiled roofs and old-fashioned streetlamps on the corners.*

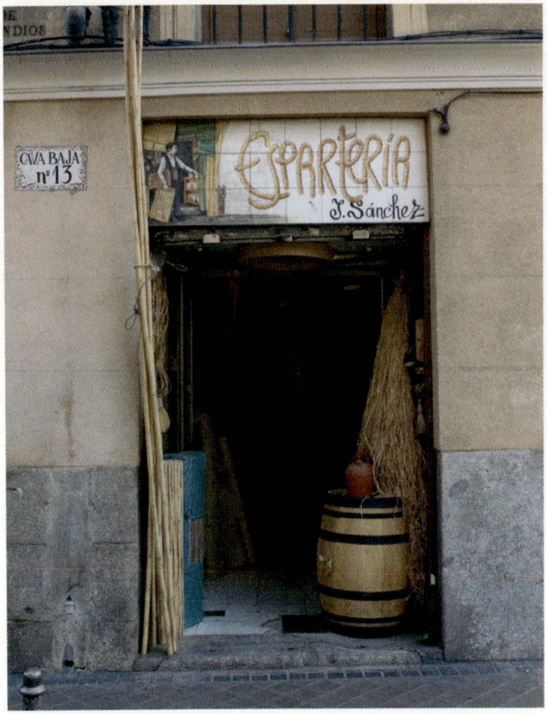

En Madrid, aún se conservan establecimientos con sabor añejo, como una espartería en la Cava Baja y Casa Paco, en Puerta Cerrada, cuya especialidad son los chuletones de medio kilo en plato refractario, acompañados de un buen vino de Valdepeñas.

Madrid still has some establishments with the atmosphere of yesteryear, such as an esparto workshop in the Cava Baja and Casa Paco in Puerta Cerrada whose speciality are the chuletones weighing over one pound and served on hot plates, and washed down with good Valdepeñas wine.

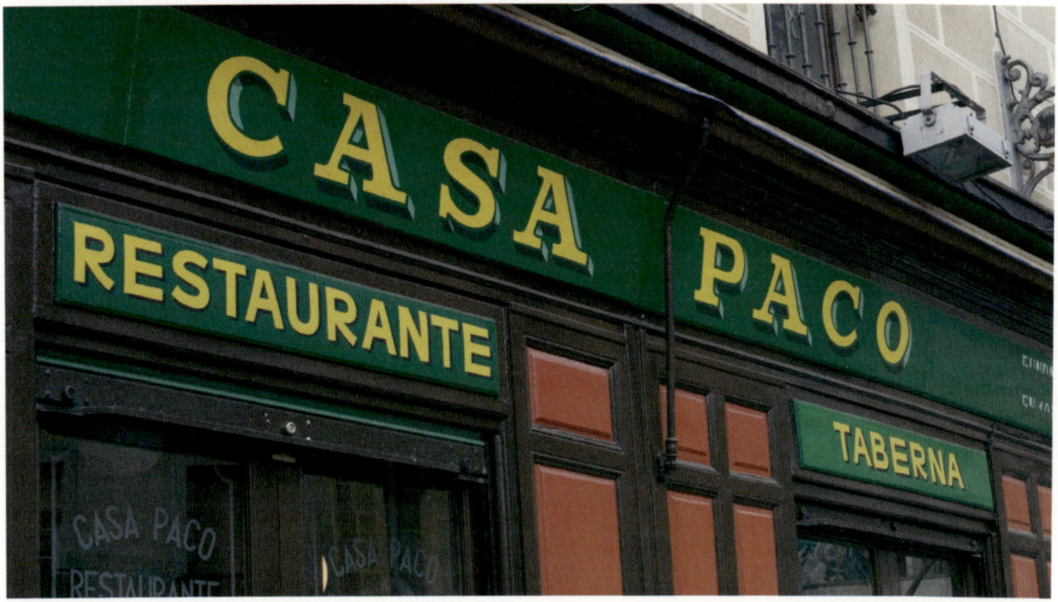

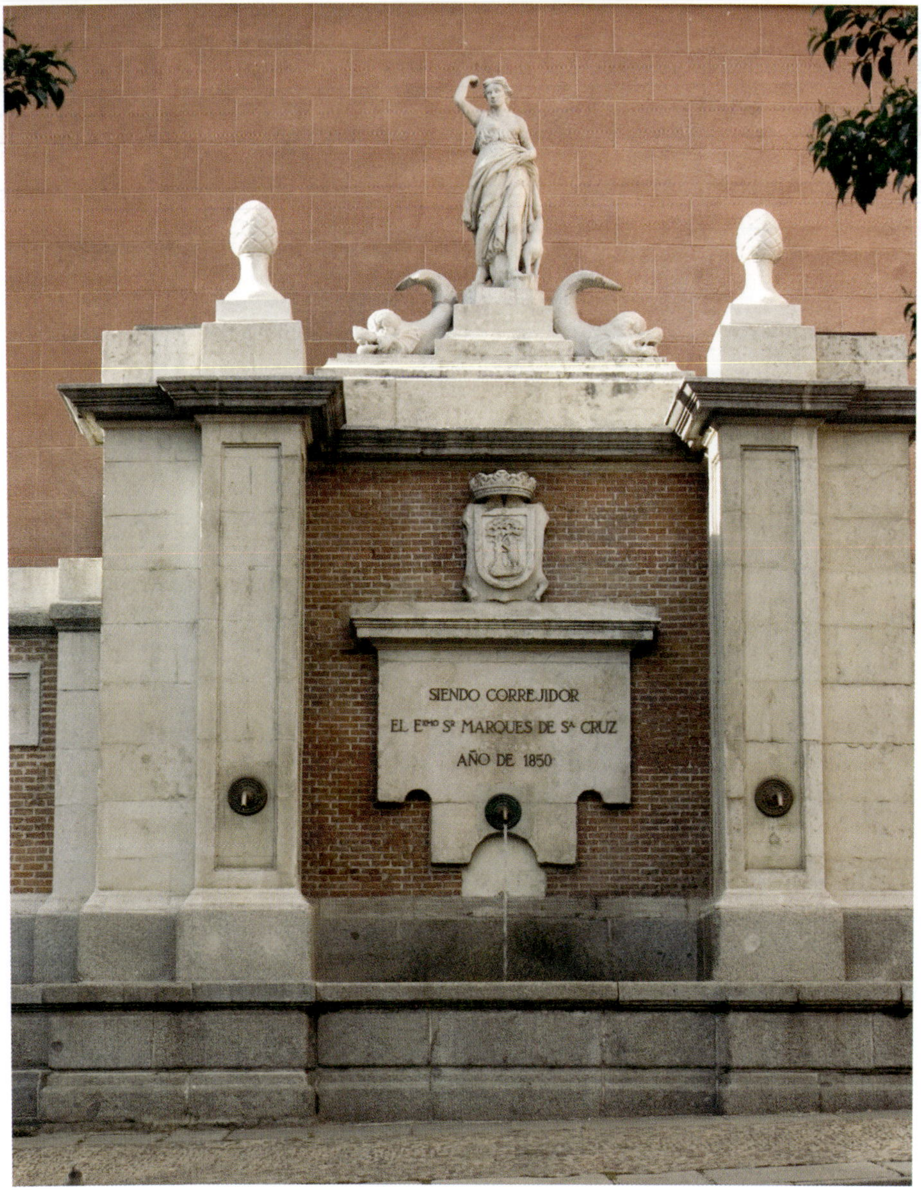

La fuente de la plaza de la Cruz Verde está coronada con la estatua de la diosa Diana, obra de Ludovico Turqui (1618). La escultura estuvo primeramente en otra fuente ya desaparecida en Puerta Cerrada.

The fountain in the Plaza de La Cruz Verde is crowned with the statue of the goddess Diana sculptured by Ludovico Turqui in 1618. The sculpture was formerly in Puerta Cerrada on another fountain which has since disappeared.

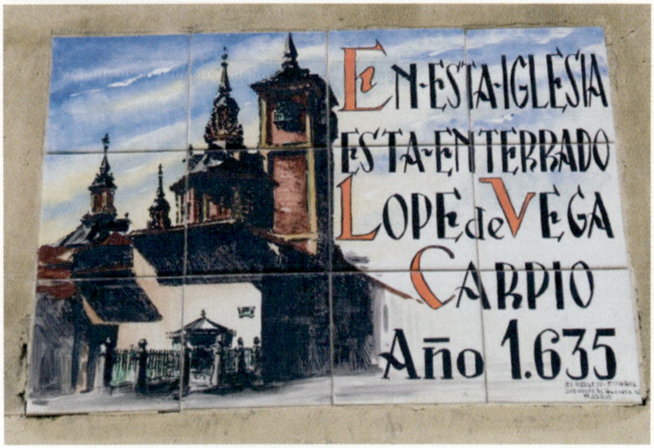

Una placa en la fachada de la iglesia de San Sebastián de la calle de Atocha nos recuerda que los restos de Lope de Vega reposan en algún lugar desconocido de la citada iglesia. Y seguro que algún libro de Lope se puede encontrar en esta entrañable librería de viejo, en el pasadizo de San Ginés, y parada obligatoria para los bibliófilos. Se halla adosada a la iglesia del mismo nombre desde mediados del siglo XIX.

A plaque on the façade of the church of San Sebastián in the Calle de Atocha reminds us that the remains of Lope de Vega lie in some unknown place in this church, and no doubt some of Lope's books can be found in the delightful old bookshop in the Pasadizo de San Ginés and which is a compulsory stop for book lovers. It has stood alongside the church of the same name since the middle of the nineteenth century.

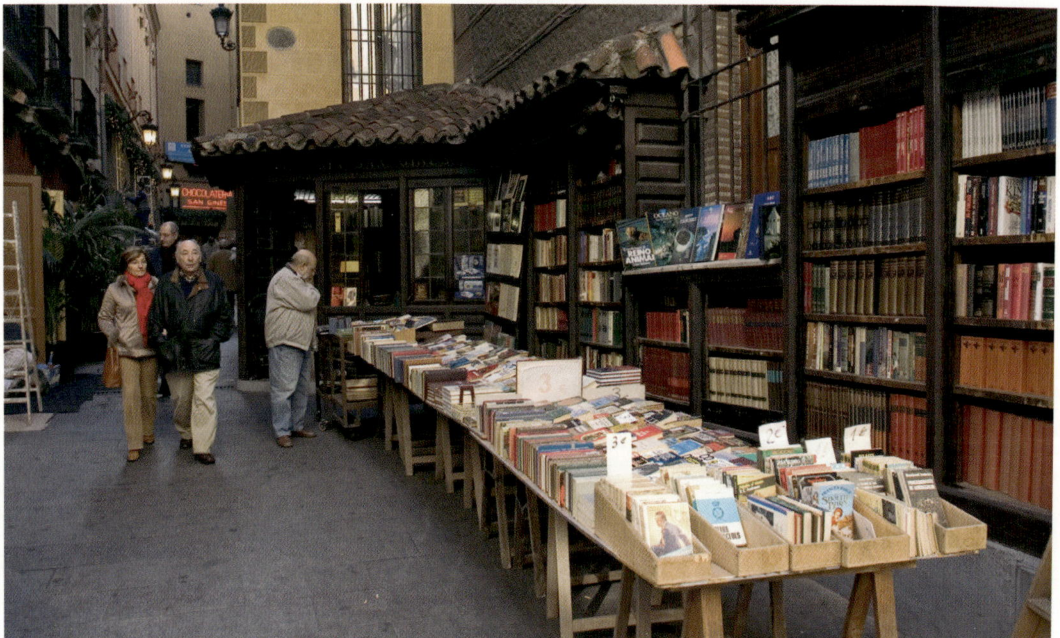

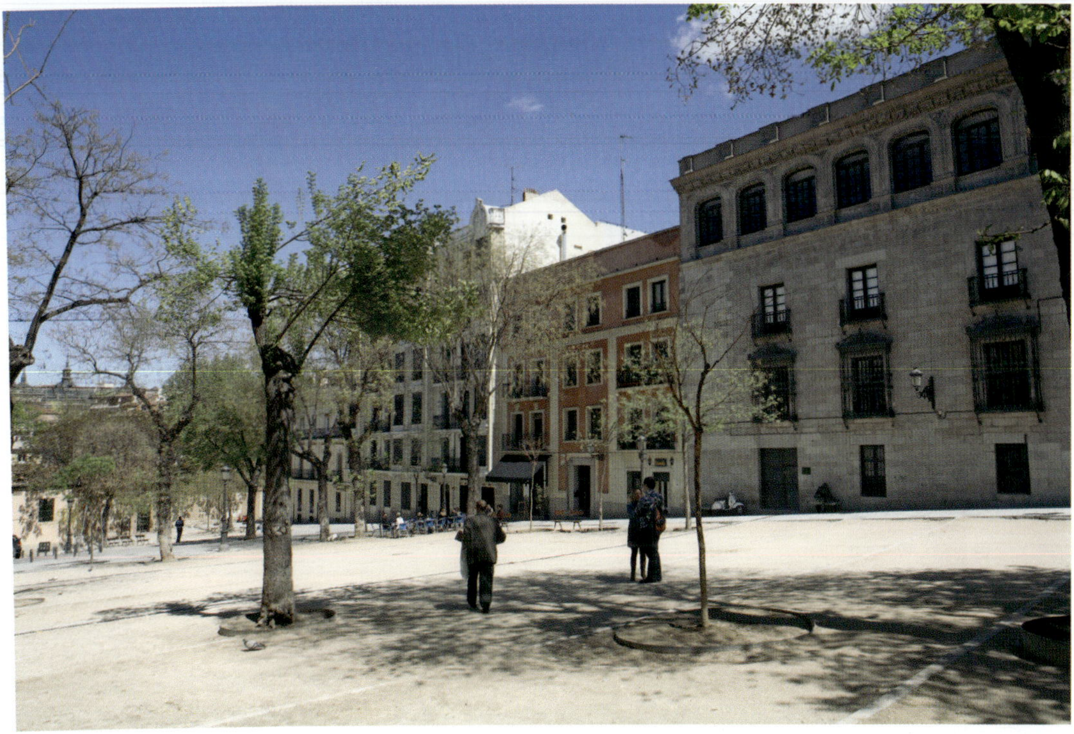

La plaza de la Paja es una de las plazas más antiguas del Madrid medieval. Aquí se vendía la paja que el capellán y cabildo de la capilla del Obispo recibía como subvención para mantenimiento de las mulas que utilizaba para pasear.

The Plaza de la Paja, or «Straw Square», is one of mediaeval Madrid's oldest squares. The straw that the chaplain and chapter of the Bishop's Chapel were granted for the upkeep of the mules on which he used to ride about was sold here, hence the name.

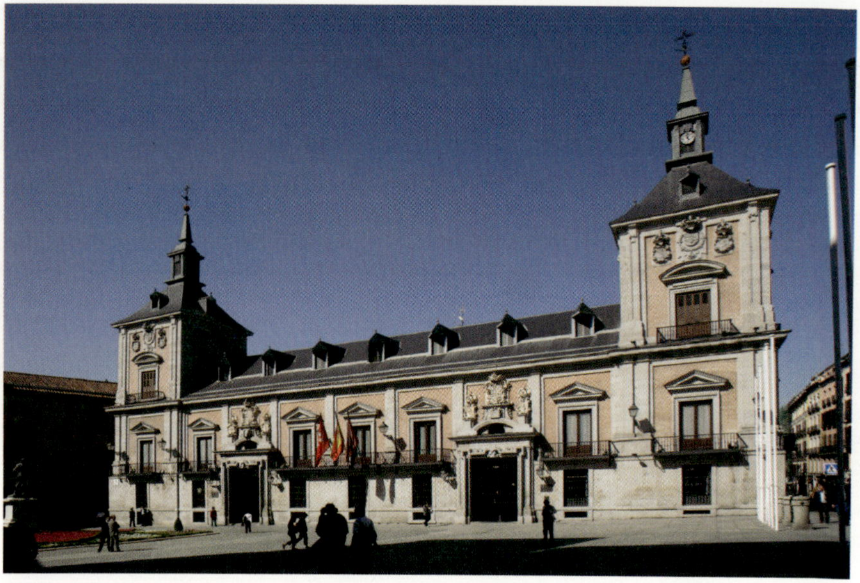

Sin duda, una de las plazas más bellas de Madrid es la de la Villa, junto a la calle Mayor. El edificio del Ayuntamiento, comenzado a construir a finales del siglo XVII, preside uno de sus lados y al otro, la torre y casa (dos casas contiguas) de los Lujanes, de finales del XV. La casa de los Lujanes con su torre es la construcción civil más antigua de Madrid. Destaca la portada con decoración gótica y los tres escudos nobiliarios de los Lujanes.

One of Madrid's most beautiful squares is doubtless the Plaza de la Villa close to the Plaza Mayor. The City Hall building, on which work began at the end of the seventeenth century, stands on one side while the Torre y Casa (two adjoining houses) of the Lujáns built the end of the fifteenth century, occupy the other. The house and tower of the Lujans is the oldest non-ecclesiastical building in Madrid. A striking feature is the façade with its Gothic decorations and the three coats of arms of the Lujáns.

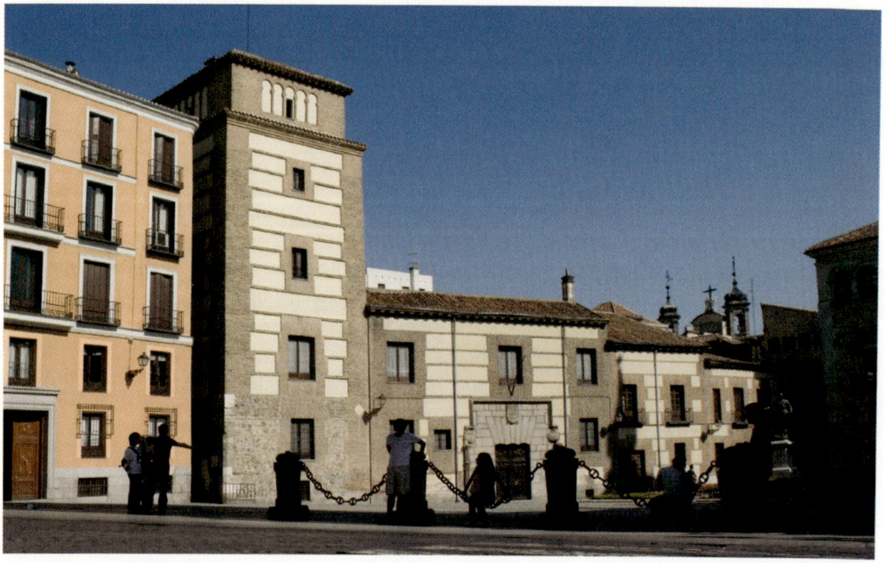

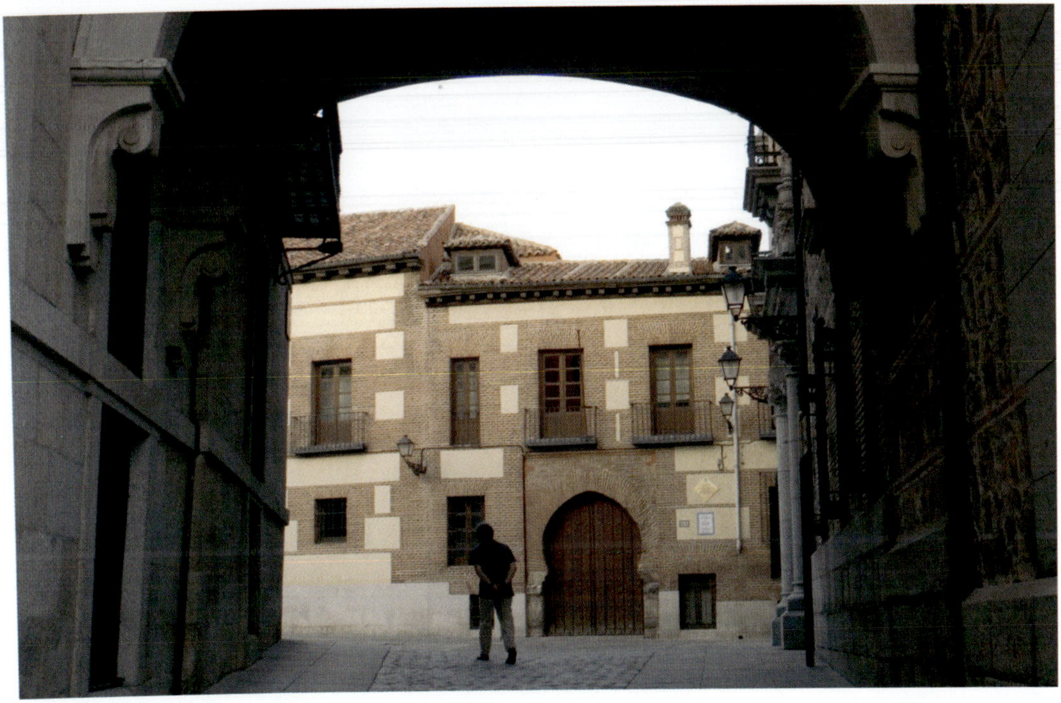

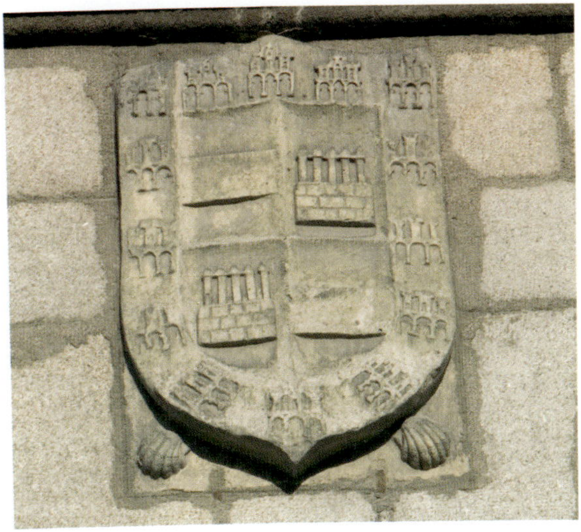

Desde la calle de Madrid se aprecia en todo su esplendor la portada que contiene el único arco de herradura de Madrid perteneciente a la casa de Álvaro de Luján.

The façade containing the only horseshoe arch in Madrid, and which belongs to the house of Álvaro de Luján, can be seen in all its splendour from the Calle de Madrid.

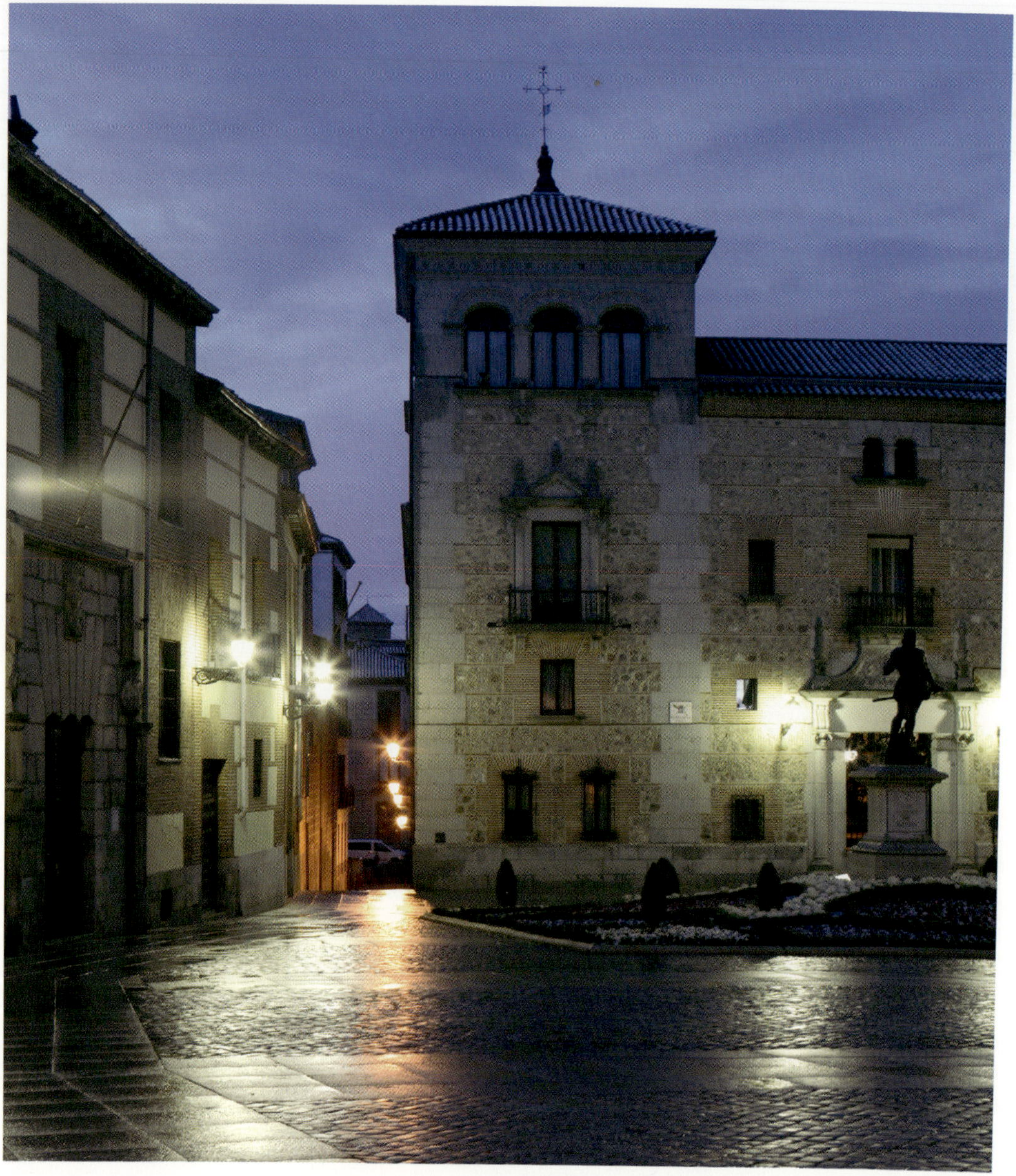

La casa de Cisneros, con su antigua torre defensiva y hoy rebajada, data del siglo XVI.

The Casa de Cisneros, with its old defensive tower which is now lower, dates from the sixteenth century.

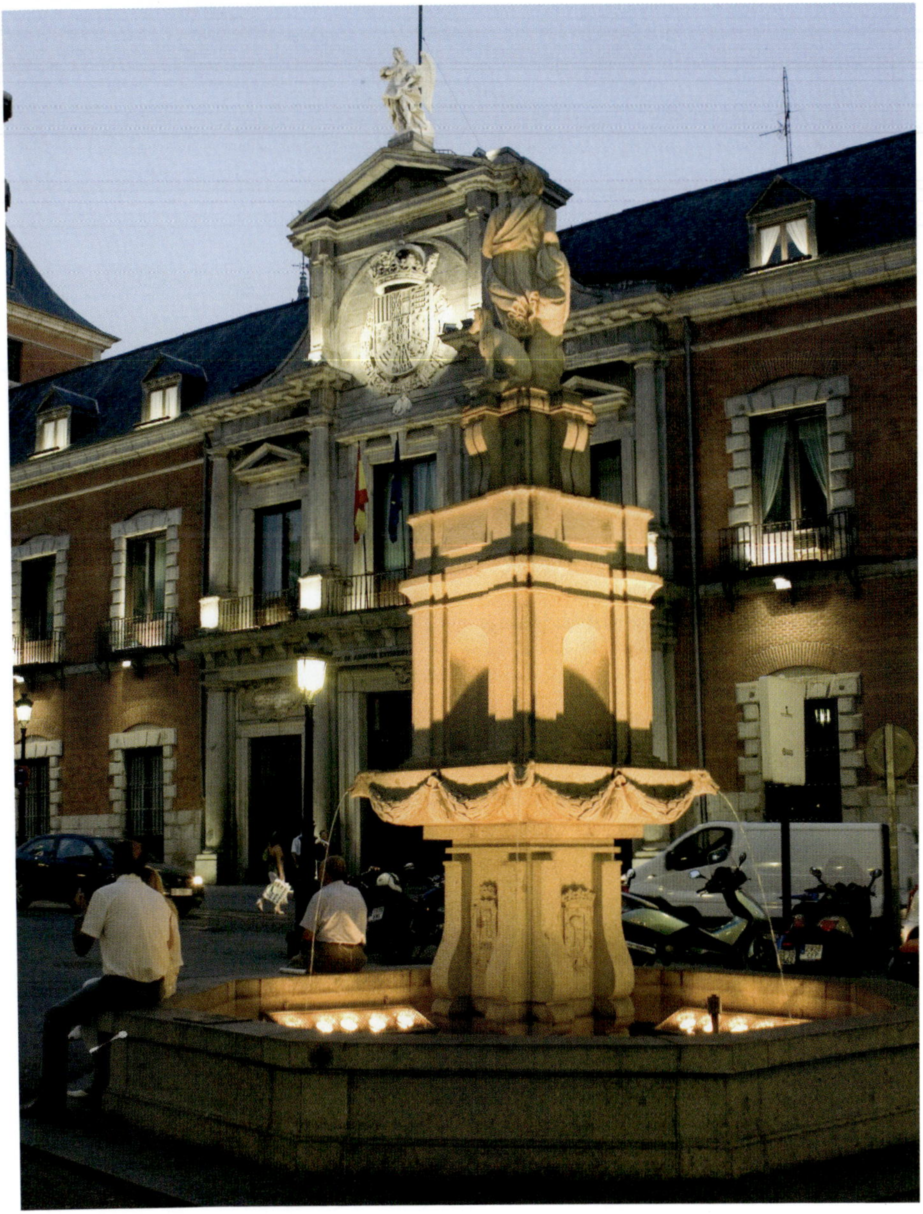

El Ministerio de Asuntos Exteriores ocupa el edificio de la antigua Cárcel de la Corte. Recientemente se colocó frente a la fachada una copia de la fuente de Orfeo que presidió la plaza a partir del siglo XVII.

The Spanish Foreign Office occupies the building of the former Court Prison. A copy of the Orpheus fountain, which stood in the centre of the square as from the seventeenth century, has recently been placed opposite the front.

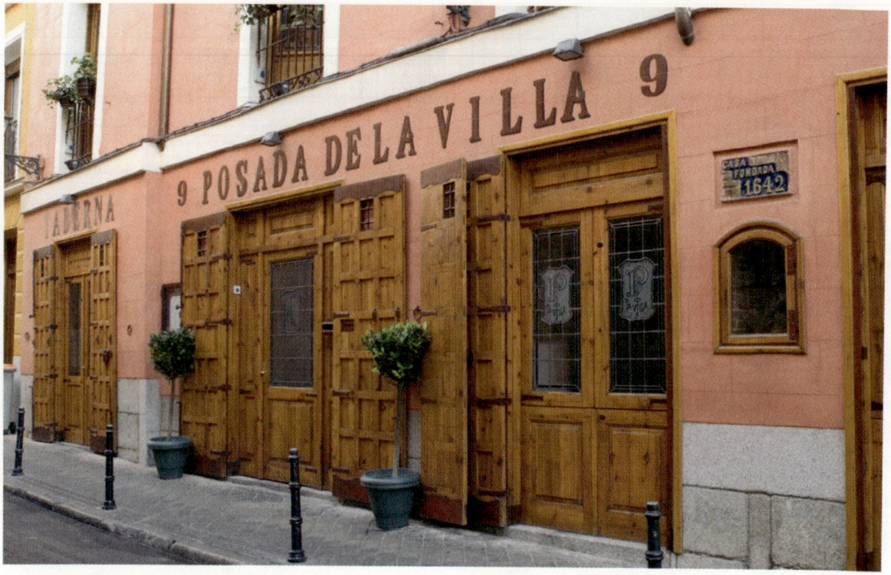

El restaurante La Posada de la Villa ocupa lo que fue, en el siglo XVI, una de las muchas posadas situadas en la Cava Baja. Su interior conserva las vigas de madera en perfecto estado.

En el centro de la plaza de Puerta Cerrada, se alza una cruz blanca de piedra de Colmenar que se halla sobre un arca o registro de un viaje de agua.

The restaurant La Posada de la Villa occupies the site of what in the sixteenth century was one of the many inns in the Cava Baja. The wooden beams inside are still in perfect condition.

In the middle of the Plaza de Puerta Cerrada stands a white cross made of Colmenar stone and which is situated over a manhole for a watercourse.

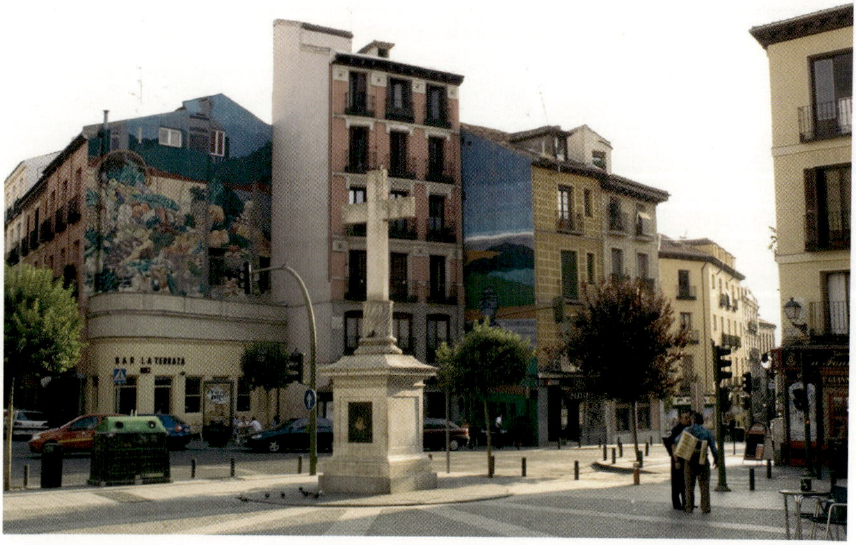

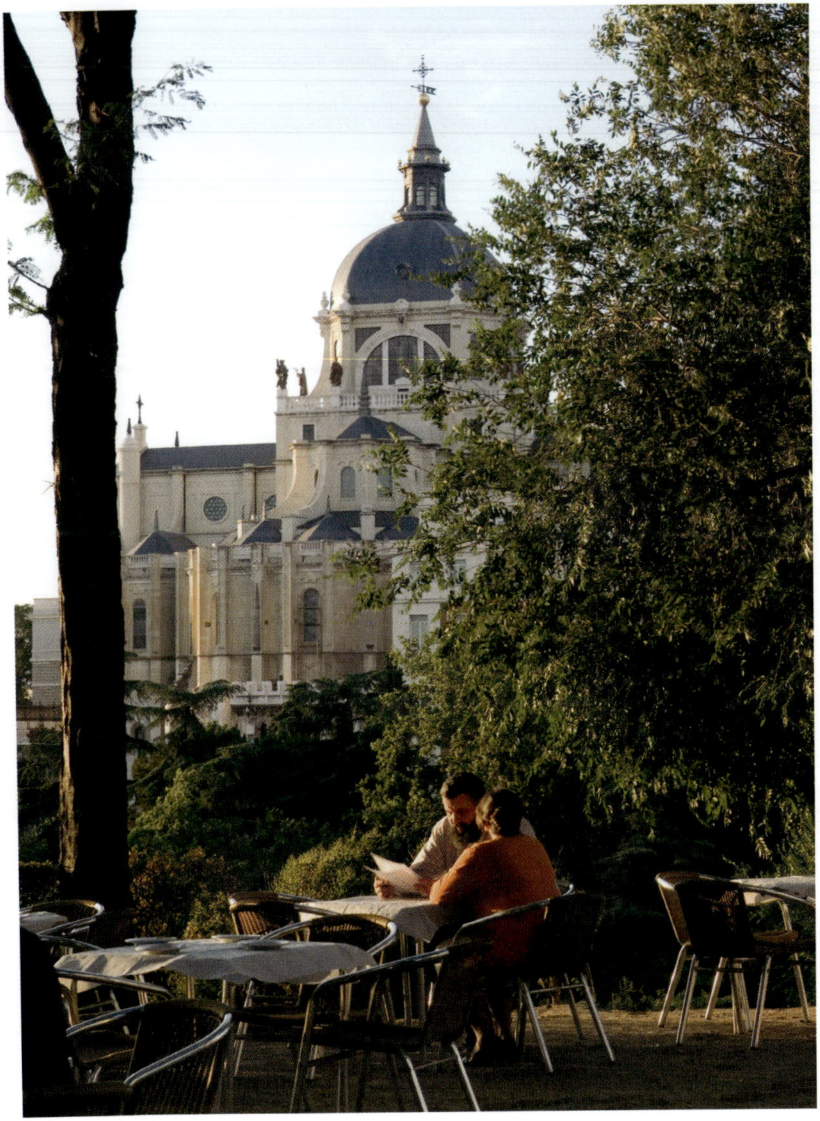

Desde una terraza de Las Vistillas se puede contemplar una bella estampa de la catedral de la Almudena.

The café terraces of Las Vistillas provide a fine view of the Almudena Cathedral.

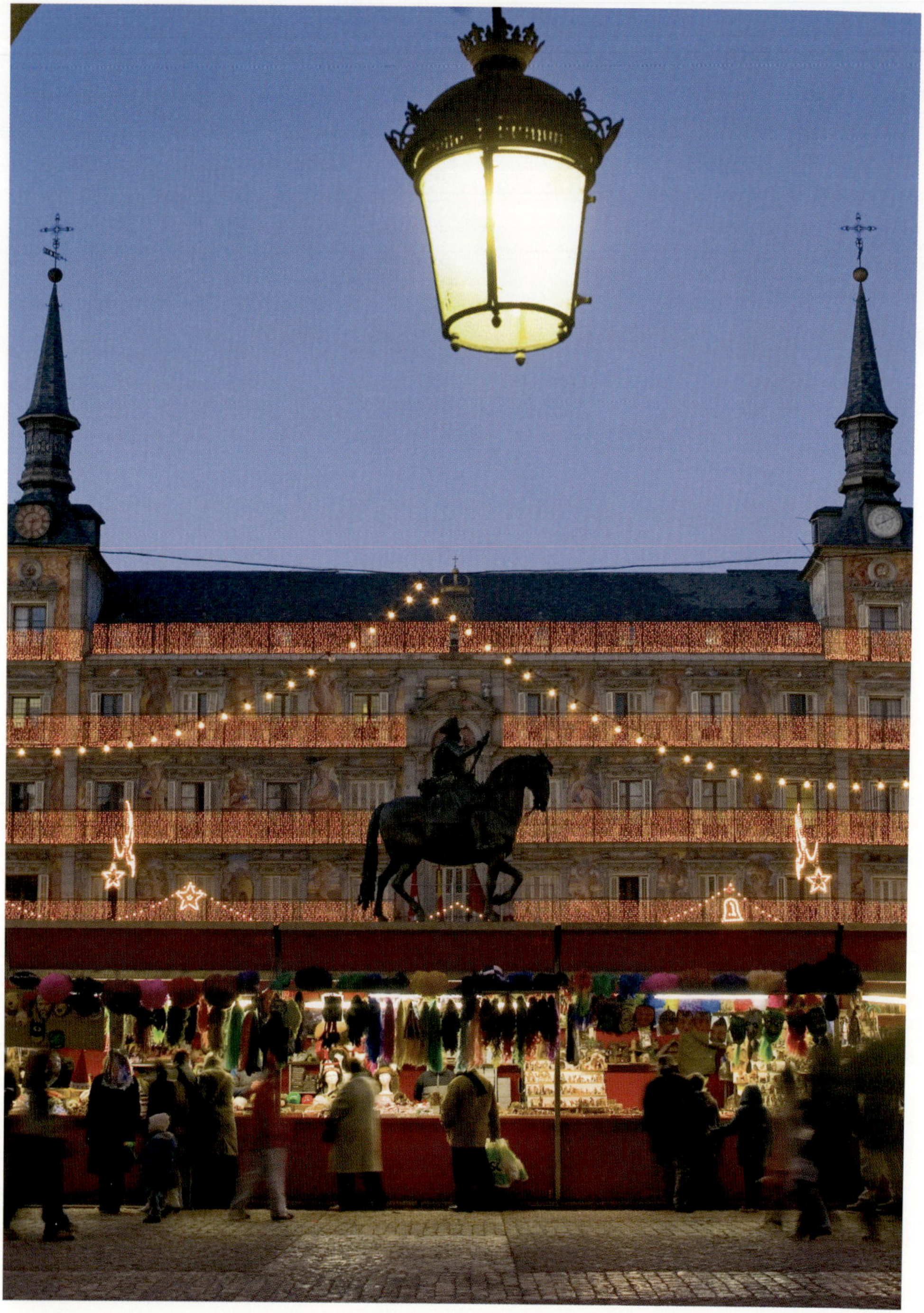

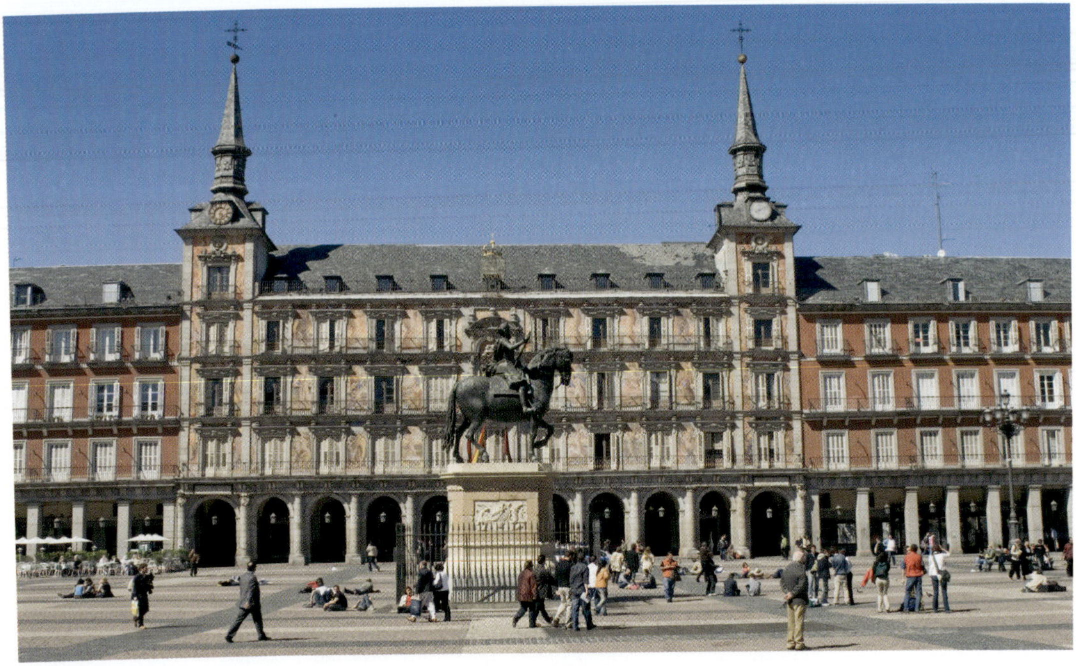

La actual Plaza Mayor, tras varios incendios, data del siglo XIX y es obra de Juan de Villanueva. En su centro se colocó en 1848, y por iniciativa de Mesonero Romanos, la estatua ecuestre de Felipe III, artífice de la construcción de la primera plaza aquí situada.

The present Plaza Mayor, after several fires, dates from the nineteenth century and is the work of Juan de Villanueva. The equestrian statue of Philip III, artifice of the first square to be built on this site, was put in place in 1848 at the initiative of Mesonero Romanos.

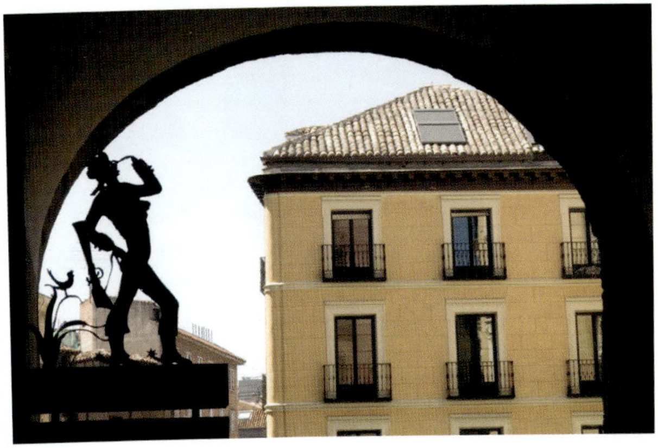

Uno de sus rincones más castizos es el Arco de Cuchilleros, con su larga escalinata salvando el desnivel entre la plaza y la calle de Cuchilleros.

One of the most typical corners of the square is the Arco de Cuchilleros with its long flight of steps leading down to the Calle de Cuchilleros.

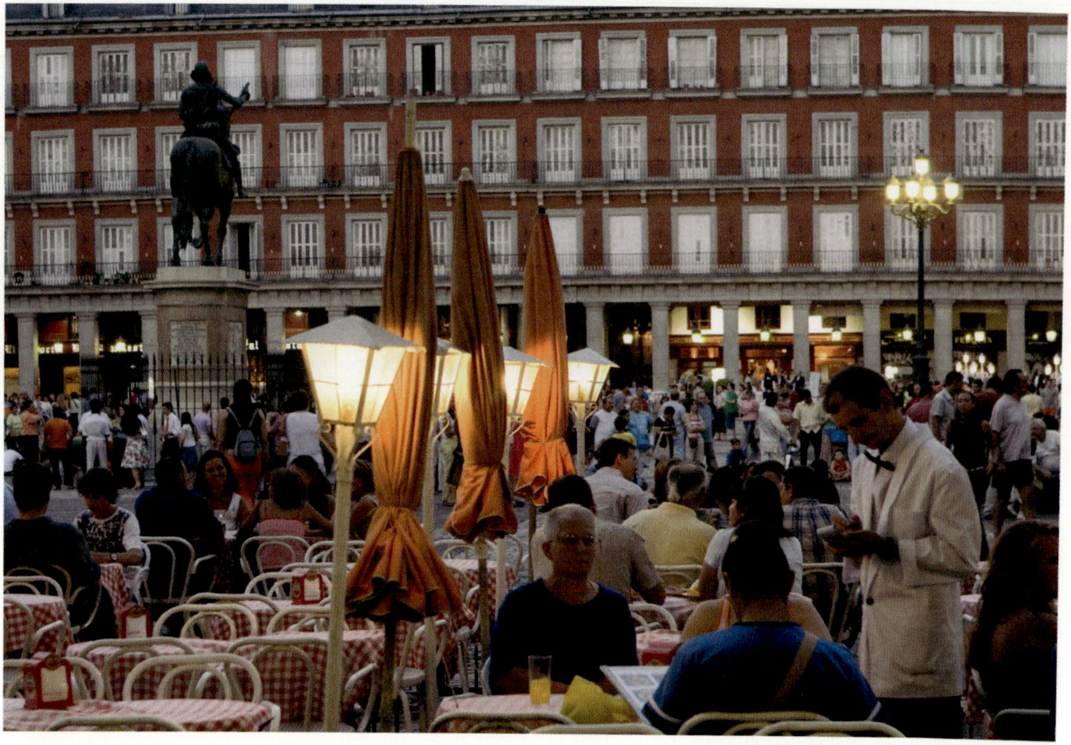

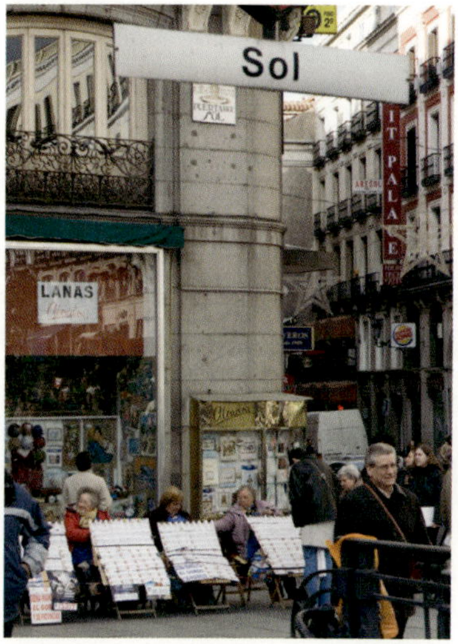
Sol
LANAS

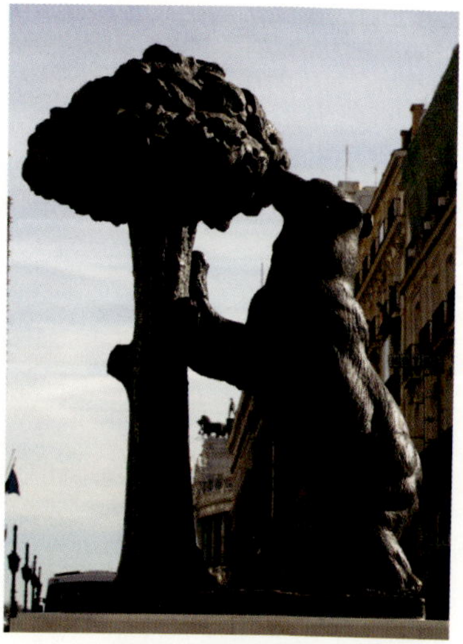

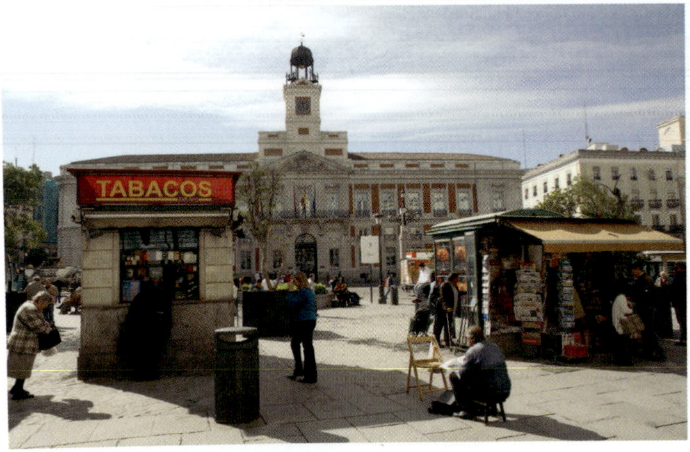

La Puerta del Sol es la única plaza de Madrid que no lleva el calificativo de plaza. Es el centro del centro de Madrid donde finalizan muchas de las manifestaciones que se producen en la ciudad a lo largo del año.

The Puerta del Sol is the only square in Madrid whose name does not bear the word «plaza». It is the hub of the centre of Madrid and the end point of many of the demonstrations that take place in the city during the year.

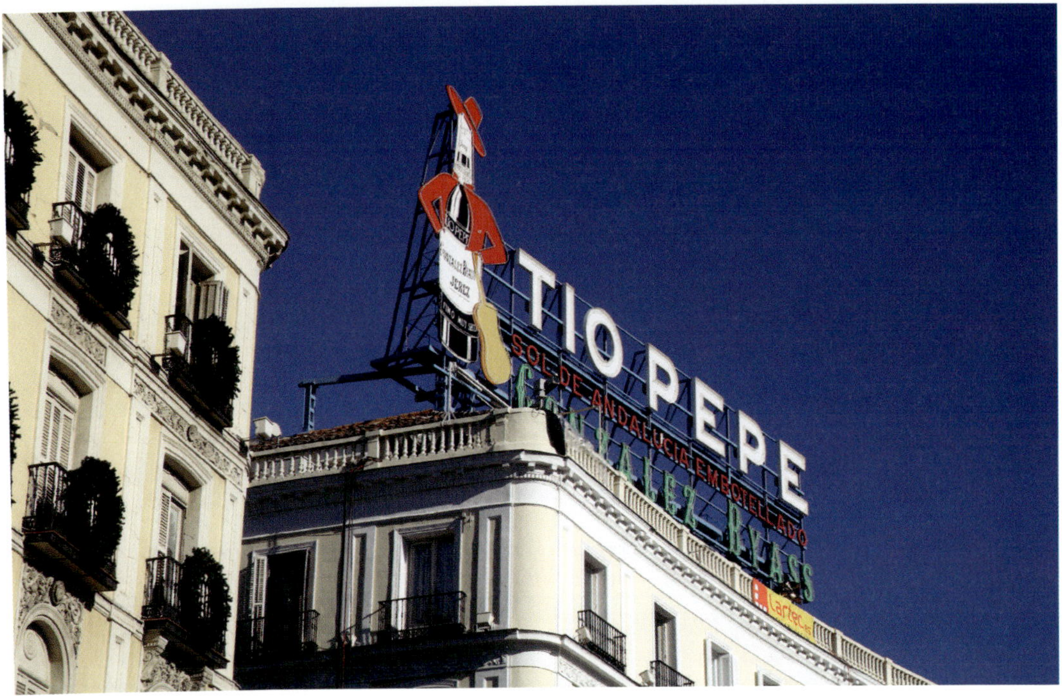

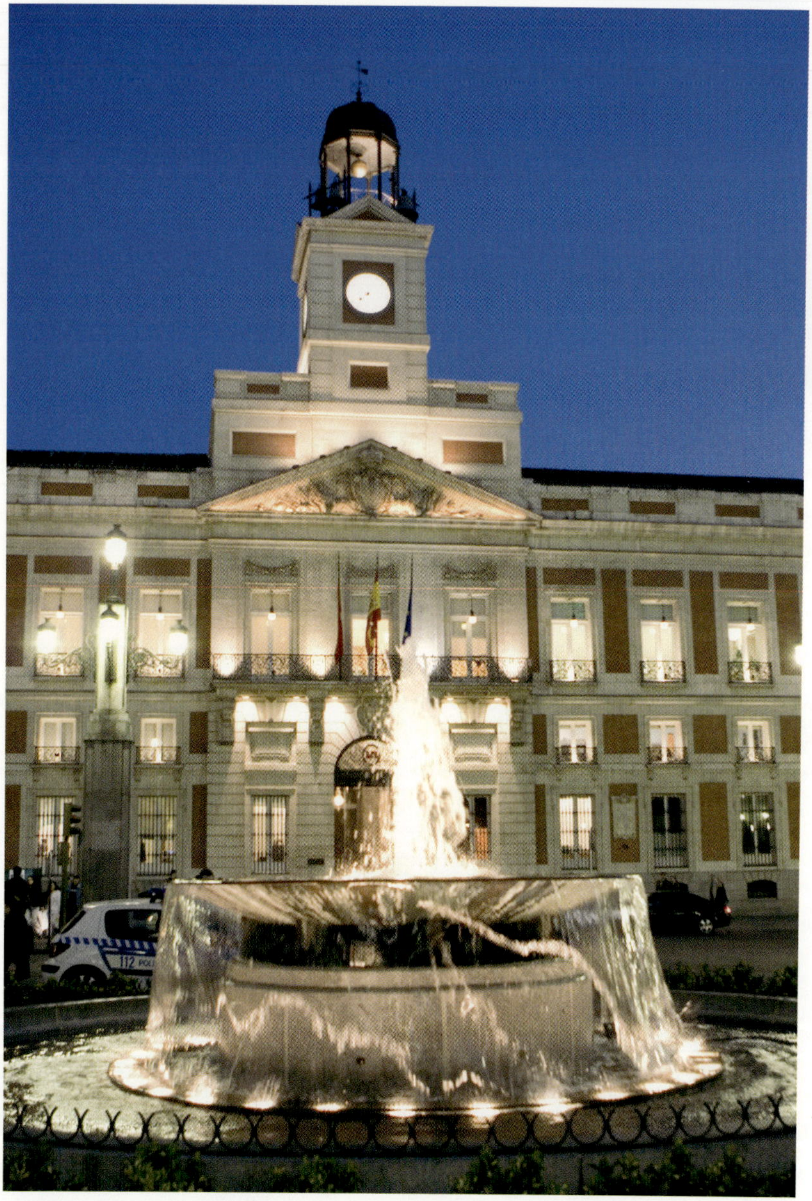

La Casa de Correos, conocida popularmente por el edificio del Reloj, en la Puerta del Sol, es actualmente la sede de la Comunidad de Madrid.

The Casa de Correos, popularly known as the «Clock Building», in the Puerta del Sol is currently the seat of the Madrid Regional Government.

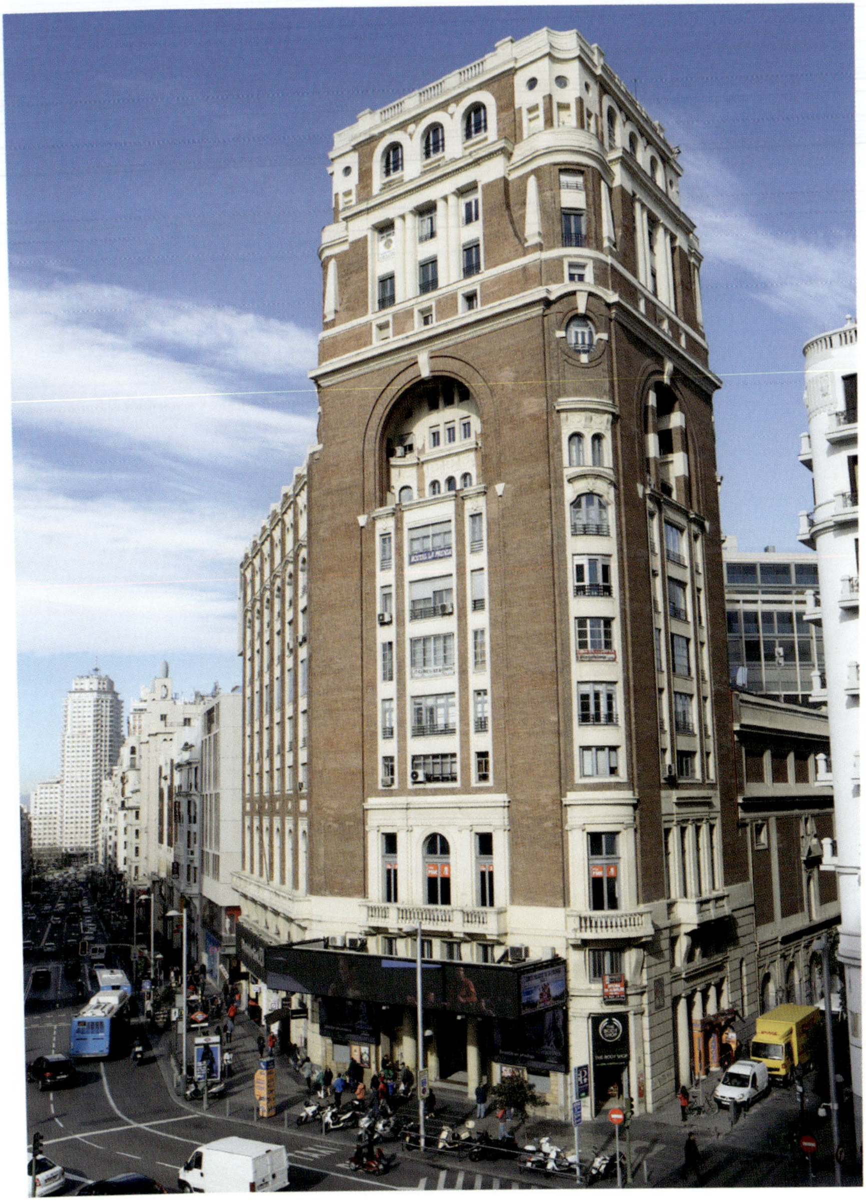

Desde 1928, el Palacio de la Prensa se levanta majestuoso en la Gran Vía, frente a la plaza del Callao.

Since 1928 the Palacio de la Prensa has stood majestically on the Gran Vía opposite the Plaza del Callao.

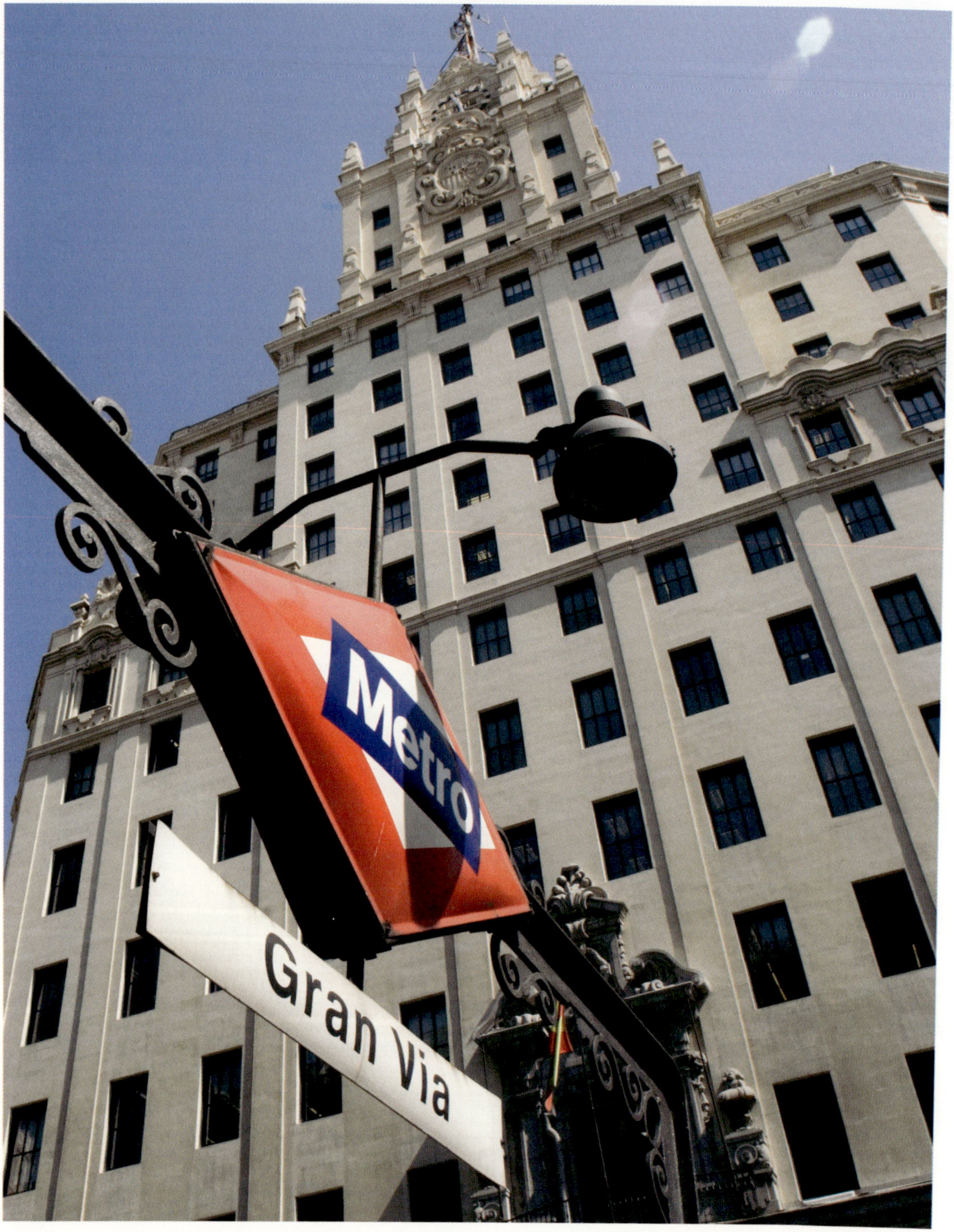
Metro
Gran Via

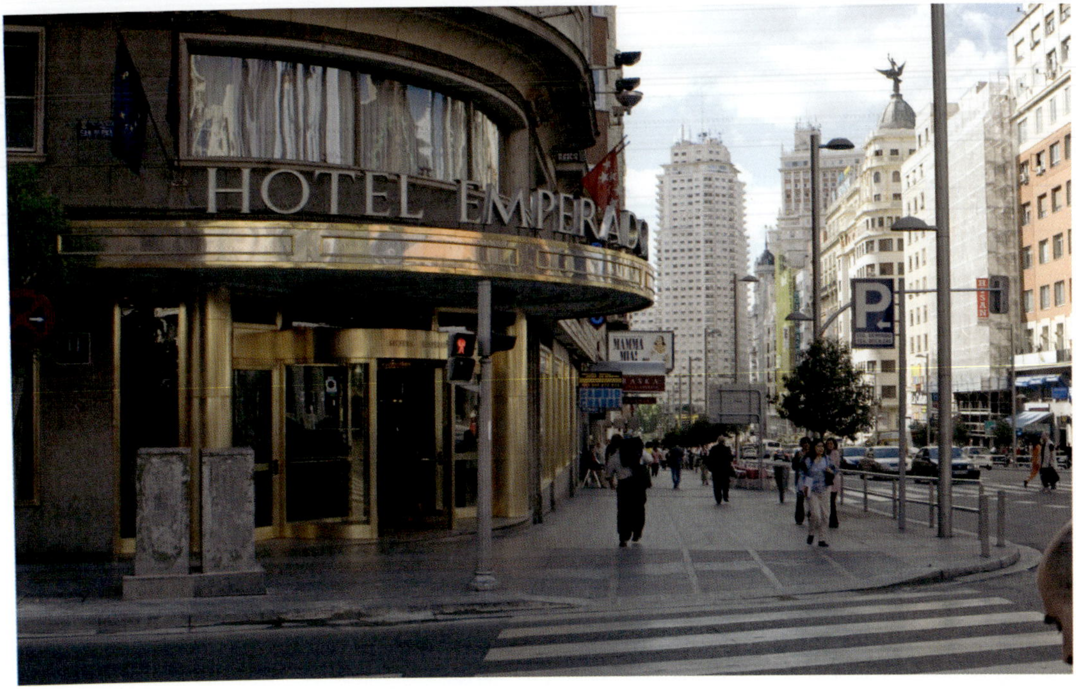

Varios aspectos de la Gran Vía: el edificio de Telefónica, construido en 1929; el hotel Emperador con la Torre de Madrid al fondo y un detalle de uno de sus señoriales edificios.

Several views of the Gran Vía: the Telephone Company building dating from 1929; the Hotel Emperador with the Torre de Madrid in the background and a detail of one of its stately buildings.

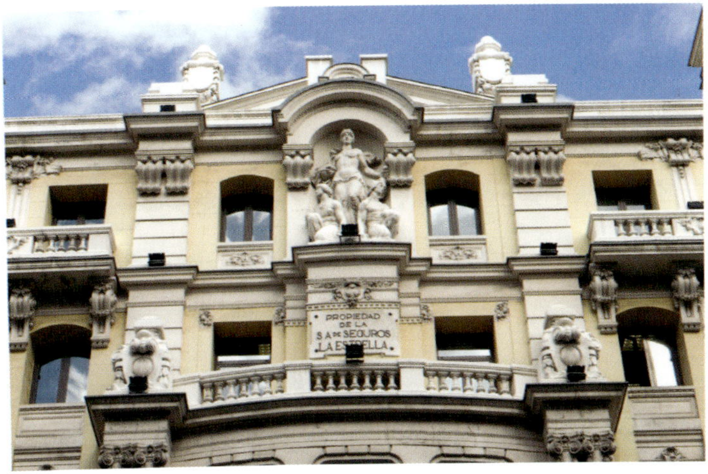

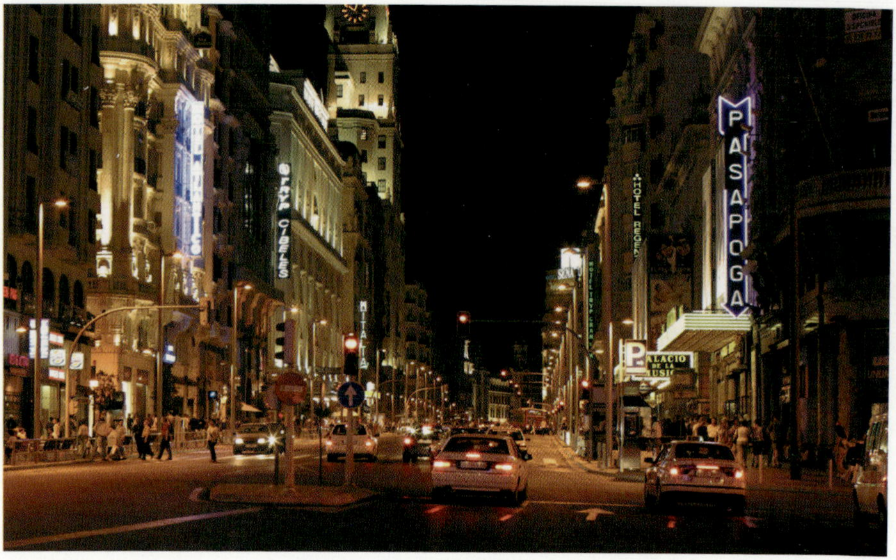

La Gran Vía concentra algunos de los cines, teatros y salas de fiestas más importantes de Madrid.

La confluencia de la calle Alcalá con la Gran Vía es una de las más bellas de la ciudad por el edificio que en ella destaca: el llamado Metrópolis, coronado con una victoria alada, de Coullant Valera.

The Gran Vía is where some of Madrid's most important cinemas, theatres and cabarets are to be found.

The corner of the Calle de Alcalá and the Gran Vía is one of the most attractive in the city on account of the building that stands there, the so-called Metropolis crowned by a winged Victory by Coullant Valera.

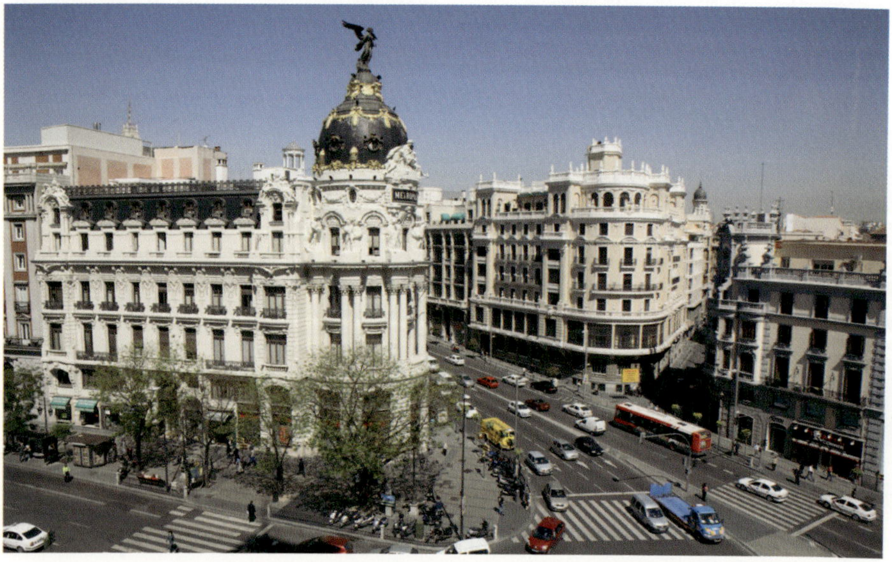

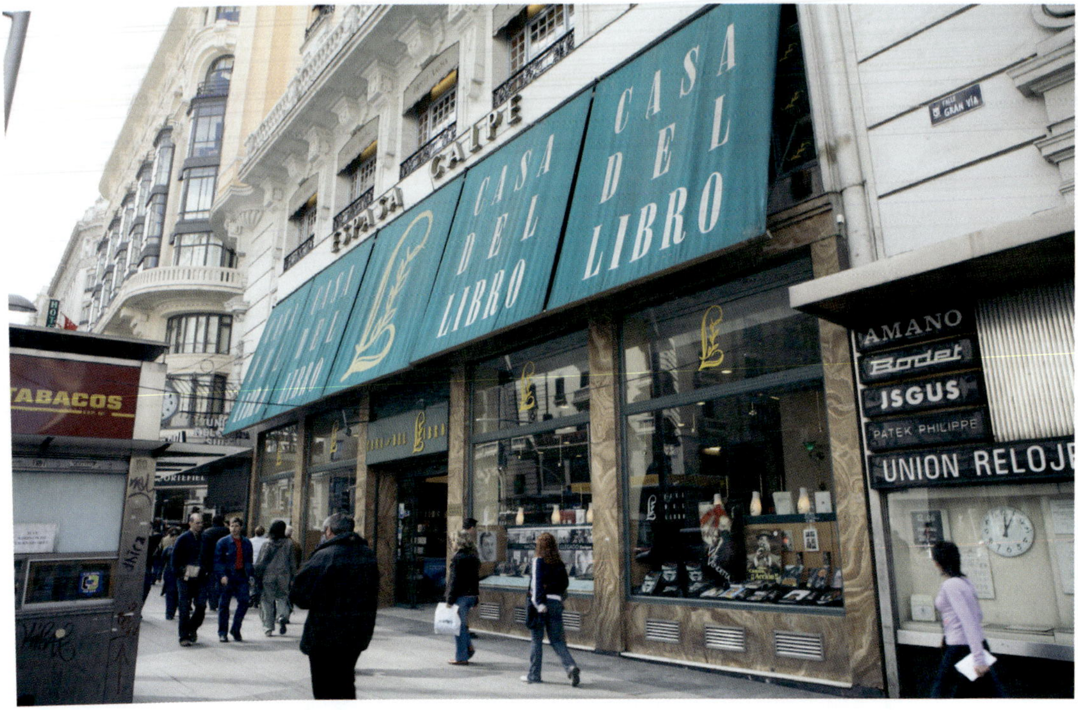

La Casa del Libro es la librería más grande de Madrid. Se halla en la Gran Vía desde que en 1925, Calpe (Compañía Anónima de Librería, Publicaciones y Ediciones) se fusionó con la editorial catalana Espasa, creando así la Casa del Libro.

The Casa del Libro is Madrid's largest bookshop. It has been on the Gran Vía since 1925 when Calpe (Compañia Anónima de Librería, Publicaciones y Ediciones) merged with the Catalan publishing firm Espasa, thus giving rise to the Casa del Libro.

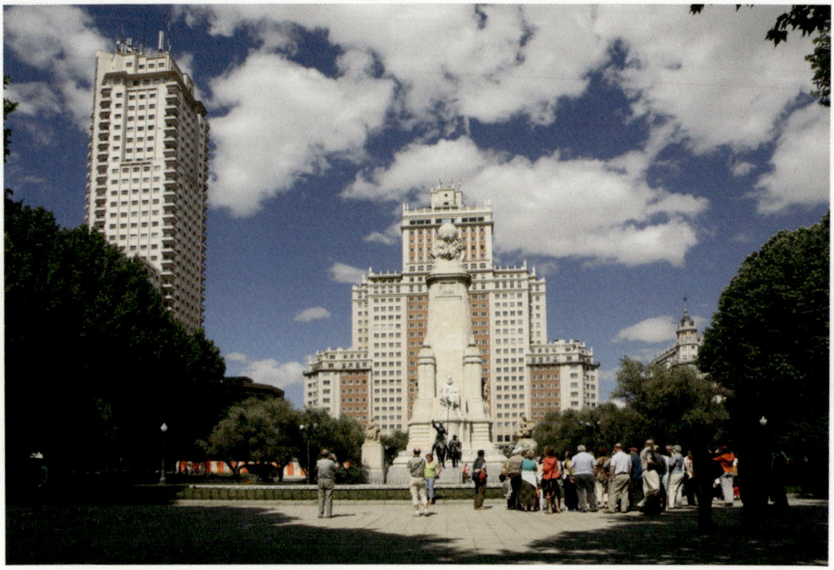

La Torre de Madrid (1959) y el Edificio España (1953), ambos de los hermanos Otamendi, se elevan sobre la plaza de España. En el centro se halla el monumento a Cervantes con las figuras de Don Quijote y Sancho Panza.

The Torre de Madrid (1959) and the Edificio España (1953), both designed by the Miner Otamendi brothers, stand over the Plaza de España in the centre of which is the monument to Cervantes with the figures of Don Quixote and Sancho Panza.

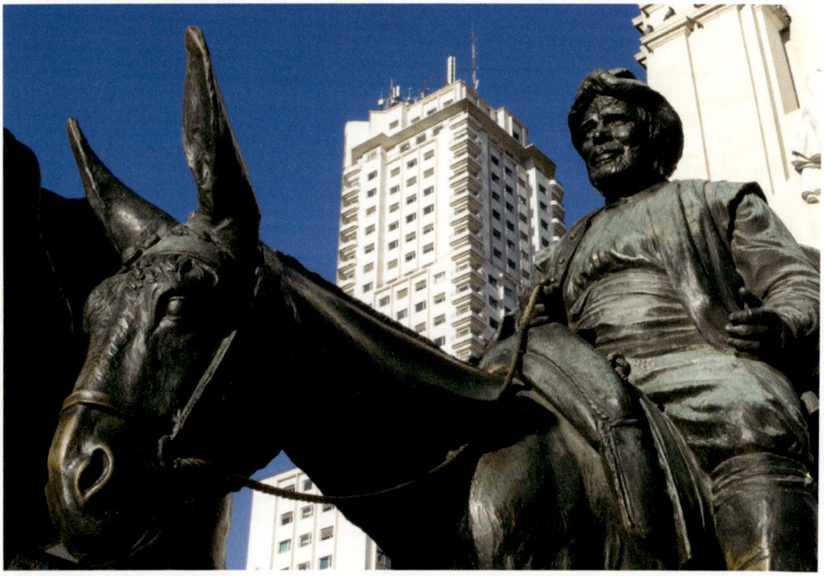

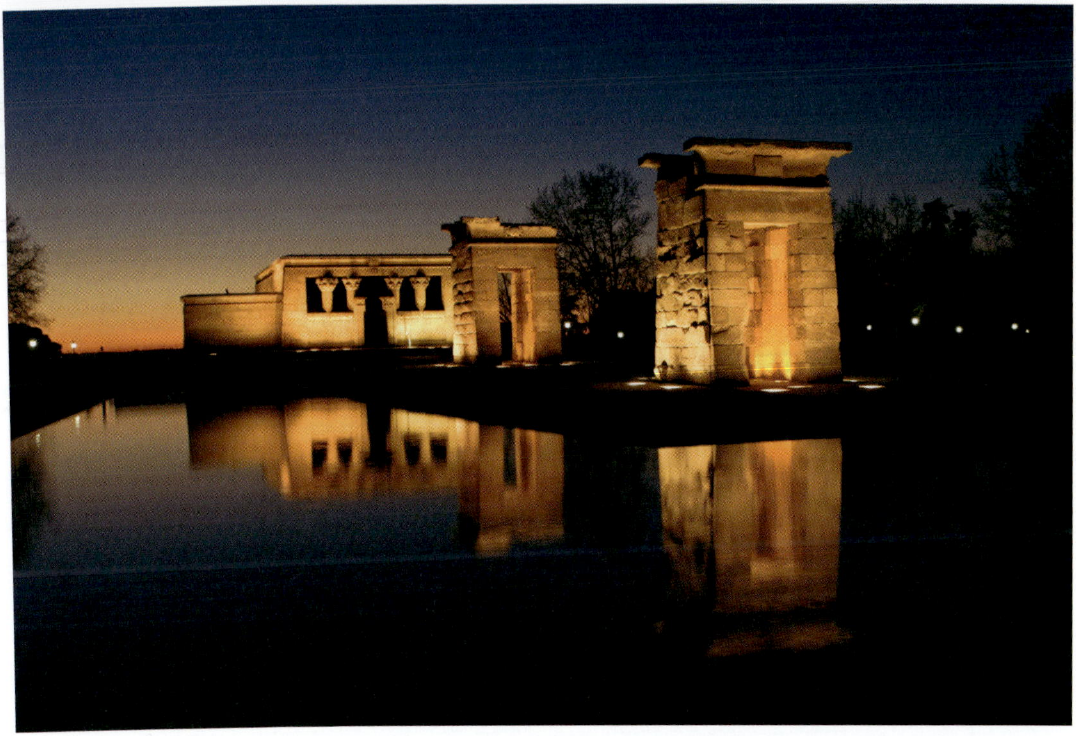

El Templo de Debod fue construido en el siglo IV antes de Cristo a veinte kilómetros de Asuán, en Egipto. Desde 1972 se alza majestuosamente en la antigua Montaña del Príncipe Pío, formando parte de la fisonomía madrileña.

The Temple of Debod was built in the fourth century BC just over twelve miles from Aswan in Egypt. Since 1972 it has stood majestically on the former Montaña del Príncipe Pío and now forms part of the Madrid landscape.

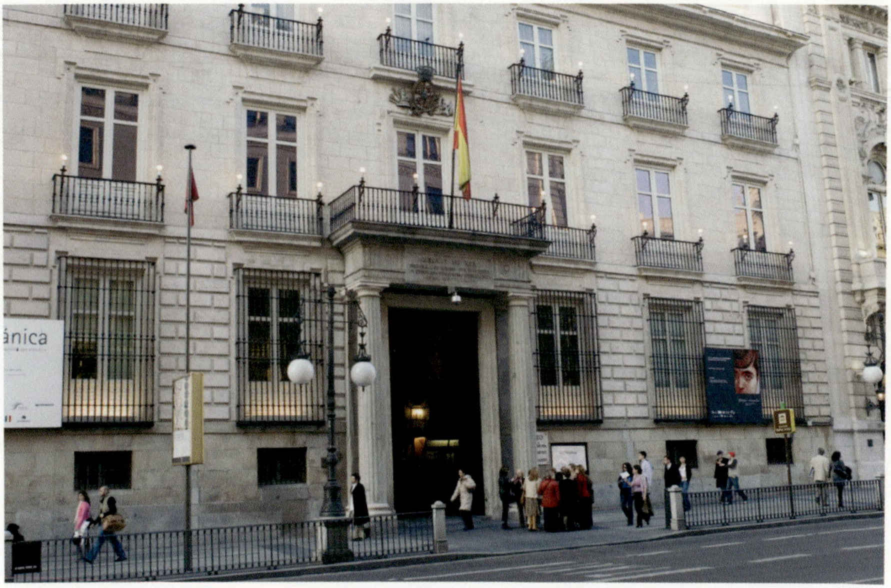

La Academia de Bellas Artes de San Fernando (arriba) se halla en la calle de Alcalá. Fue construida en 1725 para residencia de don Juan de Goyeneche, el constructor de Nuevo Baztán. Junto a ella se halla la antigua Aduana (abajo), el primer edificio que construyó Francisco Sabatini en 1769 al llegar a Madrid, y ocupado en la actualidad por las oficinas del Ministerio de Hacienda.

The San Fernando Academy of Fine Arts (top) is located on the Calle de Alcalá. It was built in 1725 as the residence of Juan de Goyeneche, the builder of Nuevo Baztán. It stands alongside the former Customs House (bottom), the first building to be constructed by Francisco Sabatini when he arrived in Madrid in 1769 and which is currently occupied by the offices of the Ministry of Finance.

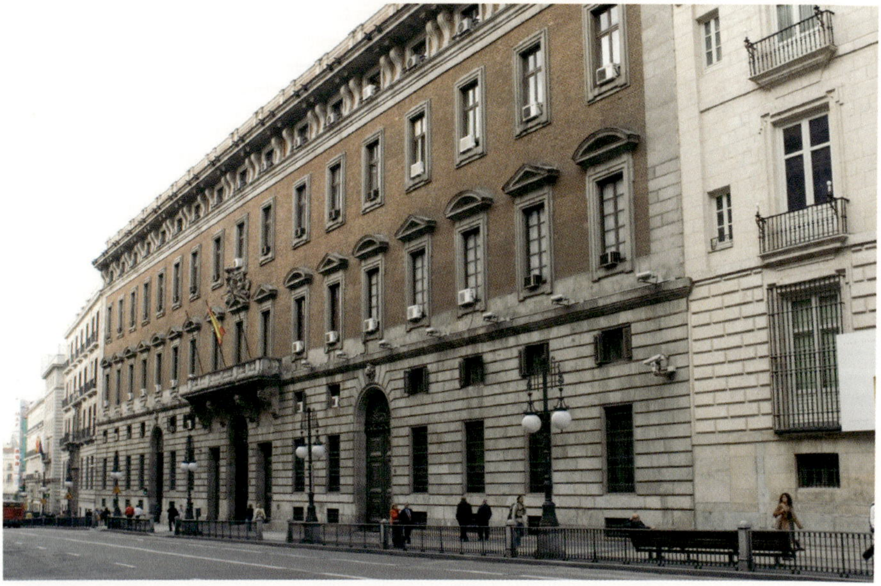

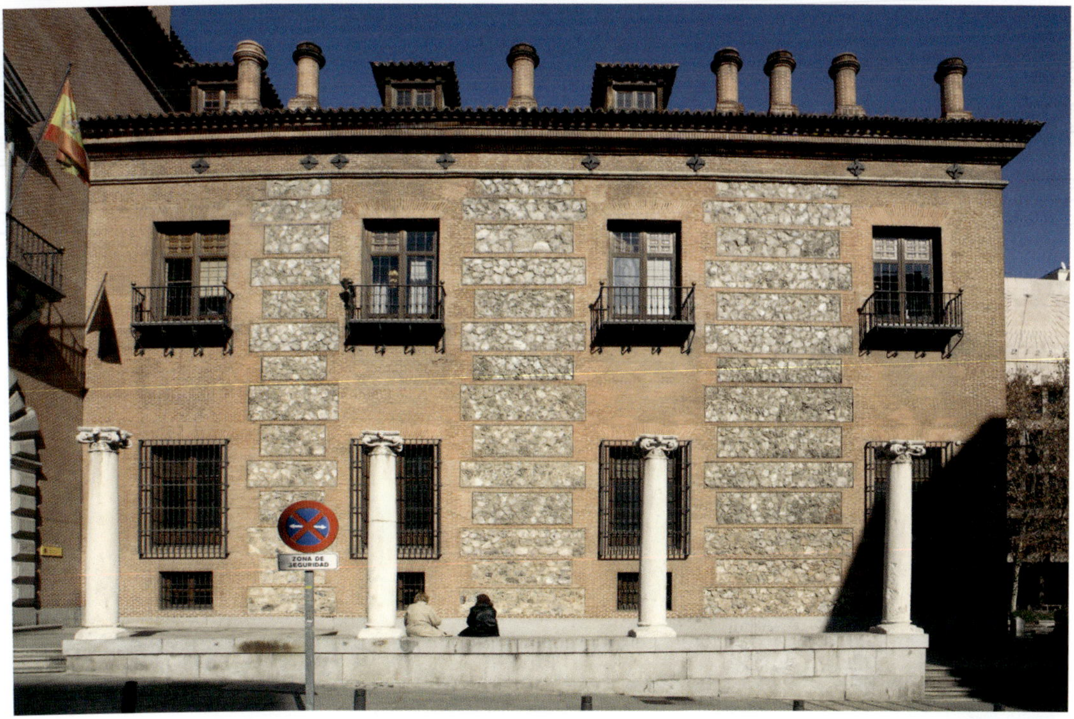

La casa de las Siete Chimeneas, en la plaza del Rey, se construyó en 1577 como casa de campo y en ella vivieron, entre otros, el conde duque de Olivares y el marqués de Esquilache. En la actualidad está ocupada por la Secretaría de Estado de Cultura.

The House of the Seven Chimneys in the Plaza del Rey was built in 1577 as a country dwelling, and the Conde Duque de Olivares and the Marquis de Esquilache, among others, lived there. It is currently occupied by the Secretariat of State for Culture.

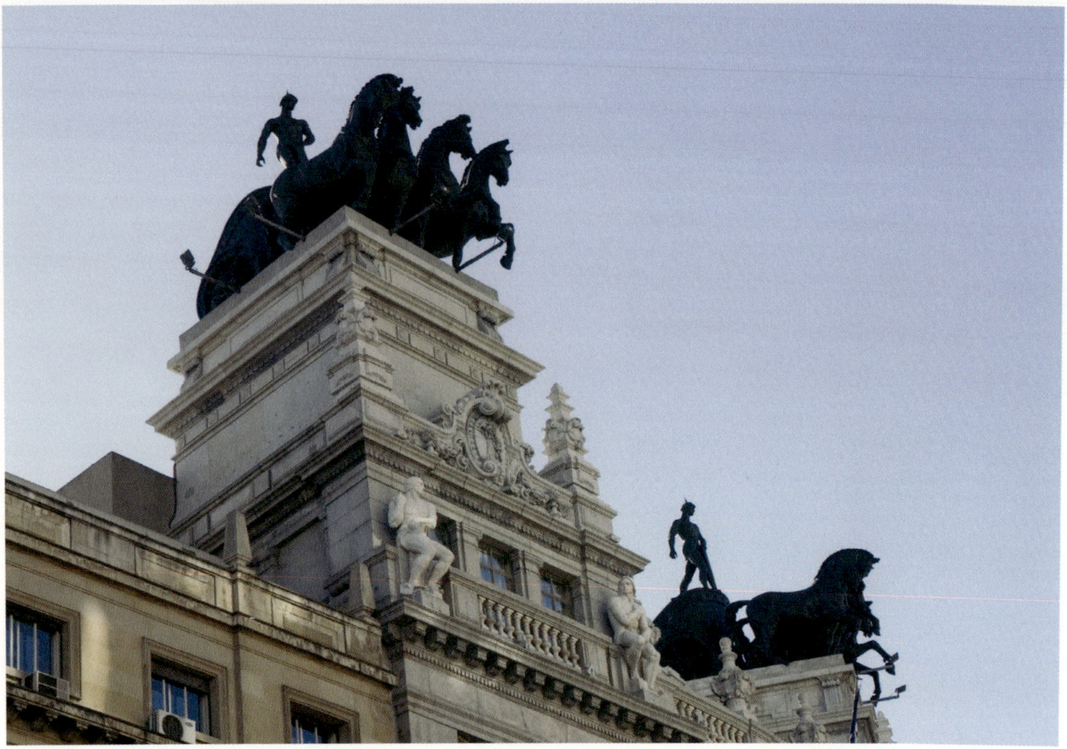

Coronando el edificio del BBVA en la calle de Alcalá se hallan dos cuadrigas, de Higinio Basterra. Fueron fundidas en latón dorado que, en la Guerra Civil, fueron pintadas de oscuro para evitar que sirvieran de referencia a la aviación franquista y así han quedado.

The BBVA building on the Calle de Alacalá is crowned by two quadrigas by Higinio Basterra. They were cast in gilt brass and, during the Civil War, were painted dark so as to prevent their being used as a reference by Franco's aviation, and that is how they have remained.

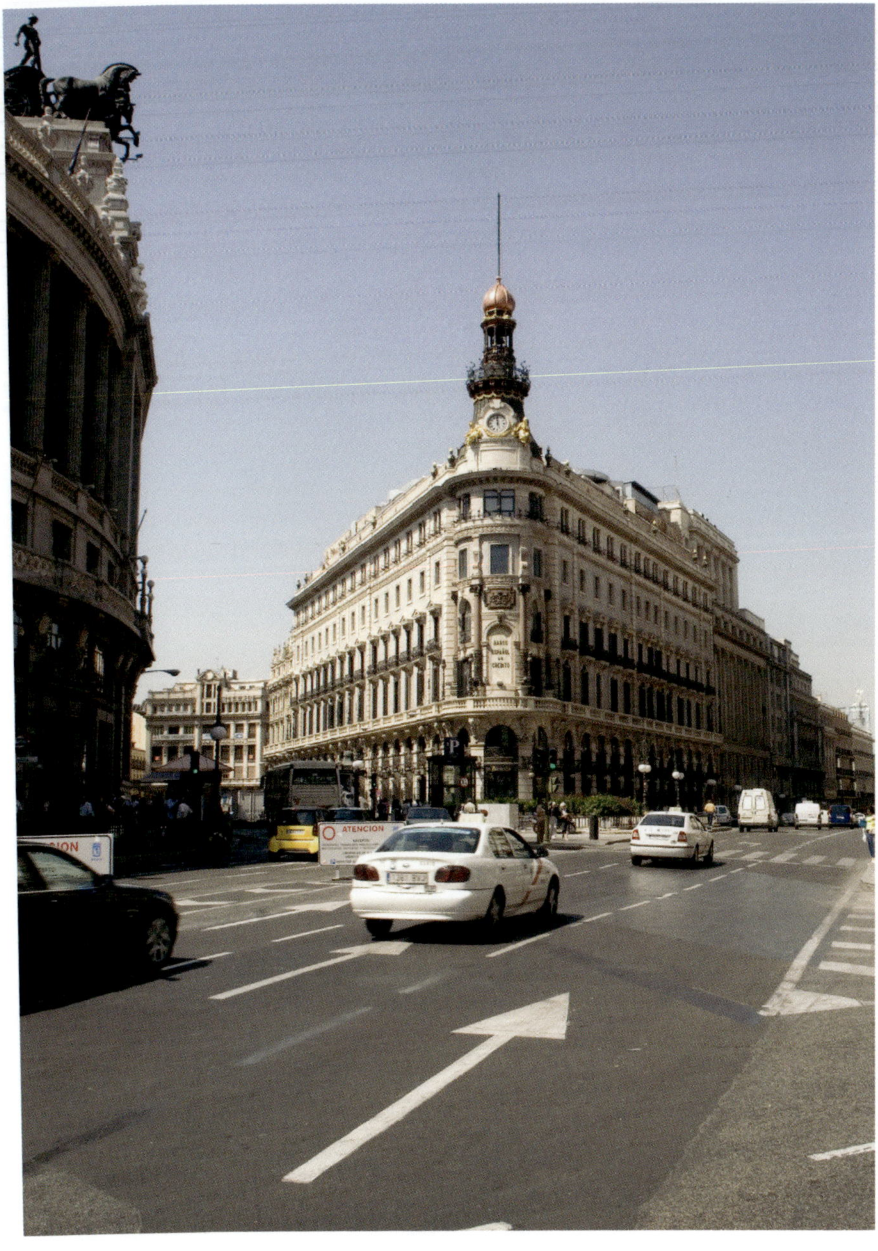

En la confluencia de las calles de Alcalá y Sevilla se alza majestuoso el edificio de la antigua La Equitativa, con forma de proa de barco. Fue ocupado posteriormente por el Banesto y en la actualidad, está cerrado pendiente de remodelación y nuevo destino.

Standing majestically on the corner of Calle de Alcalá and Calle de Sevilla is the building of the former La Equitativa insurance company, shaped like the bows of a ship. It was later occupied by Banesto and is currently closed while awaiting alteration work and a new purpose.

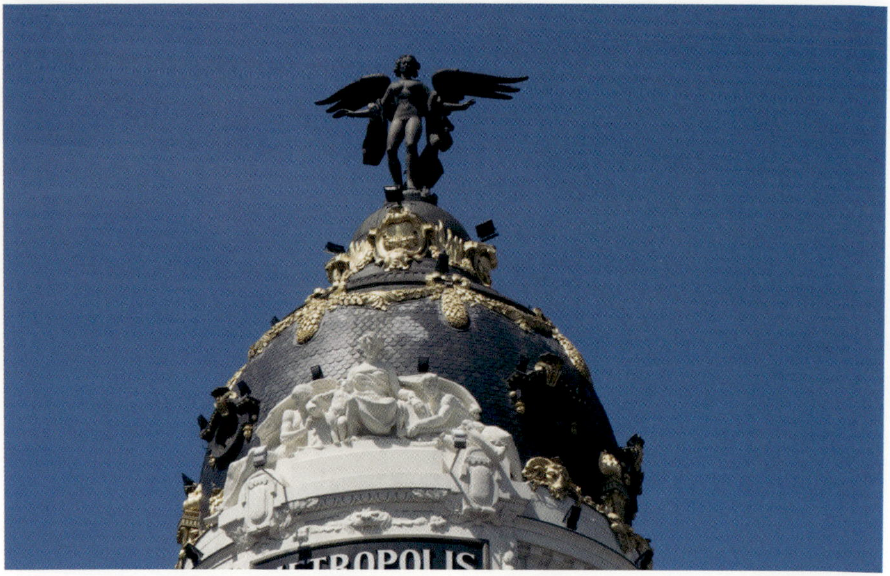

Una de las cúpulas más bellas de Madrid es ésta del edificio Metrópolis, rematada por una victoria alada, de Federico Coullant Valera, realizada en 1971.

La iglesia de San José, en la calle de Alcalá, data de 1742. Formaba parte del desaparecido convento de San Hermenegildo que ocupaba el edificio contiguo de la derecha.

One of Madrid's most attractive domes is that of the Metropolis building crowned by a winged Victory sculptured by Federico Coullant Valera in 1971.

The church of San José on the Calle de Alcalá dates from 1742. It formed part of what used to be the convent of San Hermenegildo which occupied the building next to it on the right.

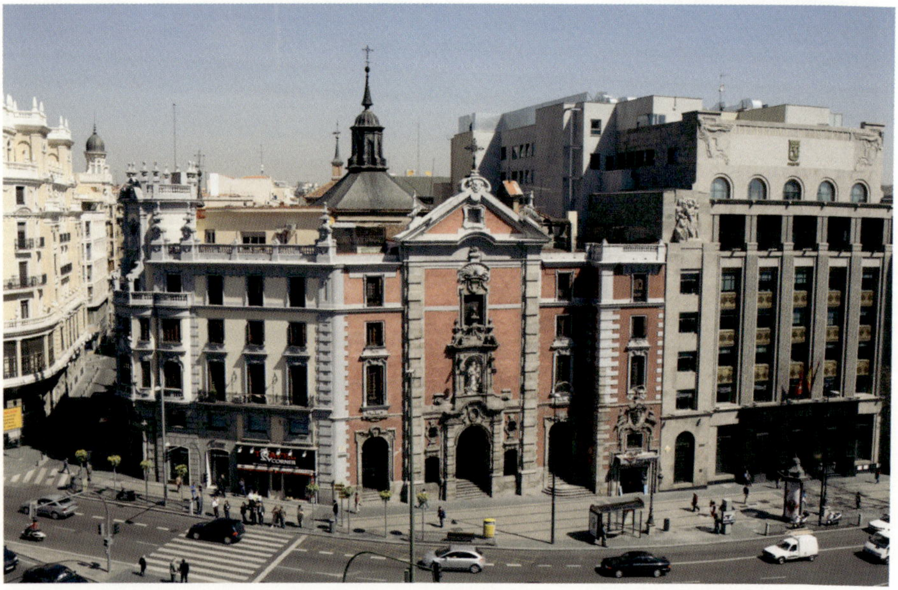

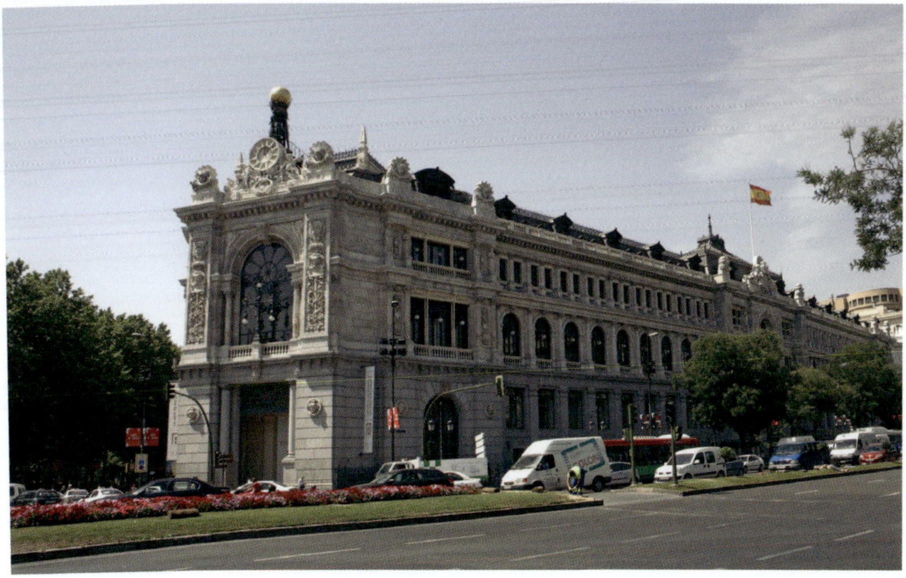

En una de las esquinas de la plaza de Cibeles se levanta el bello edificio del Banco de España, construido en 1891.

En otra de las esquinas está el edificio del palacio de Linares, hoy Casa de América, construido hacia 1873.

On one of the corners of the Plaza de Cibeles stands the fine building of the Bank of Spain which was constructed in 1891.

On one of the other corners is the Palacio de Linares, now the Casa de Américá, which was built around 1873.

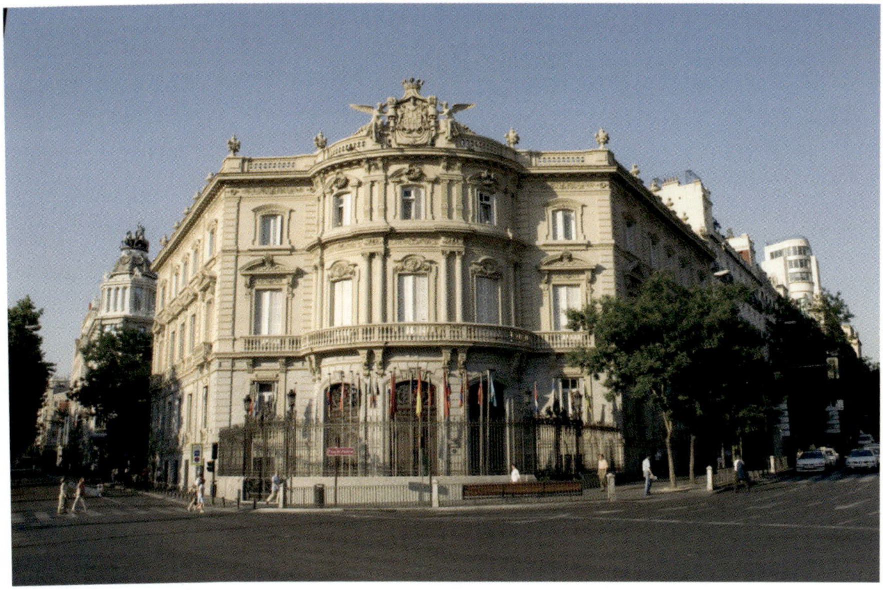

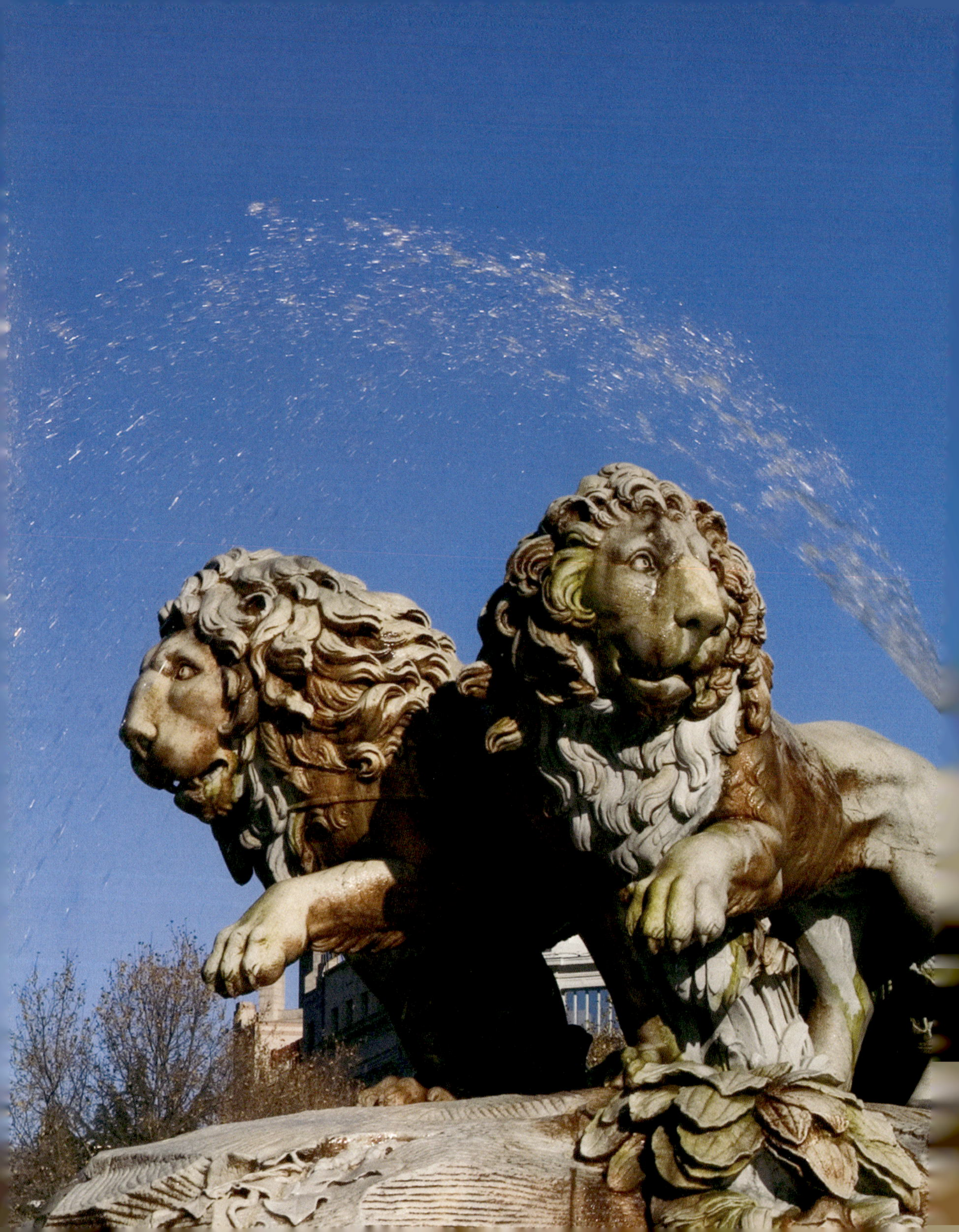

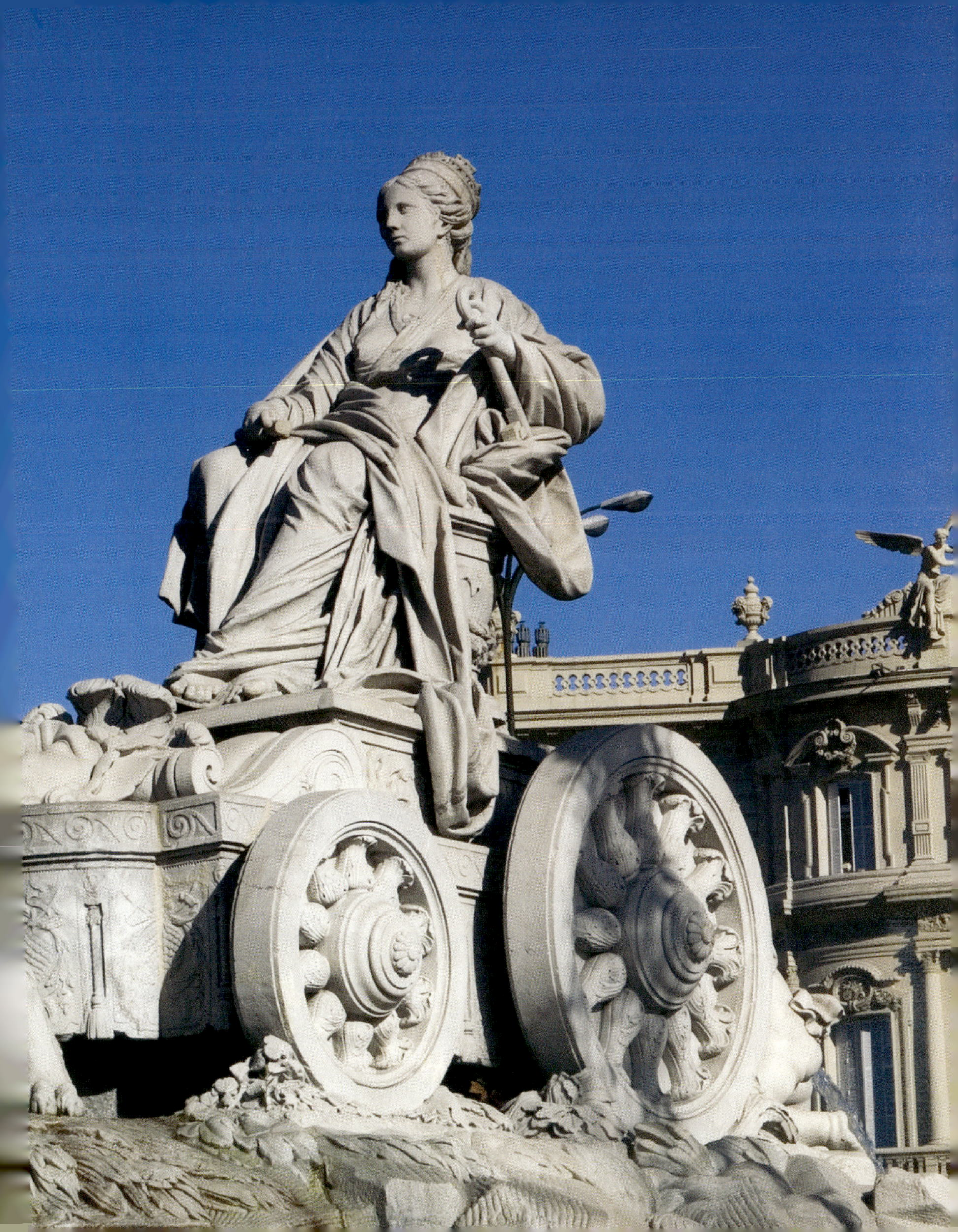

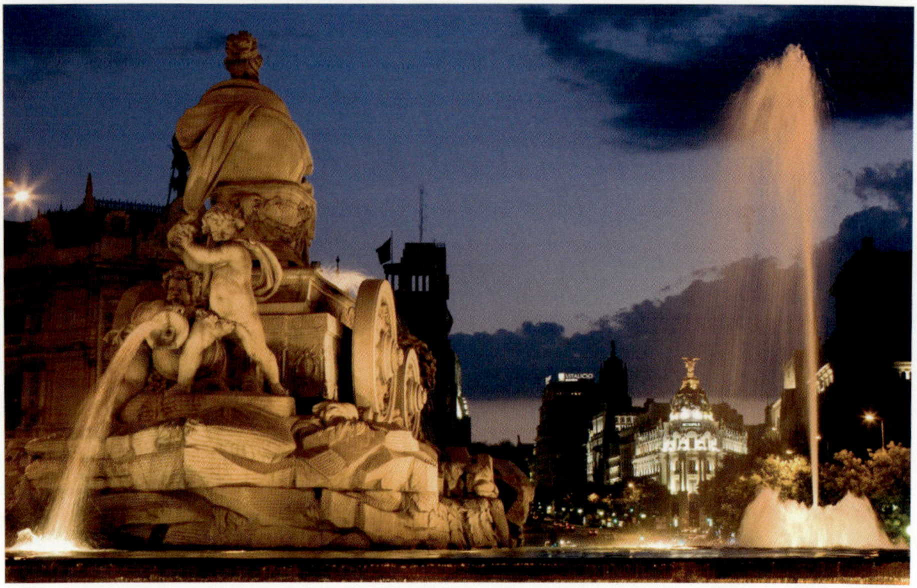

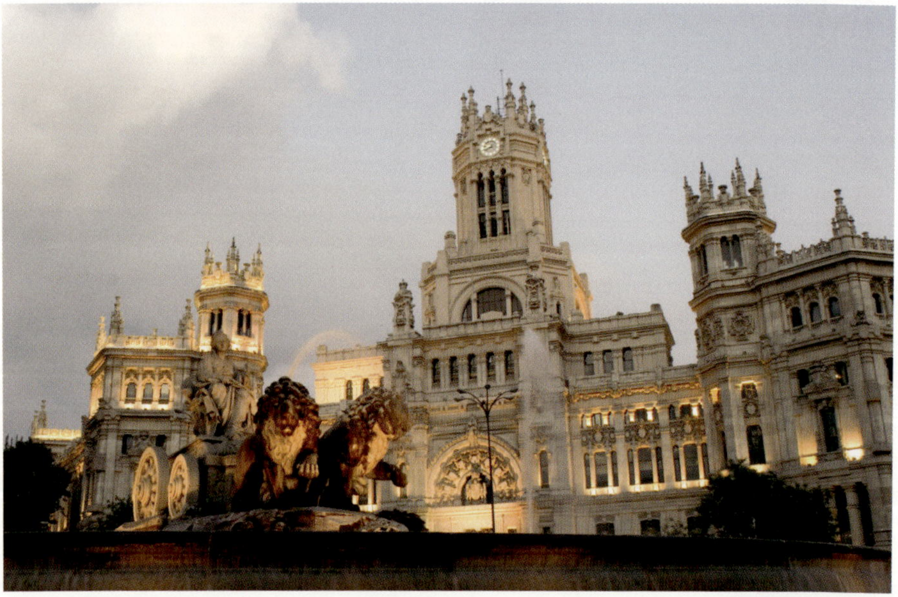

La fuente de Cibeles es una de las más bellas de Madrid, fue diseñada por Ventura Rodríguez y construida en 1782. Al fondo se alza majestuoso el Palacio de Comunicaciones, futura sede del Ayuntamiento de Madrid.

The Cibeles fountain is one of the finest in Madrid. It was designed by Ventura Rodríguez and built in 1782. The Palacio de Comunicaciones, future home of the Madrid City Council, rises majestically in the background.

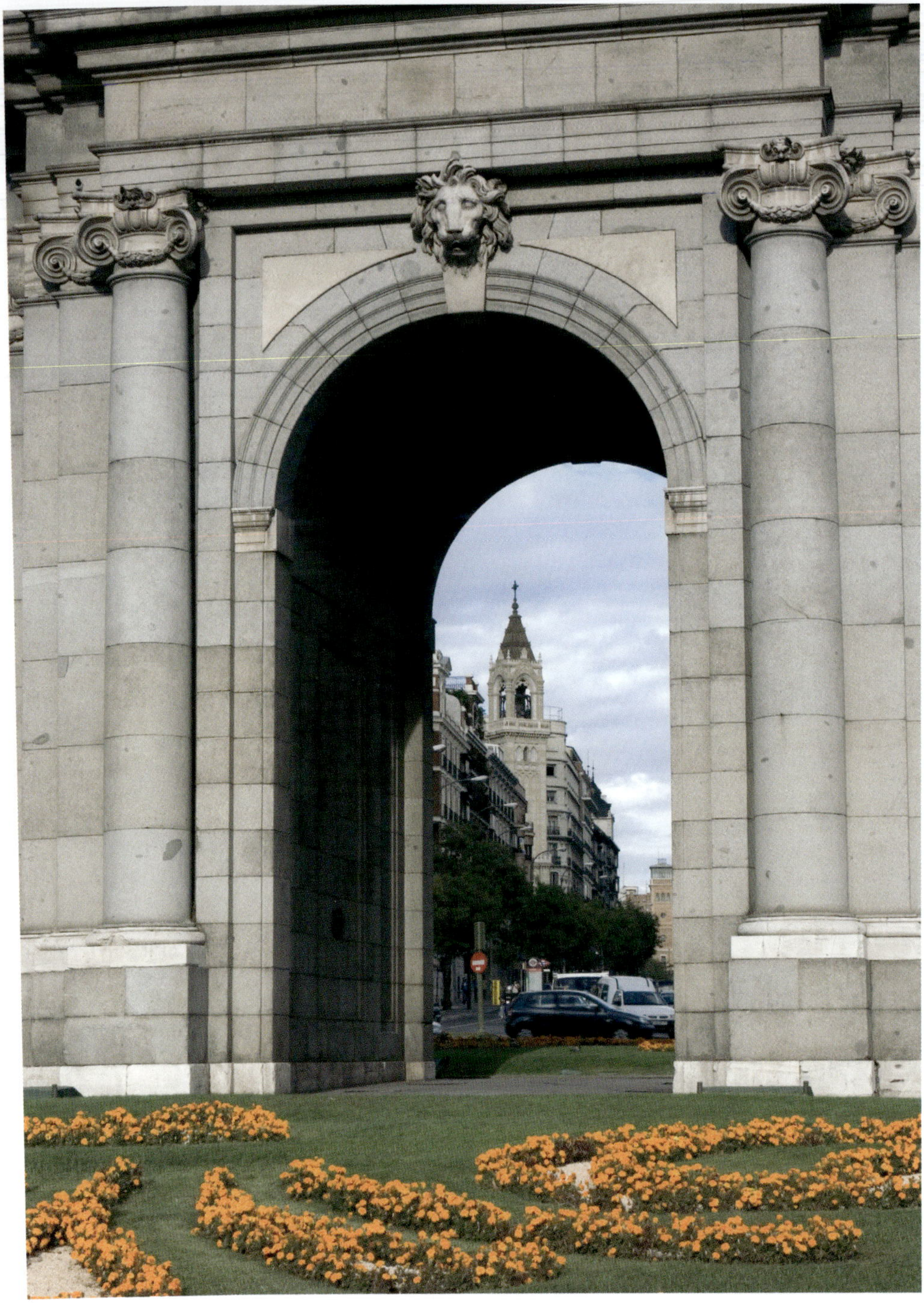

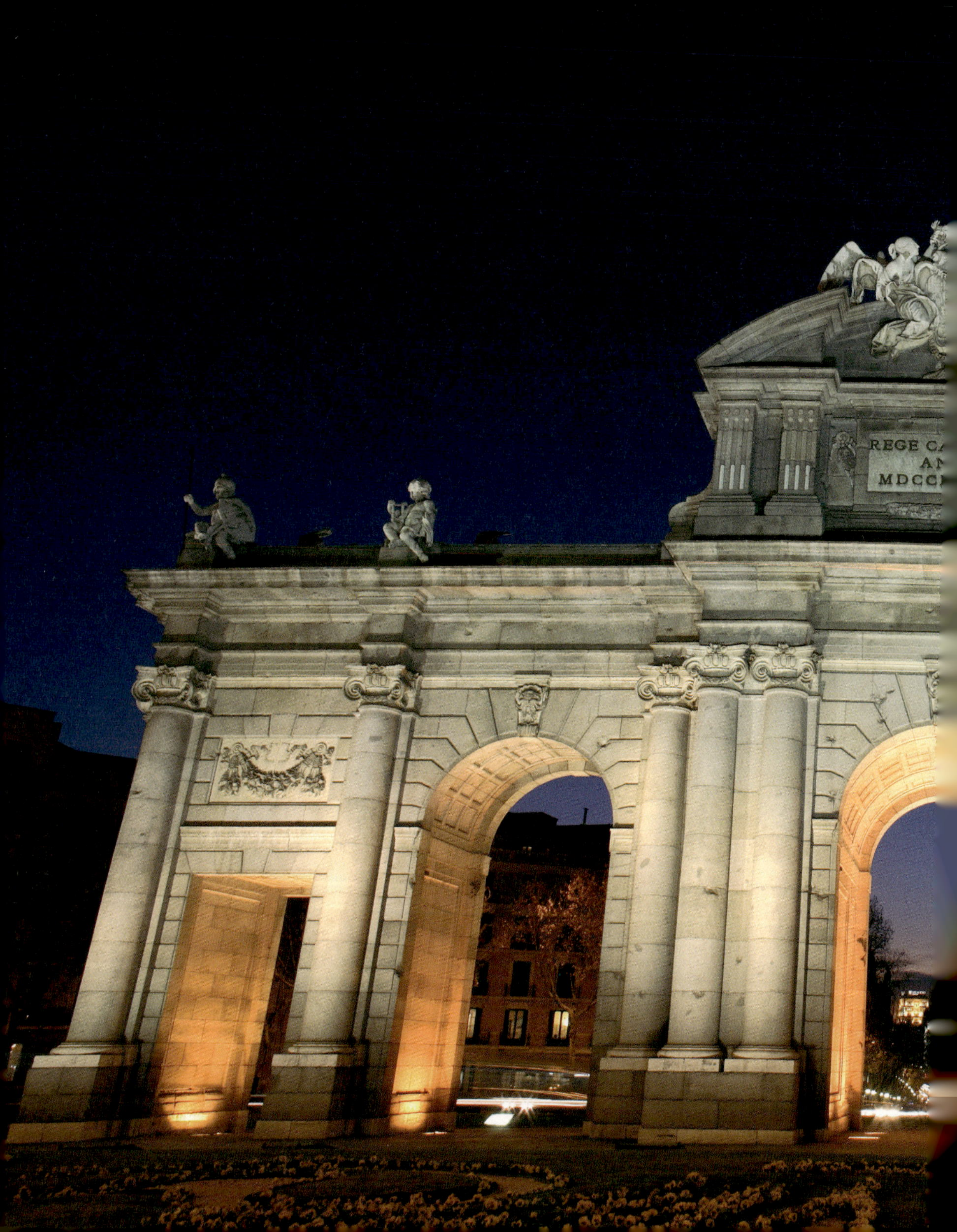

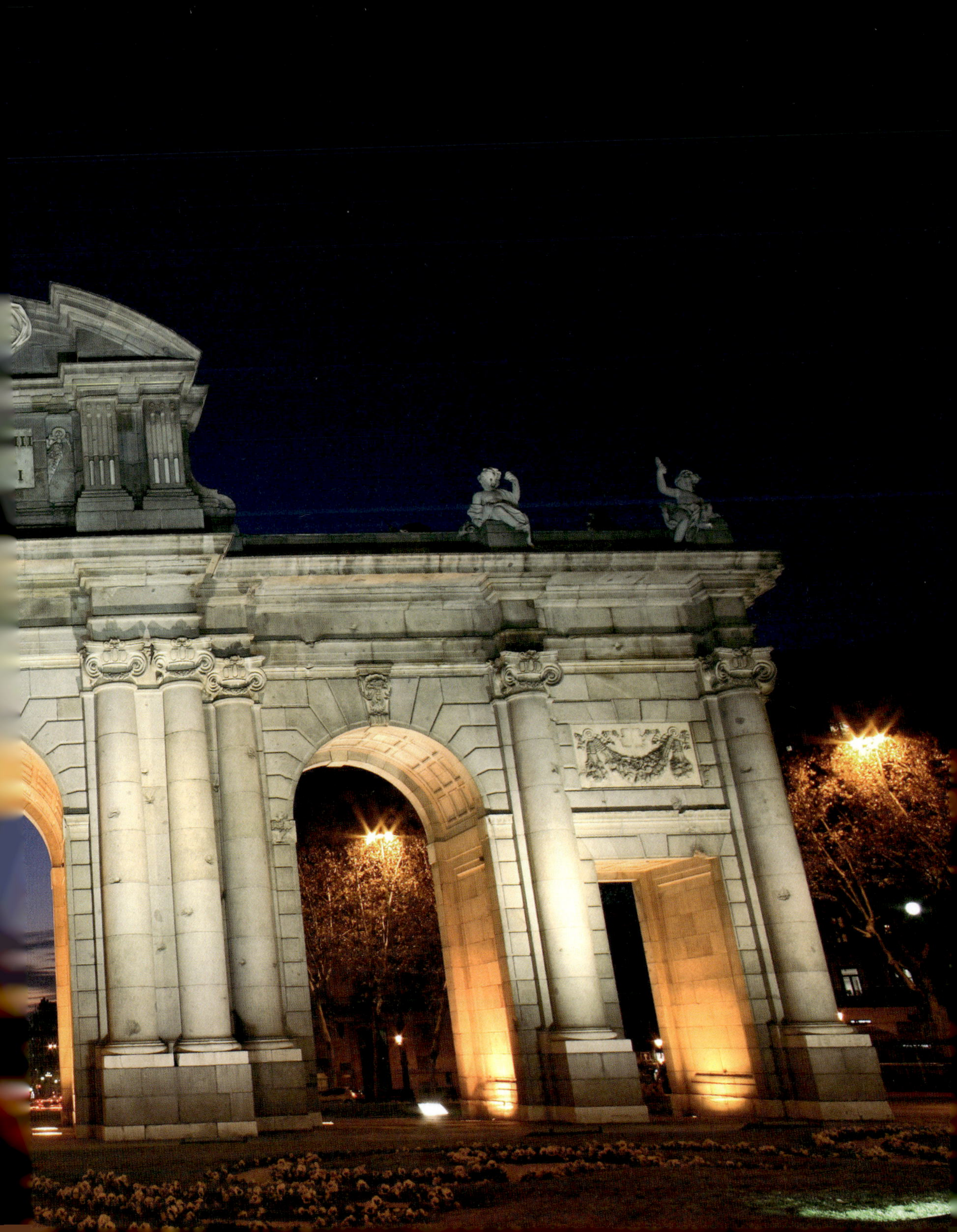

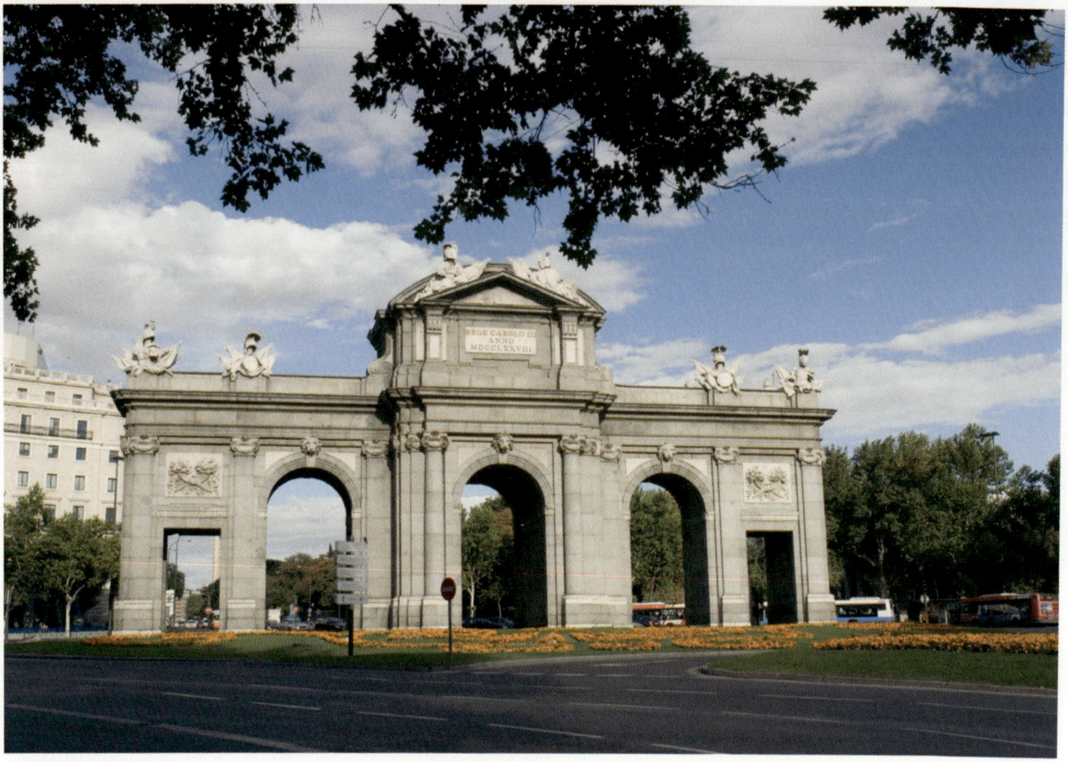

La Puerta de Alcalá fue levantada por Sabatini en 1778 para conmemorar la entrada de Carlos III en Madrid como rey de España. Desde el verano de 2006, la Puerta de Alcalá ha quedado accesible a través de una alargada acera que se ha construido desde un paso de cebra de la calle de Alcalá.

The Puerta de Alcalá was built by Sabatini in 1778 in order to commemorate the entry into the city of Charles III as King of Spain. Since the summer of 2006 it has been possible to reach the Puerta de Alcalá by means of a walkway leading from a zebra crossing on the Calle de Alcalá.

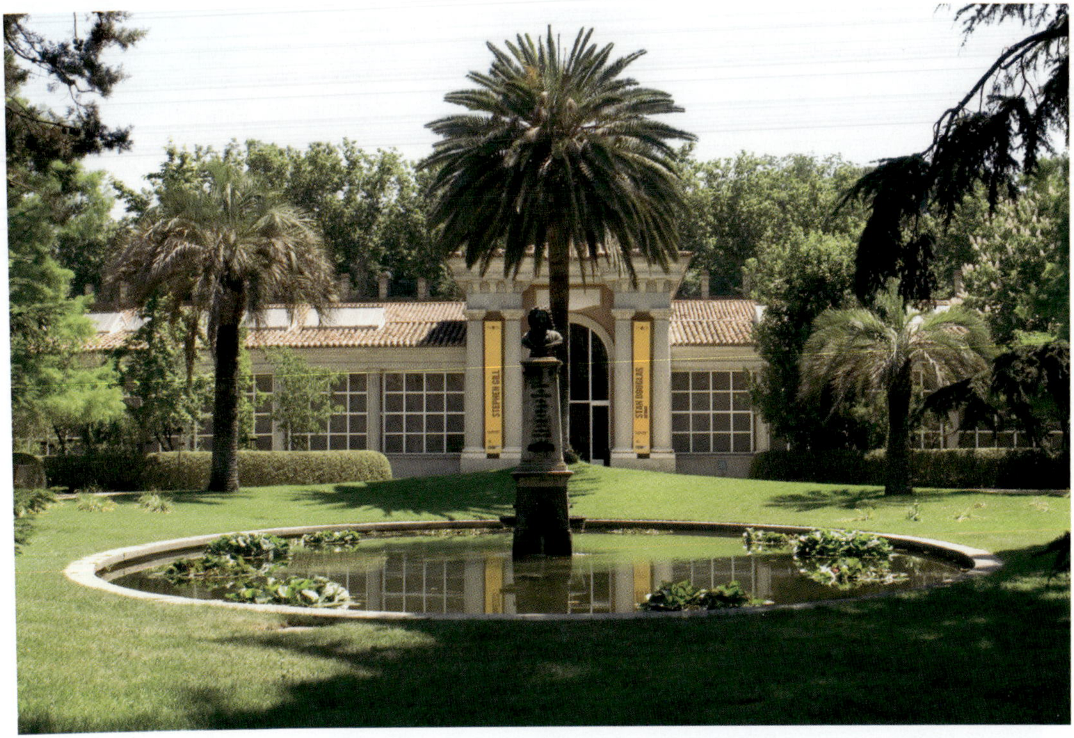

El Jardín Botánico, en el paseo del Prado, fue proyectado por Juan de Villanueva y el botánico Casimiro Gómez Ortega en 1780. Consta de tres terrazas y en la superior se halla el invernadero conocido como Pabellón Villanueva. Frente a él y en un estanque, está el busto del científico y naturalista Carlos Linneo.

The Botanical Gardens on the Paseo del Prado were planned by Juan de Villanueva and the botanist Casimiro Gómez Ortega. They comprise three terraces, on the uppermost of which stands the hothouse known as the Villanueva Pavilion. In a pond opposite the pavilion is a bust of the scientist and naturalist Carlos Linneo.

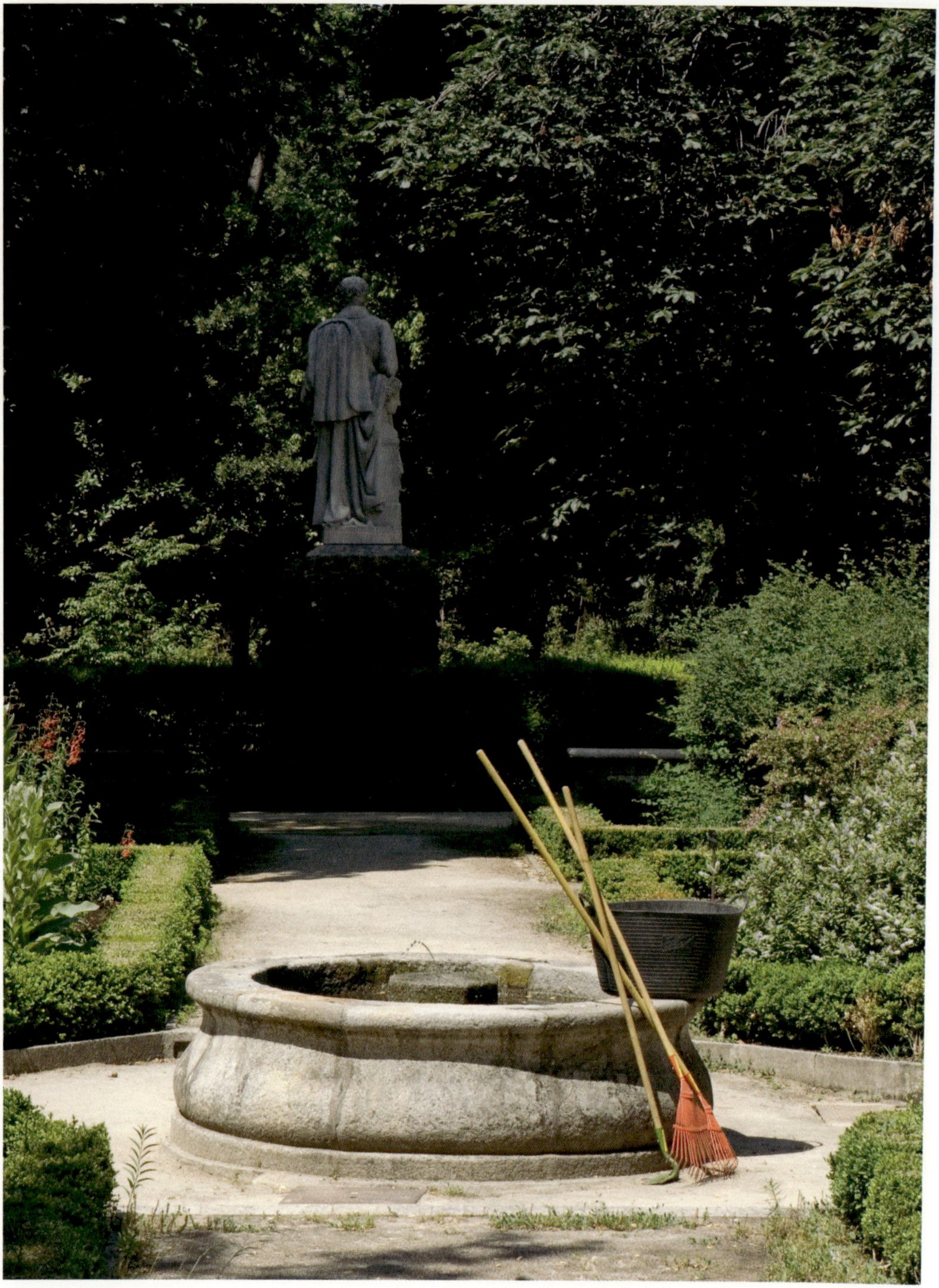

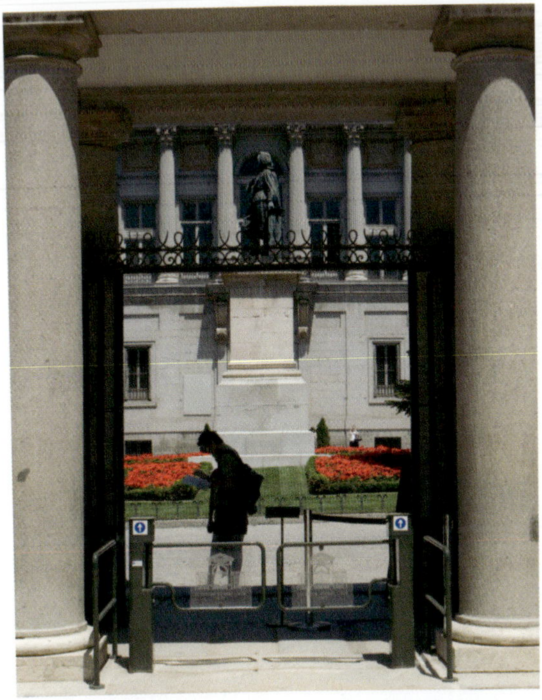

El acceso al Jardín Botánico se halla frente al Museo del Prado, flanqueado por la estatua de Murillo.

The entrance to the Botanical Gardens is opposite the Prado Museum flanked by the statue of Murillo.

El enorme edificio del Ministerio de Agricultura, Pesca y Alimentación está situado en el paseo de la Infanta Isabel. Fue construido por Ricardo Velázquez en 1897 y se remató con un grupo escultórico de Agustín Querol en mármol de Carrara, compuesto por un ángel y dos pegasos. Debido a su peso, el conjunto tuvo que ser sustituido por una copia en bronce. Las tres esculturas se hallan hoy en las glorietas de Legazpi y de Cádiz.

The huge building of the Ministry of Agriculture, Fishing and Food stands on the Paseo de la Infanta Isabel. It was built by Ricardo Velázquez in 1897 and was topped by a sculptural group in Carrara marble by Agustín Querol and made up of an angel and two winged horses. On account of its weight the ensemble had to be replaced by a bronze copy. The three sculptures are now to be found in the Glorieta de Legazpi and the Glorieta de Cádiz.

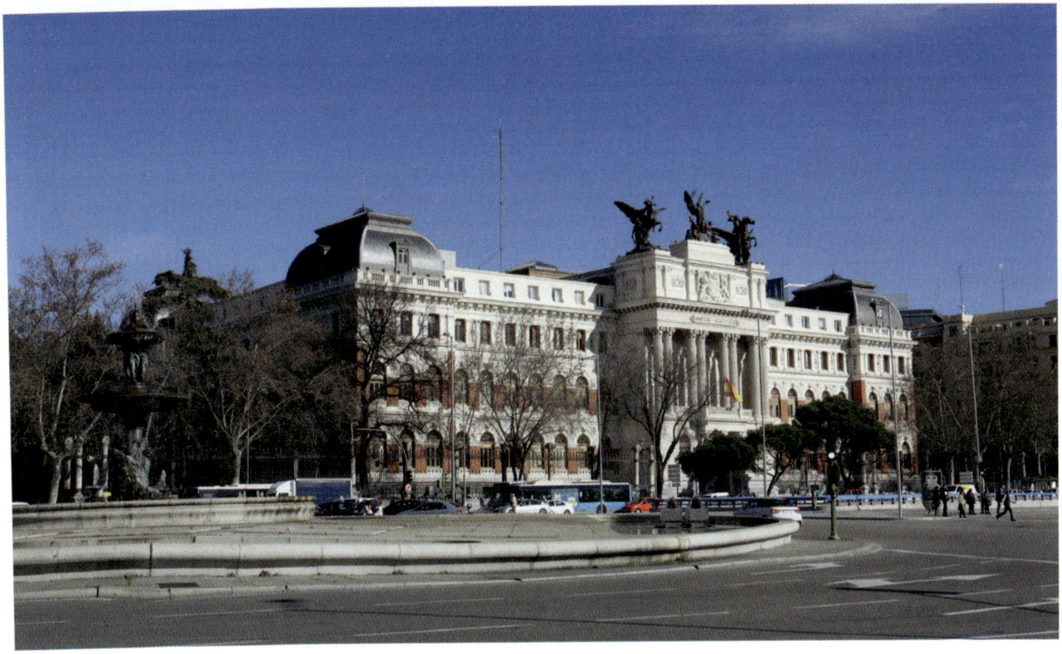

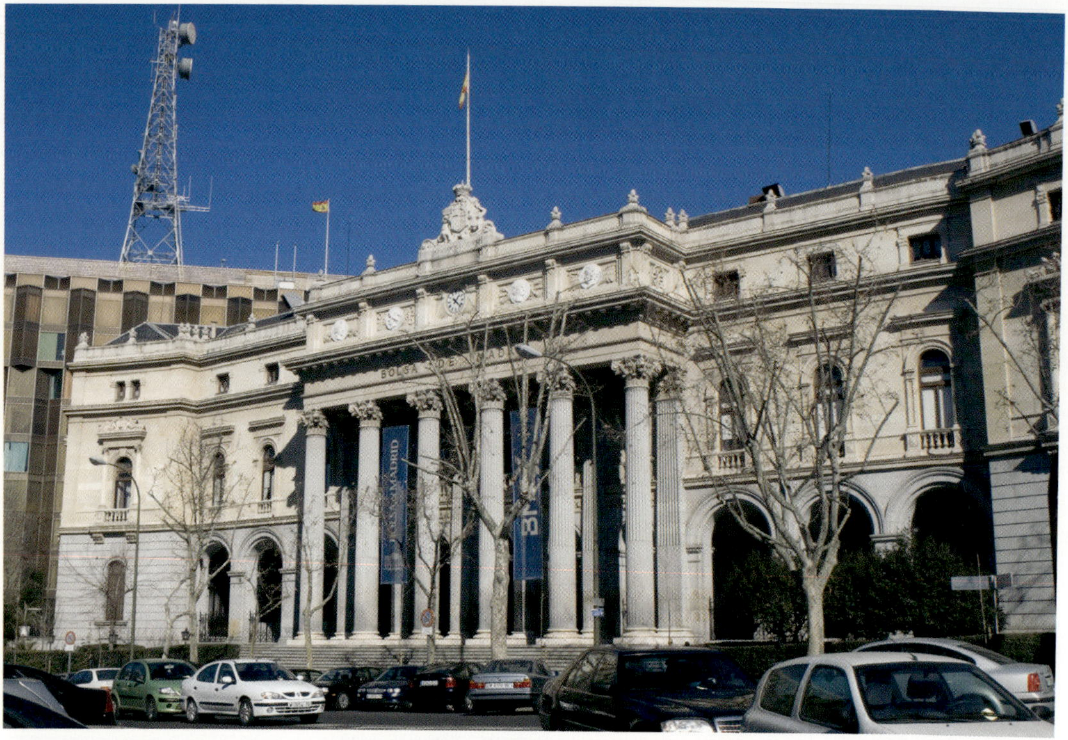

En la plaza de la Lealtad se construyó en 1893 el edificio de la Bolsa de Comercio, obra de Enrique M.º Repullés. El acceso se realiza a través de una escalinata frente a un pórtico de seis columnas corintias.

The Stock Exchange building, designed by Enrique María Repullés, was built in 1893 on the Plaza de la Lealtad. Access is by means of a flight of steps opposite a portico with six Corinthian columns.

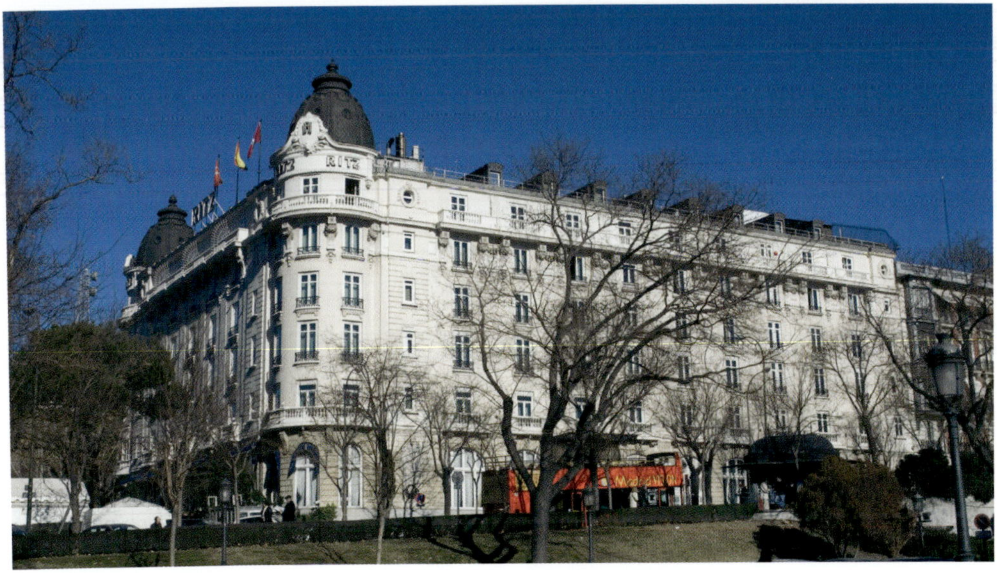

En la plaza de Cánovas de Castillo, conocida popularmente como Neptuno, se levantan los dos primeros hoteles de lujo que hubo en Madrid: el Ritz (arriba) construido de 1910 y el Palace Hotel, construido dos años después.

On the Plaza de Cánovas de Castillo, popularly known as Neptune Square, stand the first two luxury hotels to be built in Madrid, namely the Ritz (top) constructed in 1910 and the Palace constructed two years later.

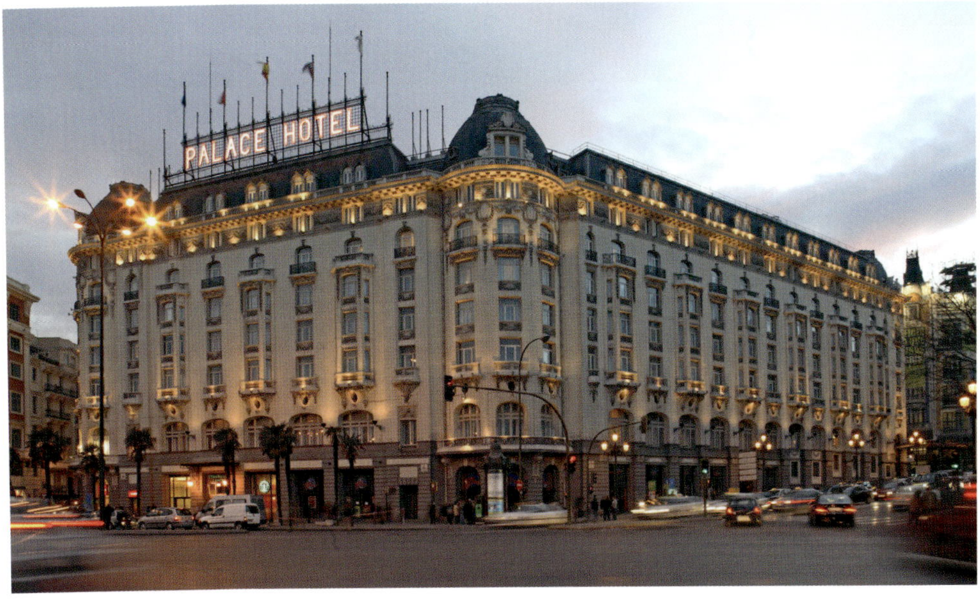

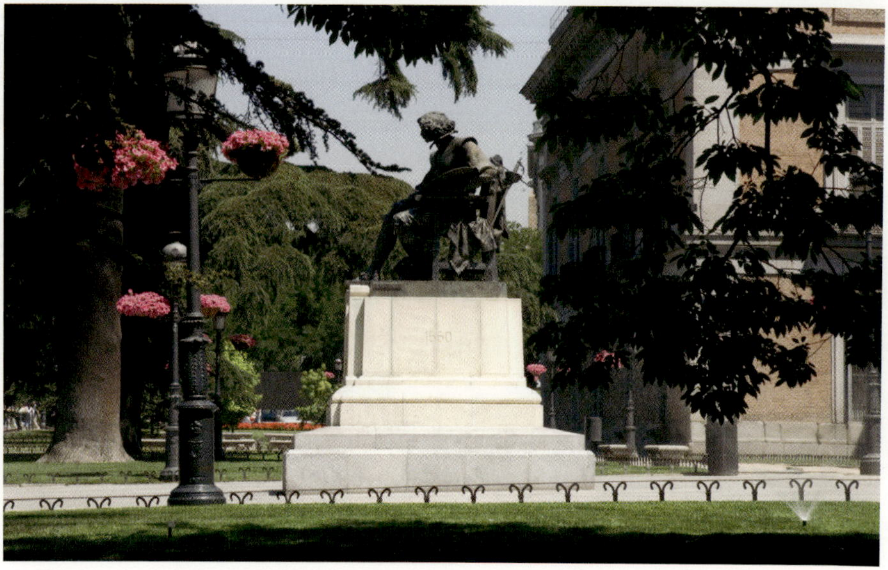

El Museo del Prado es una de las pinacotecas más grandes del mundo. Fue construido en 1811 por Juan de Villanueva con destino a Gabiente de Ciencias Naturales. Sin embargo, Fernando VII lo destinó a museo de pintura en 1819 con trescientos once cuadros. En la actualidad alberga más de 6 500 cuadros y más de 4 000 dibujos, sin contar las piezas que se guardan en el sótano.

The Prado Museum is one of the world's biggest picture galleries. It was built in 1811 by Juan de Villanueva in order to house the Natural Science Museum. However, Ferdinand VII made it into a picture gallery in 1819 with three hundred and eleven paintings. It now has over 6,500 paintings and more than 4,000 drawings without mentioning the items stored in the basement.

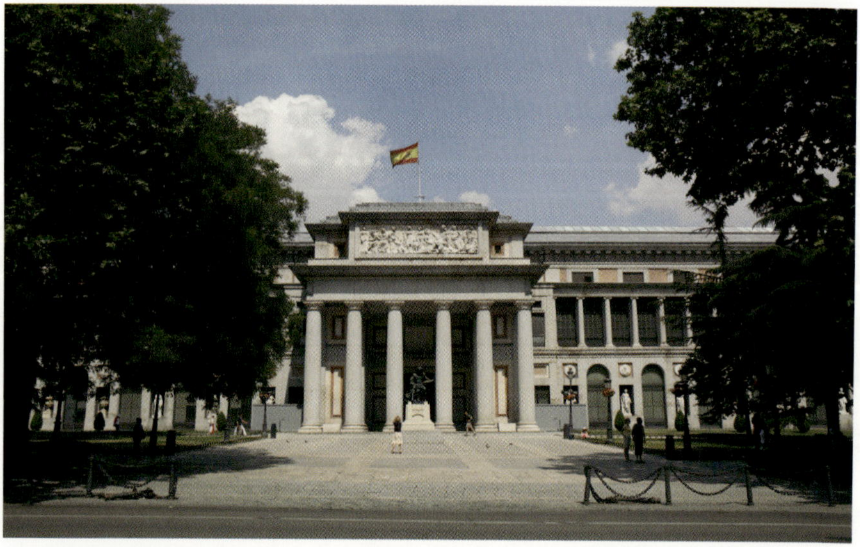

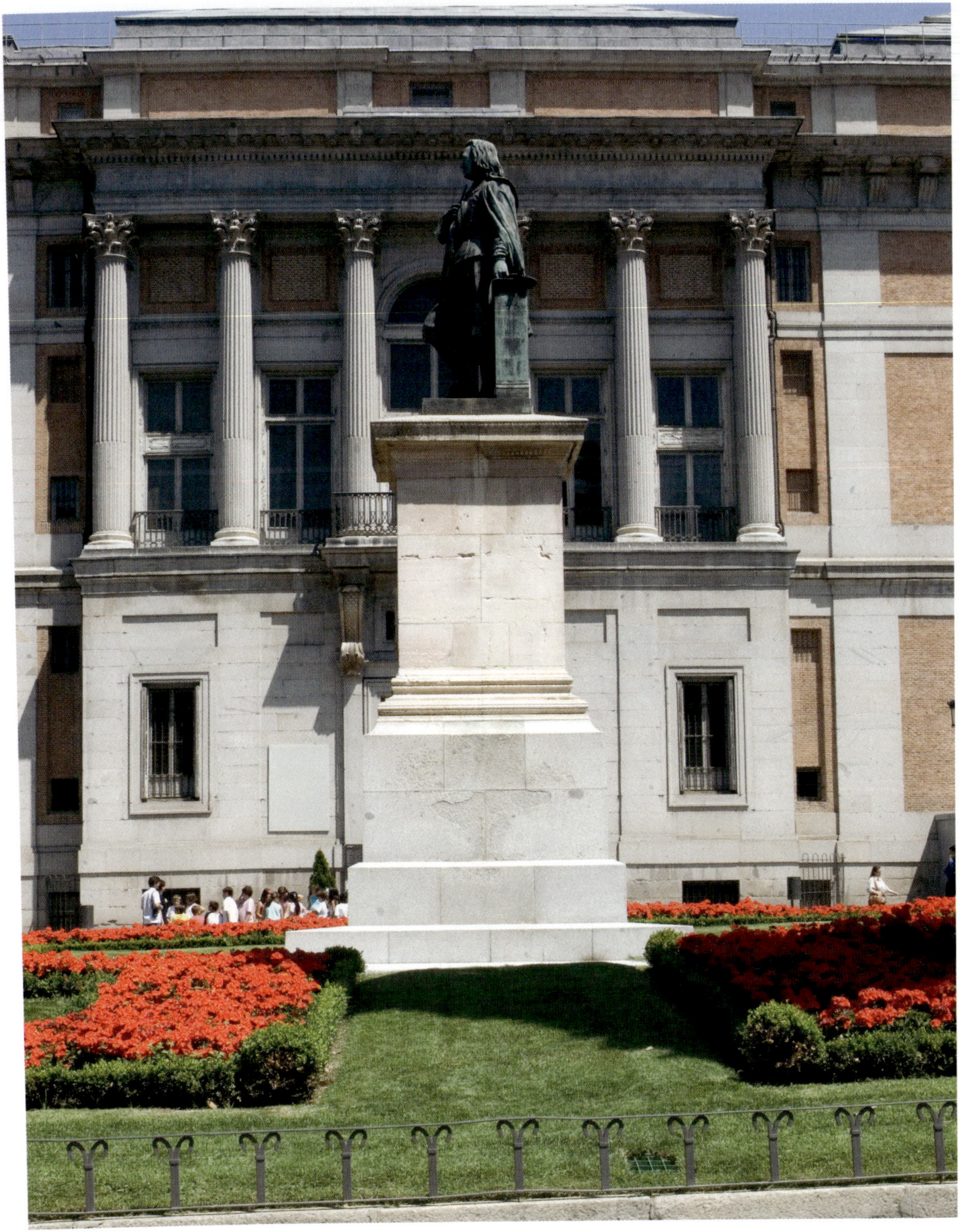

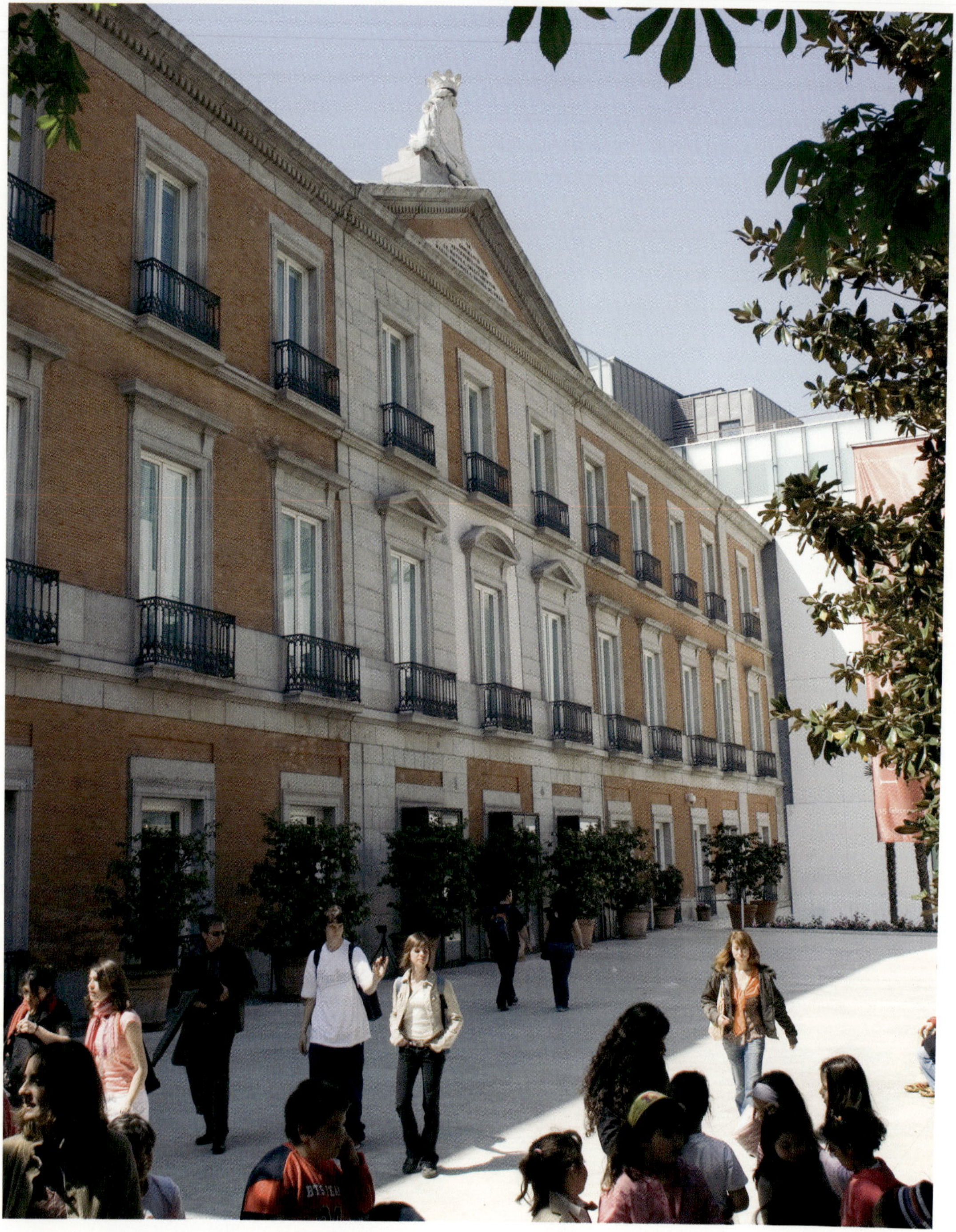

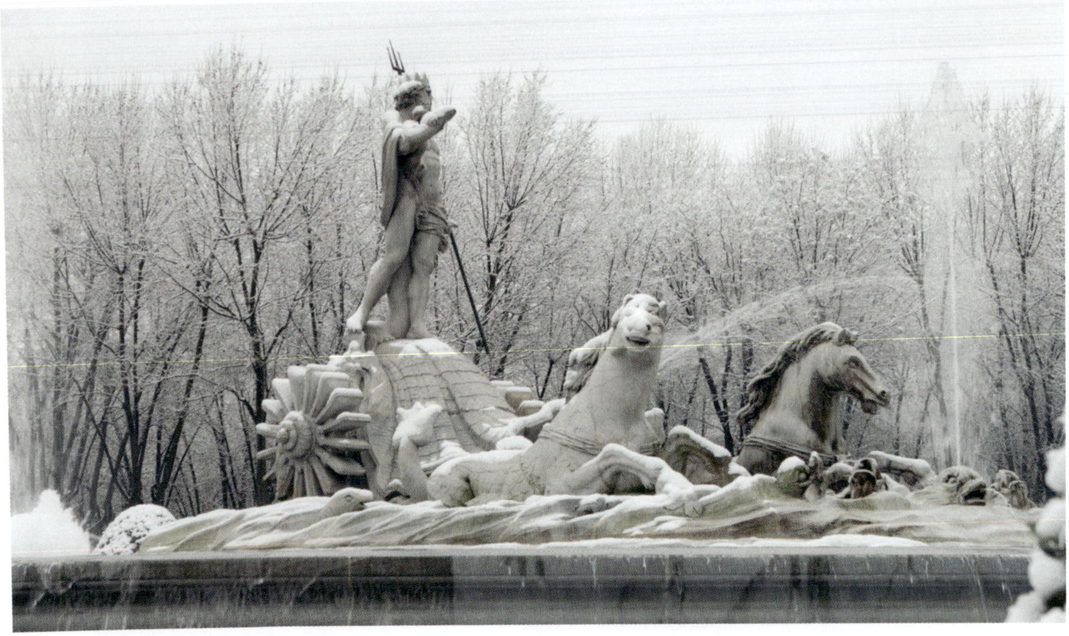

Desde principios de los años noventa del siglo XX, el Museo Thyssen, situado en el antiguo palacio del marqués de Villahermosa, expone la colección privada de pintura del barón Heinrich Thyssen-Bornemisza.

Since the beginning of the nineties the Thyssen Museum, in the former palace of the Marquis of Villahermosa, has been exhibiting Baron Heinrich Thyssen-Bornemisza's private collection of paintings.

La fuente de Neptuno, al igual que la de Cibeles, fue diseñada por Ventura Rodríguez y construida en 1782.

Like the Cibeles fountain, the Neptune fountain was designed by Ventura Rodríguez and built in 1782.

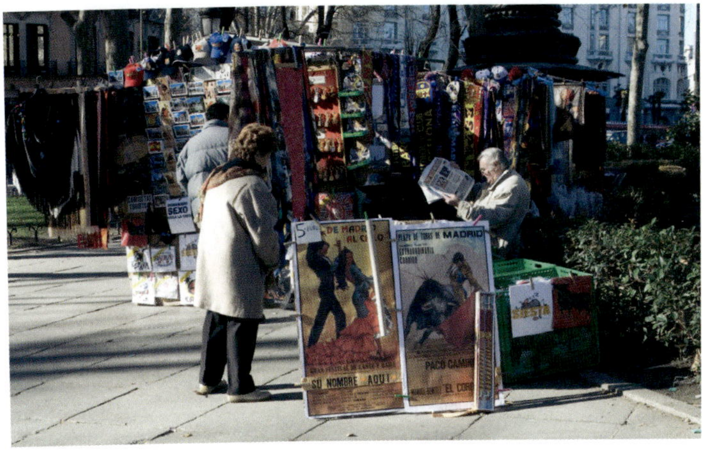

En los alrededores del Museo del Prado se venden todo tipo *souvenirs* y recuerdos de Madrid y del museo aprovechando la atracción que supone éste.

All kinds of souvenirs and mementos of Madrid and the Prado Museum are on sale around the museum, taking advantage of the attraction it holds for visitors.

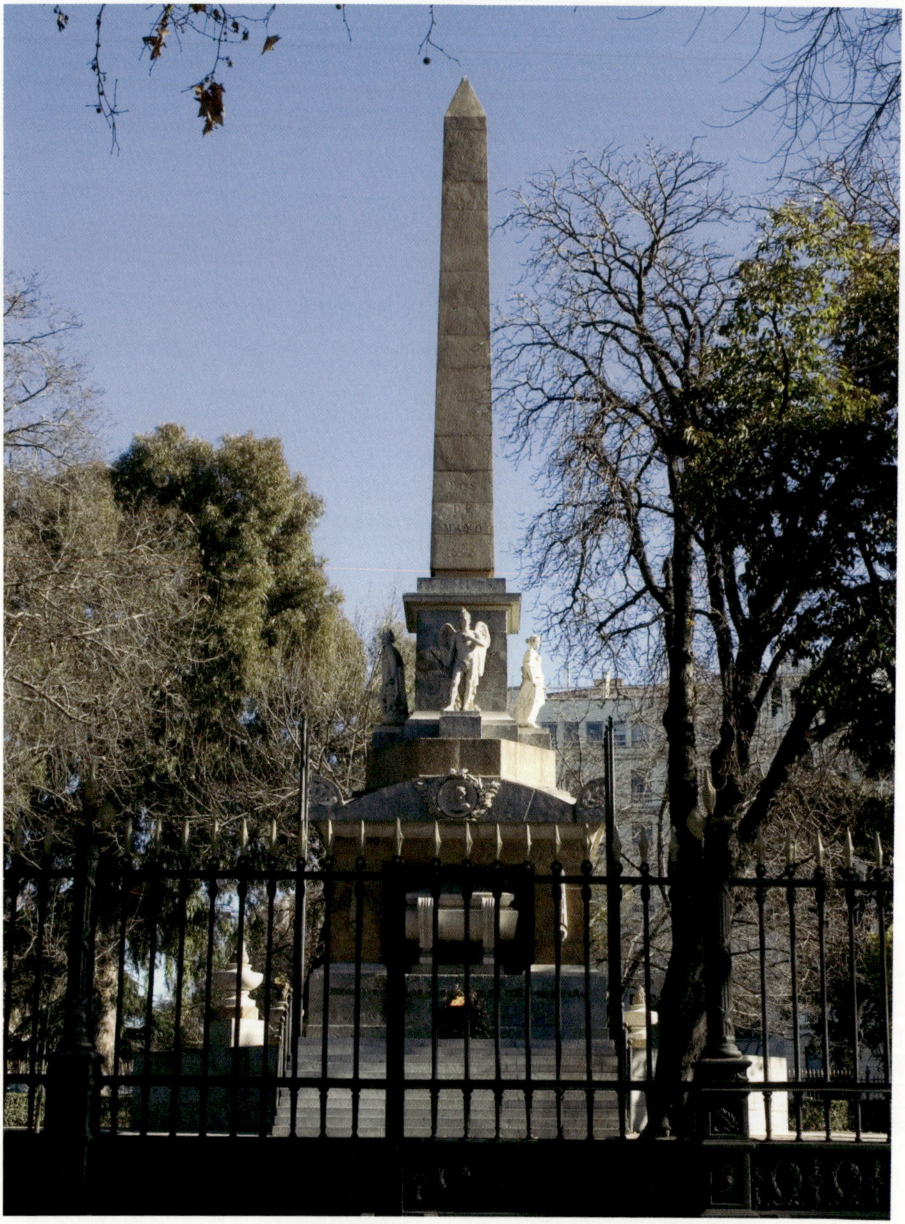

En 1840 se construyó un obelisco de 28 metros de altura como homenaje a los héroes del 2 de mayo que fueron fusilados en este lugar. Al pie se colocó una urna con las cenizas de estos héroes así como la de los capitanes Daoíz y Velarde. En la actualidad es un monumento a los caídos de todas las épocas.

A 92-foot obelisk was built in 1840 to commemorate the heroes of 2 May who were shot on this site. An urn containing their ashes, as well as those of captains Daoiz and Velarde, was placed at the base of the obelisk. It is now a monument to the fallen from all eras.

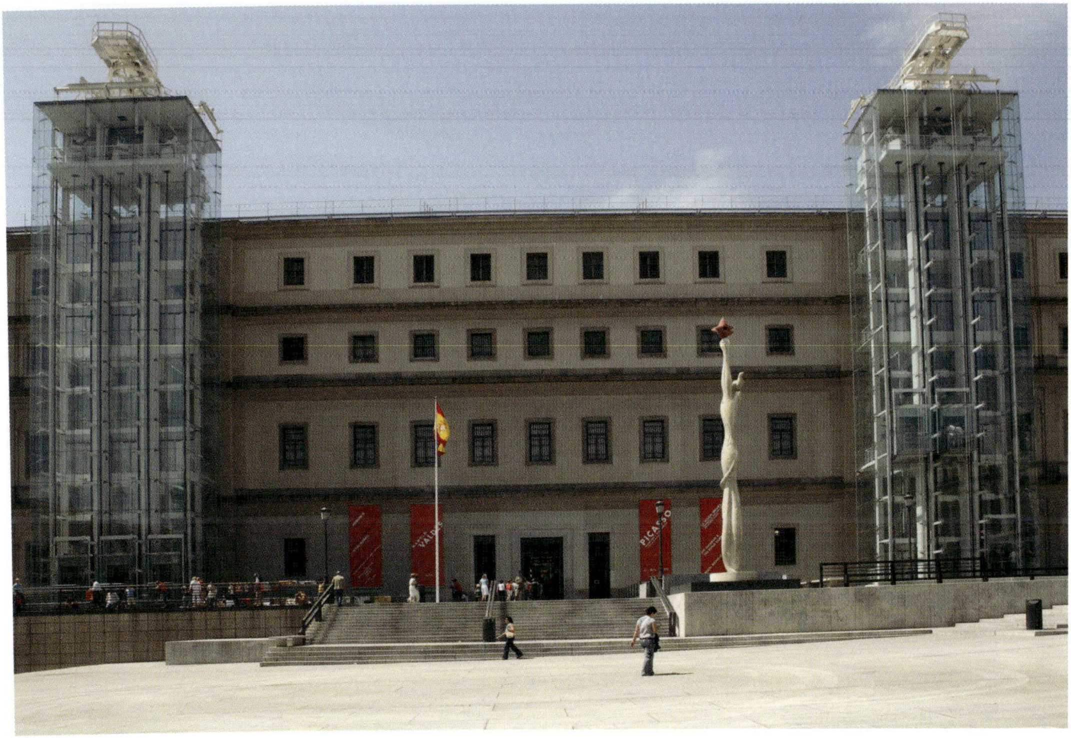

El Museo Nacional Centro de Arte Reina Sofía, en Atocha, ocupa el edificio que fue anteriormente el Hospital General, construido por Sabatini. Está dedicado al arte contemporáneo.

The Queen Sofia National Art Centre in Atocha occupies the building of the former General Hospital constructed by Sabatini. It houses contemporary art.

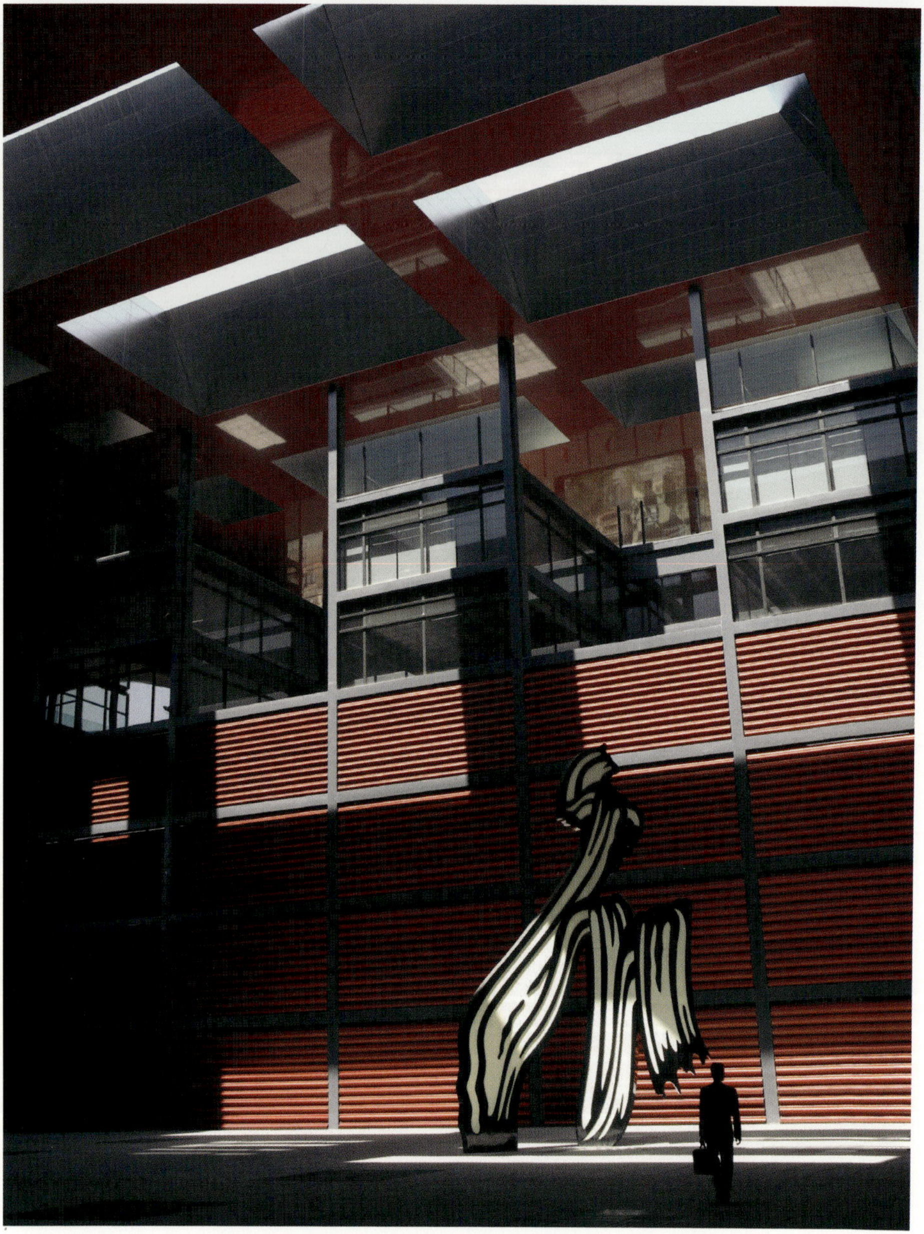

La ampliación del Museo Nacional Centro de Arte Reina Sofía es obra del francés Jean Nouvel y fue inaugurada en septiembre de 2005.

The extension to the Queen Sofia National Art Centre is the work of the French architect Jean Nouvel and was opened in September 2005.

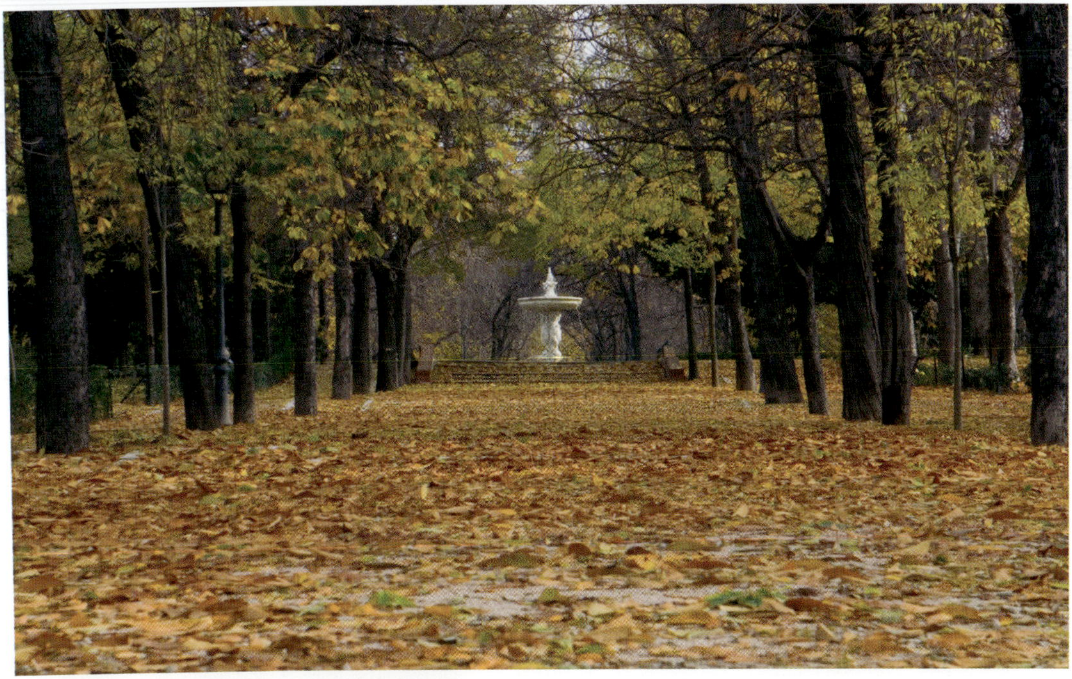

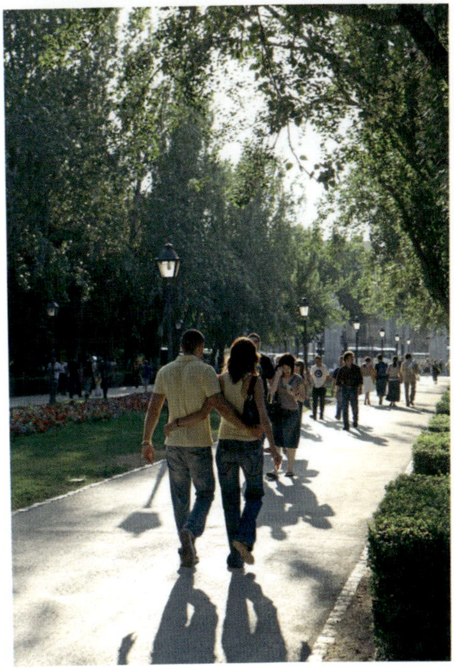

En otoño, los árboles se tiñen de diversas tonalidades, sembrando los paseos con sus hojas caídas. Es uno de los mejores momentos del año para pasear por el parque del Retiro.

In autumn the trees take on different hues and the walkways are strewn with fallen leaves. This is one of the best times of the year to stroll around the Retiro Park.

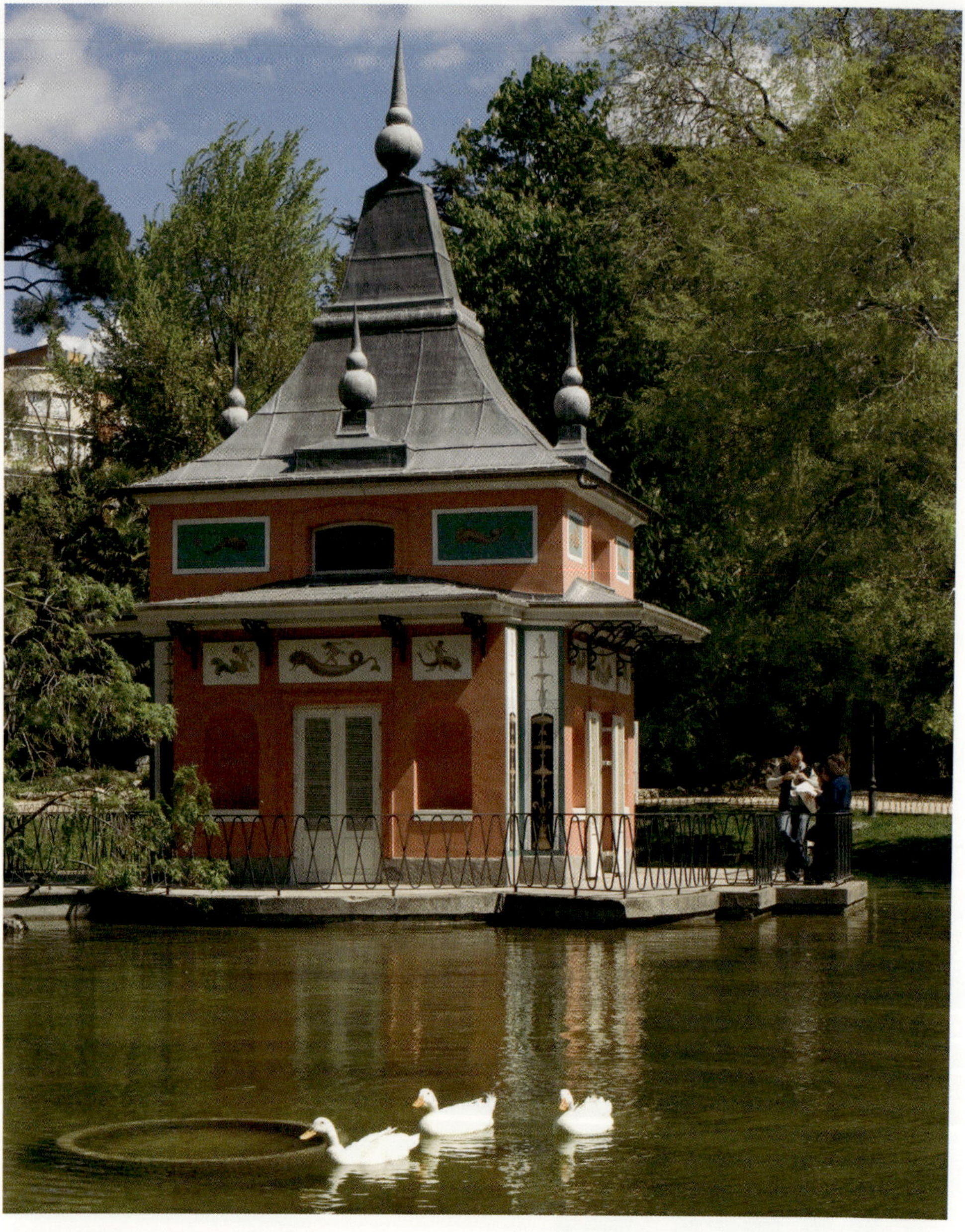

En el Retiro se halla la Casita del Pescador en medio de un estanque. Se construyó en tiempos de Fernando VII como pescadero rea l. Es la única casita de recreo que se conserva. Hoy es una oficina de información sobre el parque del Retiro.

In the middle of a pond in the Retiro stands the Casita del Pescador. It was built in the reign of Ferdinand VII as a royal fishing lodge. It is the only lodge of this type still remaining and now serves as an information office for the Retiro Park.

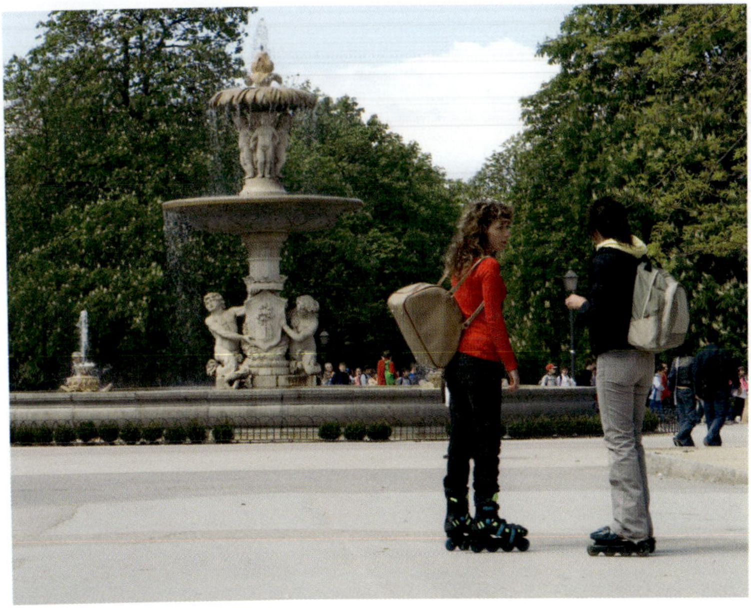

La fuente de la Alcachofa fue diseñada por Ventura Rodríguez y construida en 1781. Se colocó en la glorieta de Atocha pero en 1880 se trasladó al Retiro.

The Artichoke Fountain was designed by Ventura Rodríguez and built in 1781. It was placed in the Glorieta de Atocha but was moved to the Retiro in 1880.

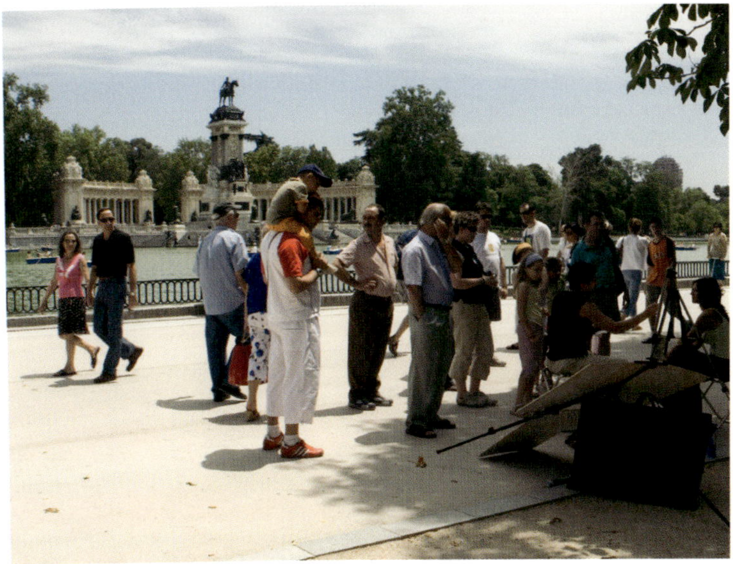

El estanque del Retiro está presidido por el monumento a Alfonso XII, inaugurado en 1922. El paseo que hay frente al estanque está siempre muy concurrido: paseantes, músicos, titiriteros, magos, echadores de cartas, etc.

The monument to Alfonso XII, which was unveiled in 1922, overlooks the Retiro boating lake. The walkway alongside the lake is always teeming with strollers, musicians, puppet theatres, magicians, fortune-tellers, etc.

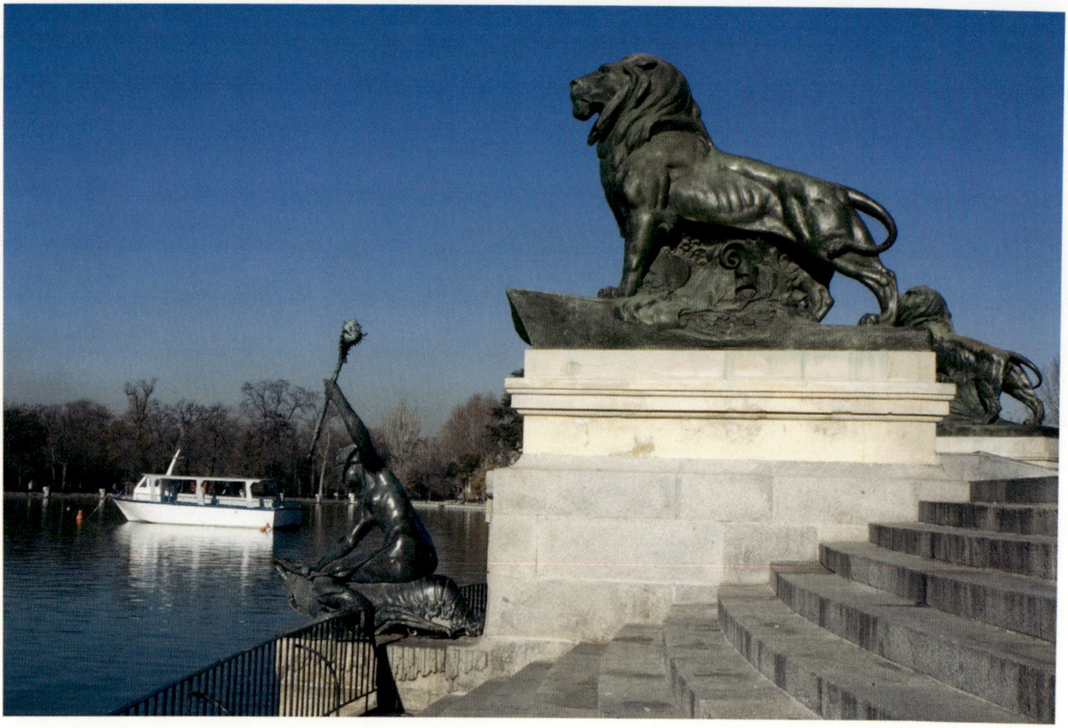

El monumento a Alfonso XII ocupa el lugar donde anteriormente estuvo el primer embarcadero. Entre las esculturas, realizadas por varios artistas, se encuentran unos leones que escoltan a las sirenas, en este caso, una sirena montada sobre una langosta.

The monument to Alfonso XII stands on the site where the first landing stage was. The sculptures, by several artists, include lions escorting the mermaids, in this case a mermaid mounted on a lobster.

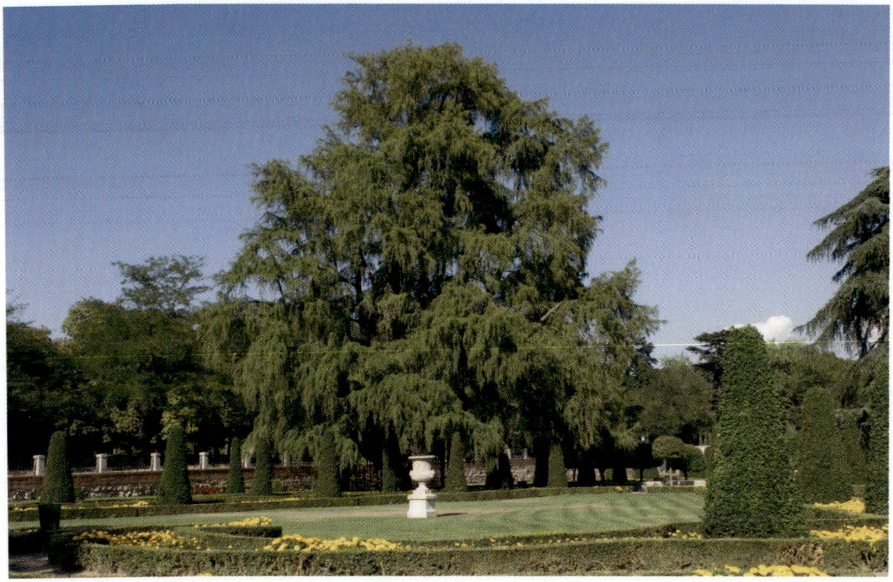

El ciprés calvo (Taxodium mucronata) es el árbol más importante del Retiro además de ser el más longevo, pues tiene más de cuatrocientos años. Es originario de América y se dice que fue traído por Hernán Cortés. En invierno pierde sus hojas, de ahí que se le conozca como ciprés calvo. Sus ramas semejan los brazos de un candelabro.

Hércules y el león es una de las numerosas esculturas que adornan los paseos del parque del Retiro.

The bald cypress (Taxodium mucronata) is the most important tree in the Retiro, in addition to being the oldest since it is over four hundred years old. It originates from America and is said to have been brought by Hernán Cortés. It sheds its leaves in winter, hence the name of bald cypress. Its branches are reminiscent of the arms of a candelabrum.

Hercules and the Lion is one of the many sculptures adorning the walks in the Retiro Park.

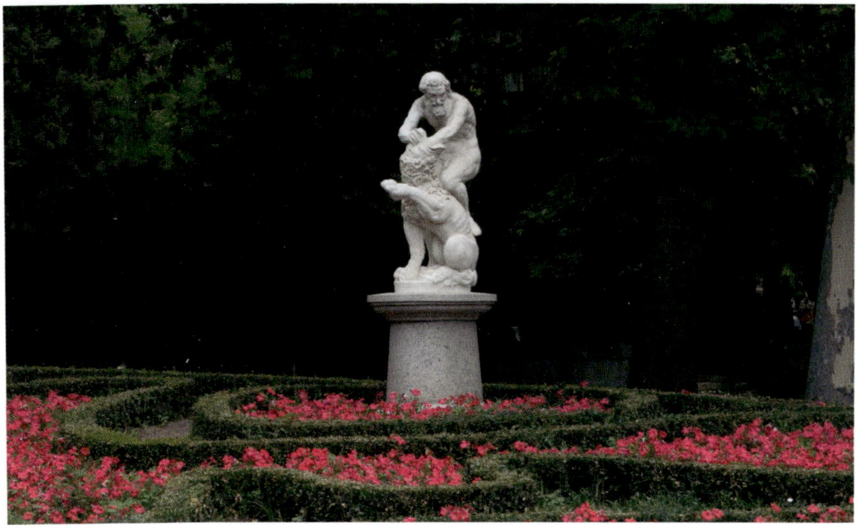

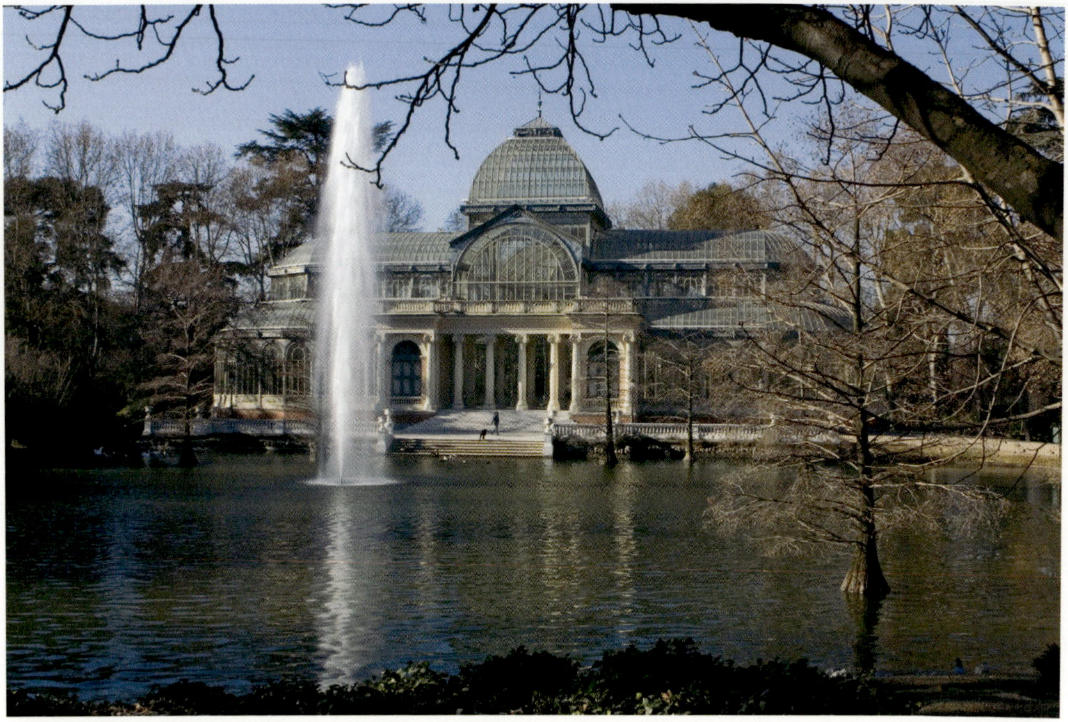

El bellísimo Palacio de Cristal se construyó como invernadero en 1887, para una exposición de plantas y flores tropicales procedentes de Filipinas. Está considerado como una joya de la arquitectura del hierro y el cristal. Es obra de Ricardo Velázquez y Alberto del Palacio.

The startlingly beautiful Crystal Palace was built in 1887 as a hothouse for an exhibition of tropical plants and flowers from the Philippines. It is regarded as a jewel of iron and glass architecture. It was designed by Ricardo Velázquez and Alberto del Palacio.

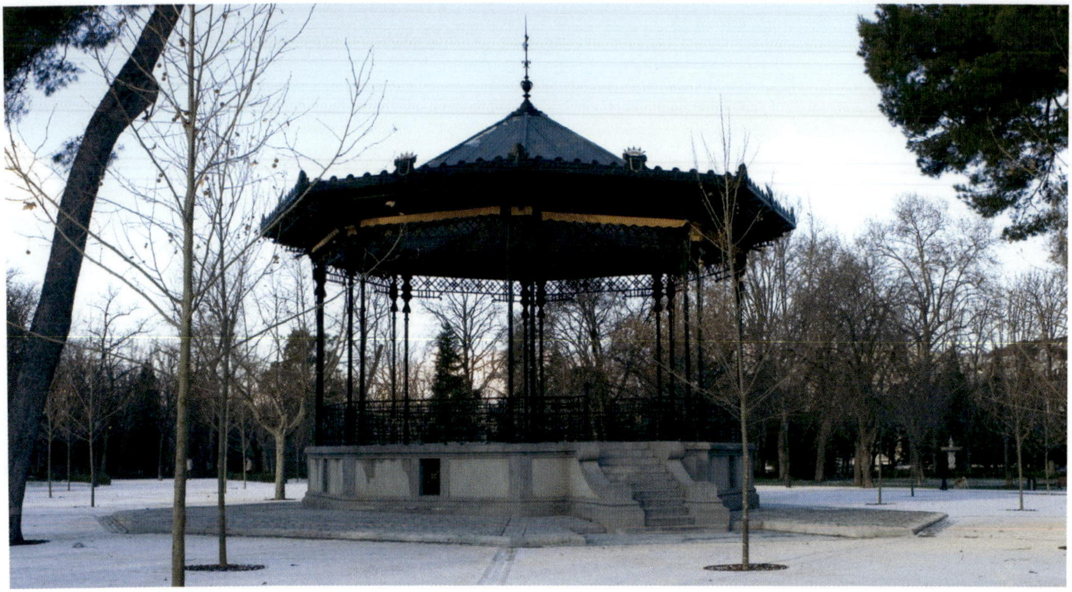

Las mañanas de domingo durante la primavera, es posible escuchar los conciertos de la Banda Municipal. En la base del templete se guardan los instrumentos.

En primavera y verano, el parque del Retiro está muy concurrido de paseantes que aprovechan la sombra de sus frondosos árboles para tomar el fresco.

On Sunday mornings in spring one may listen to the concerts given by the municipal band. The instruments are kept under the bandstand.

In spring and summer the Retiro Park is alive with strollers seeking to keep cool in the shade of its leafy trees.

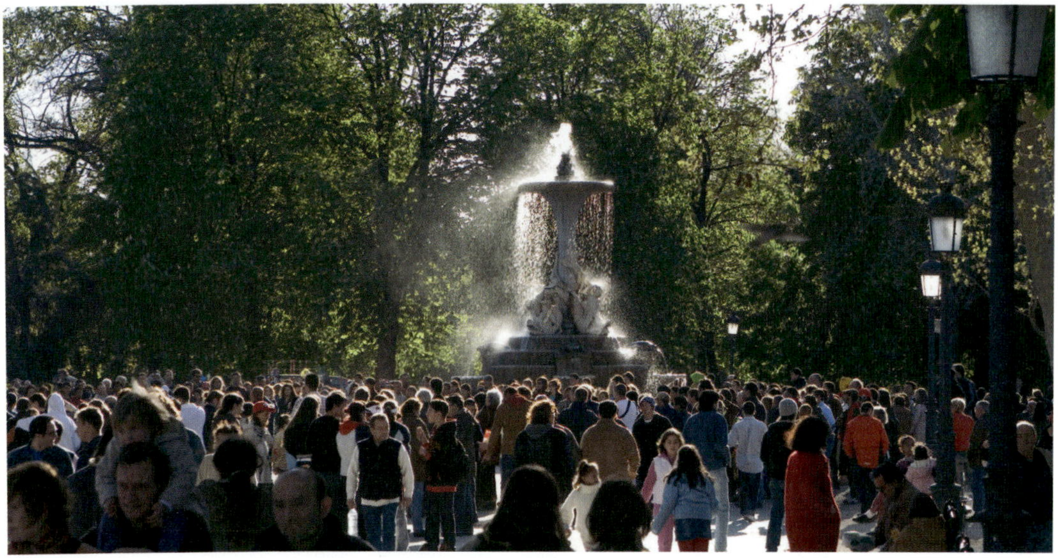

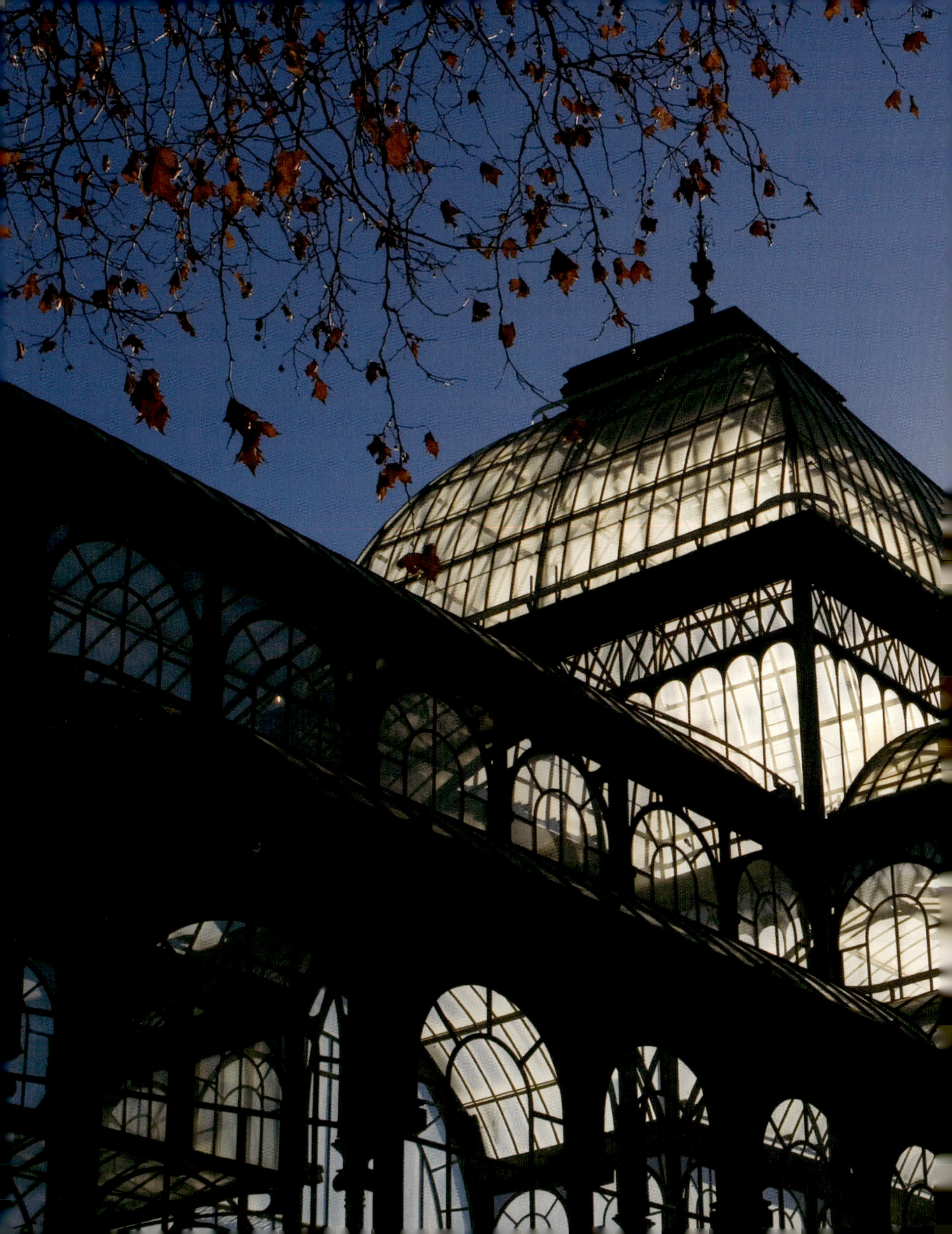

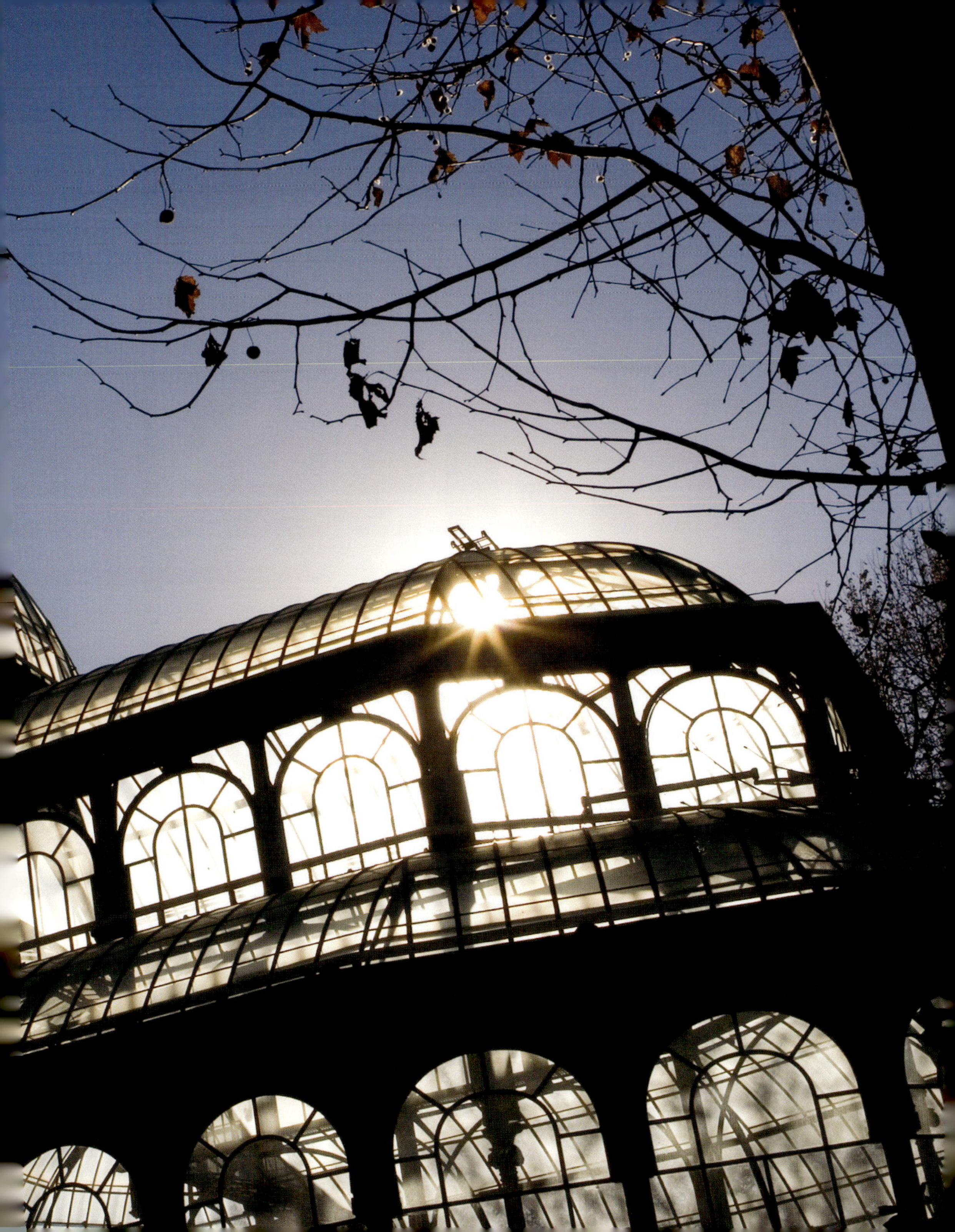

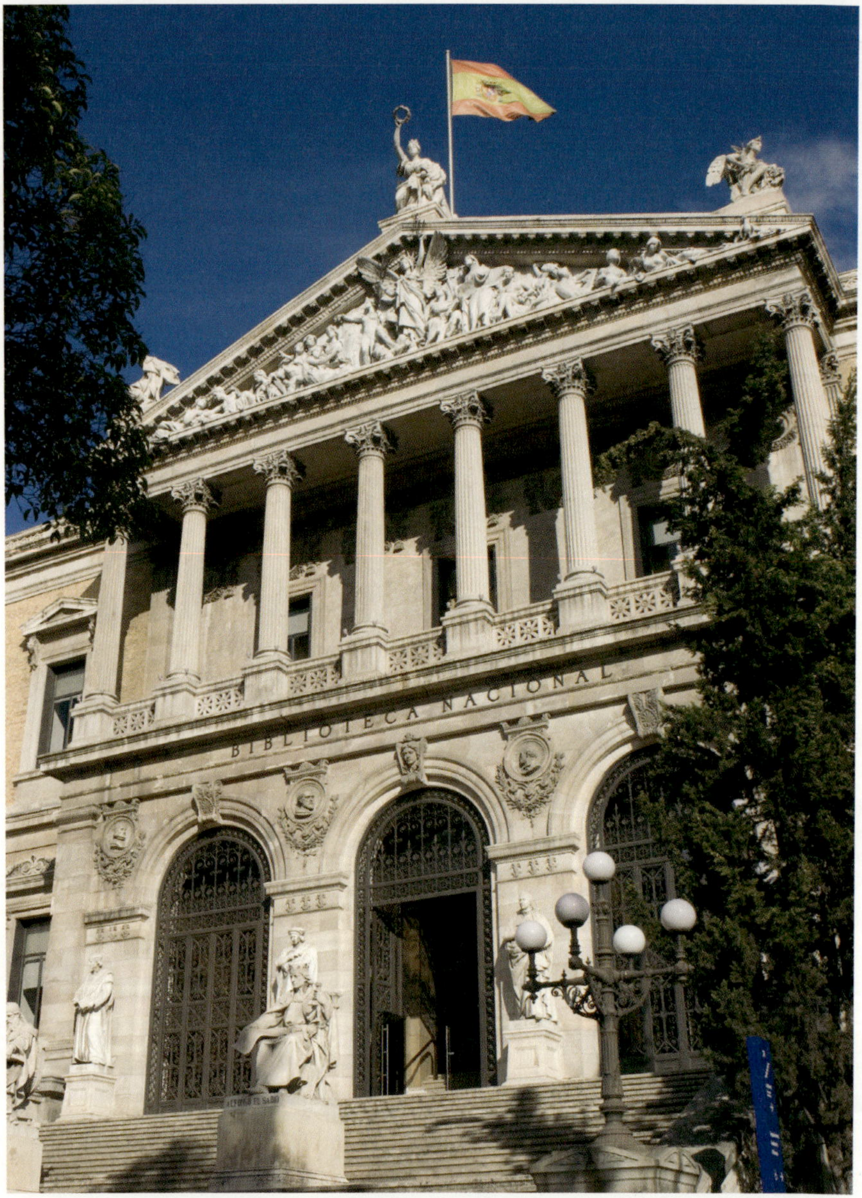

La Biblioteca Nacional se encuentra situada en el paseo de Recoletos. El edificio, de estilo neoclásico, fue proyectado por Francisco Jareño e inaugurado en 1892. Sus fondos contienen cerca de tres millones de libros aparte de manuscritos, planos, partituras, documentos, periódicos, revistas, etc.

The National Library stands on the Paseo de Recoletos. This neo-classical building was planned by Francisco Jareño and was opened in 1892. It houses nearly three million books, in addition to manuscripts, plans, music scores, documents, newspapers, magazines, etc.

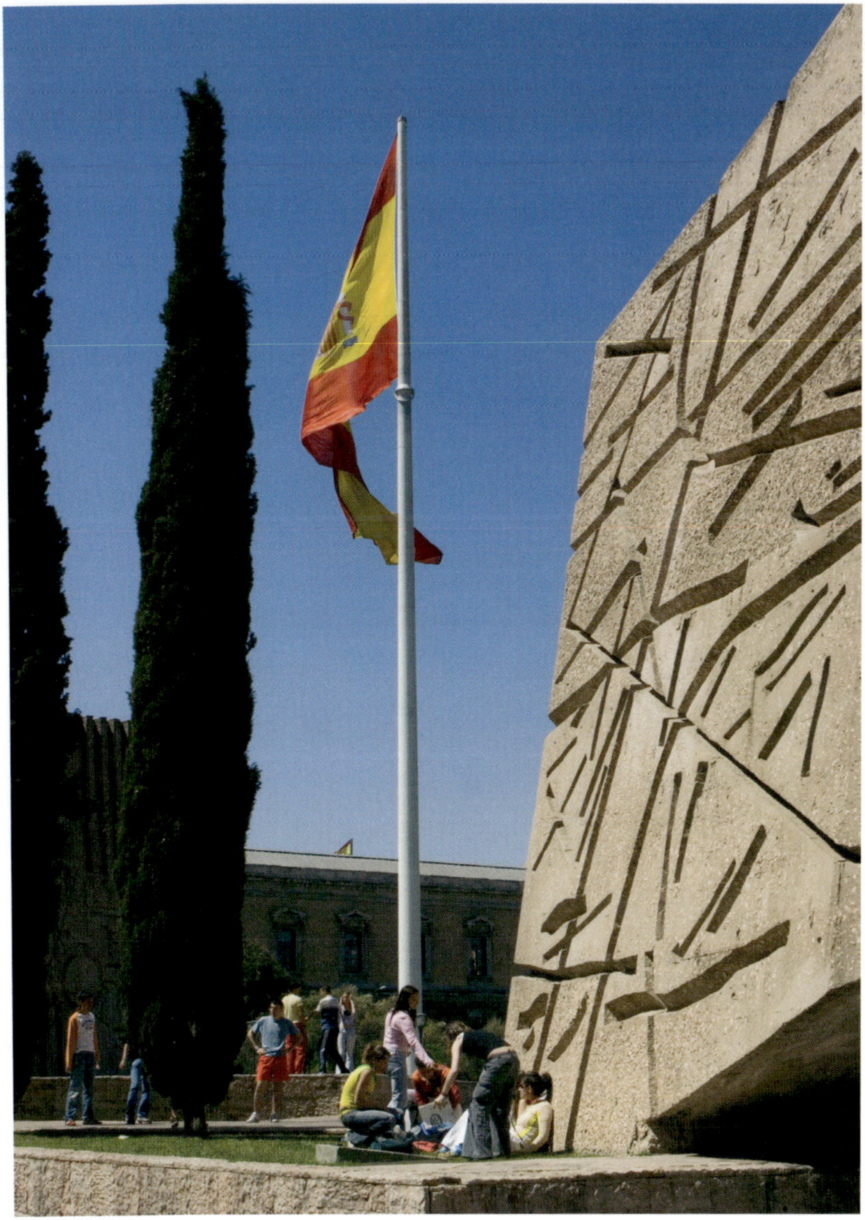

Desde el año 2001 ondea en los Jardines del Descubrimiento la bandera más grande de Madrid y de España. El mástil mide 50 metros de altura y la bandera 21 de anchura y se confeccionó con vela de barco, cortada a fuego para evitar que se estropee por los bordes.

Since 2001 the biggest flag in Madrid and the whole of Spain has been flying in the Jardines del Descubrimiento. The pole is 164 feet high while the flag itself is 69 feet wide and is made of sail material, fire-cut to prevent it fraying at the edges.

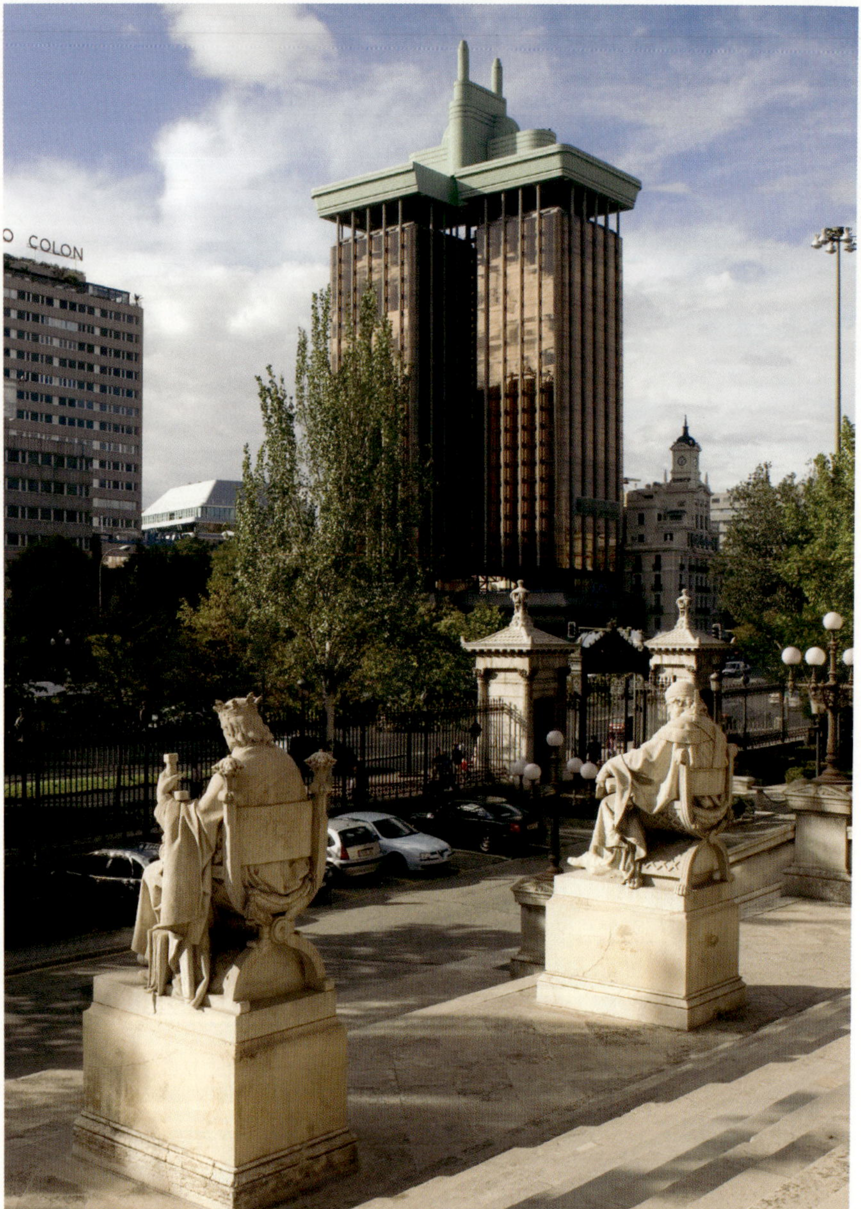

Desde el acceso a la Biblioteca Nacional se observan las Torres de Colón, construidas de arriba abajo por el arquitecto Antonio Lamela en 1976.

From the entrance to the National Library can be seen the Torres de Colón built from the top downwards by the architect Antonio Lamela in 1976.

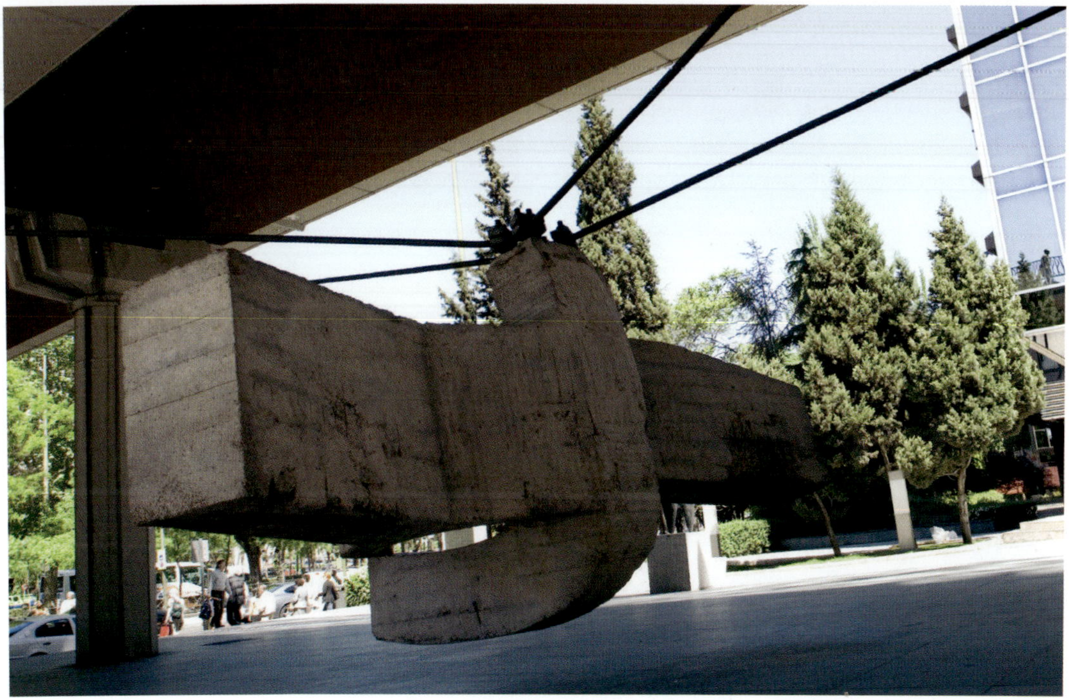

Bajo el puente de la Castellana y con un peso de seis toneladas, se colgó mediante cables la escultura de *La sirena varada*, de Eduardo Chillida.

Eduardo Chillida's sculpture of the Beached Mermaid, weighing six tons, was hung under the Castellana flyover.

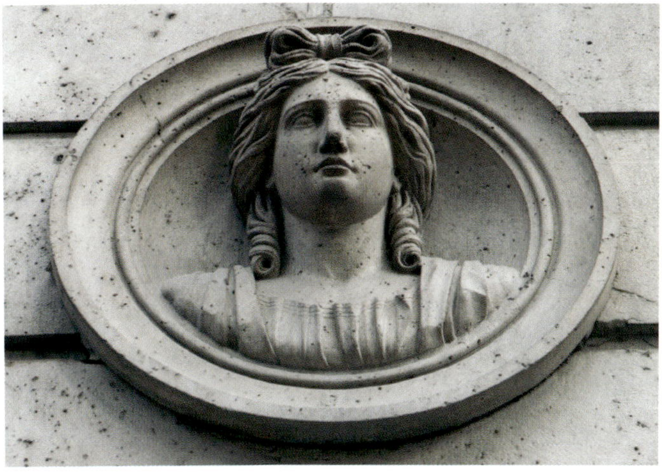

Detalle de una de las ninfas que decoran la fachada de la Biblioteca Nacional.

A detail of one of the nymphs adorning the façade of the National Library.

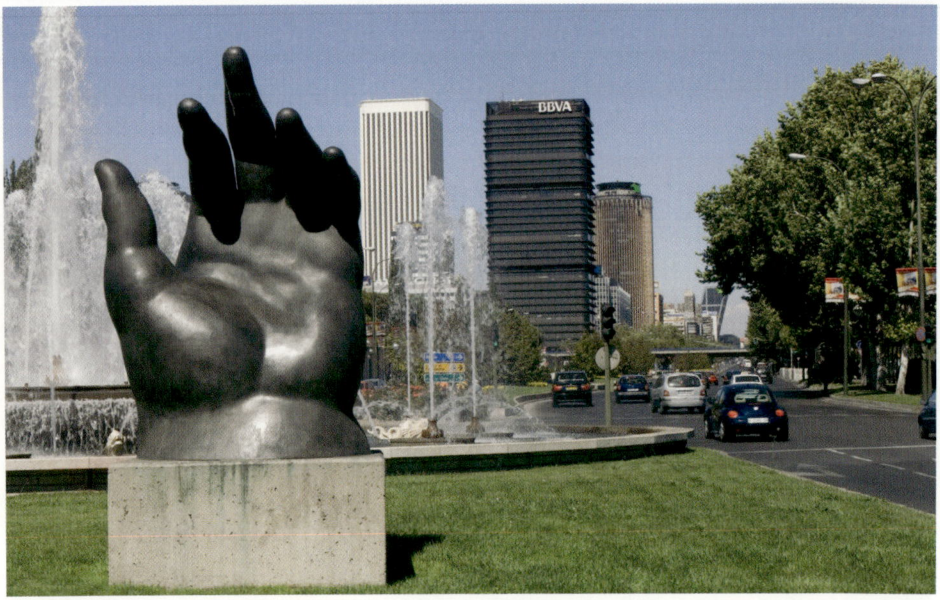

La enorme *Mano* del pintor y escultor colombiano Fernando Botero, da la bienvenida a Azca, corazón del Madrid financiero, con sus altas torres.

El hexaedro del monumento a la Constitución, de Ángel Ruiz Larrea, se inauguró en 1979 en el paseo de La Castellana.

The huge Hand by the Colombian painter and sculptor Fernando Botero welcomes visitors to the Azca complex, the financial heart of Madrid with its high-rise blocks.

The hexahedron of the Monument to the Constitution by Ángel Ruiz Larrea was unveiled in 1979 on the Paseo de la Castellana.

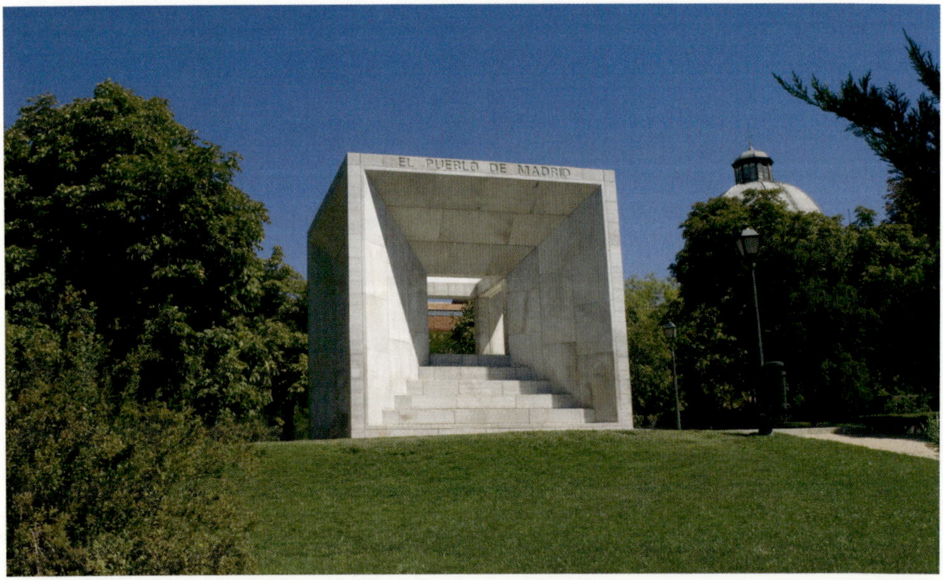

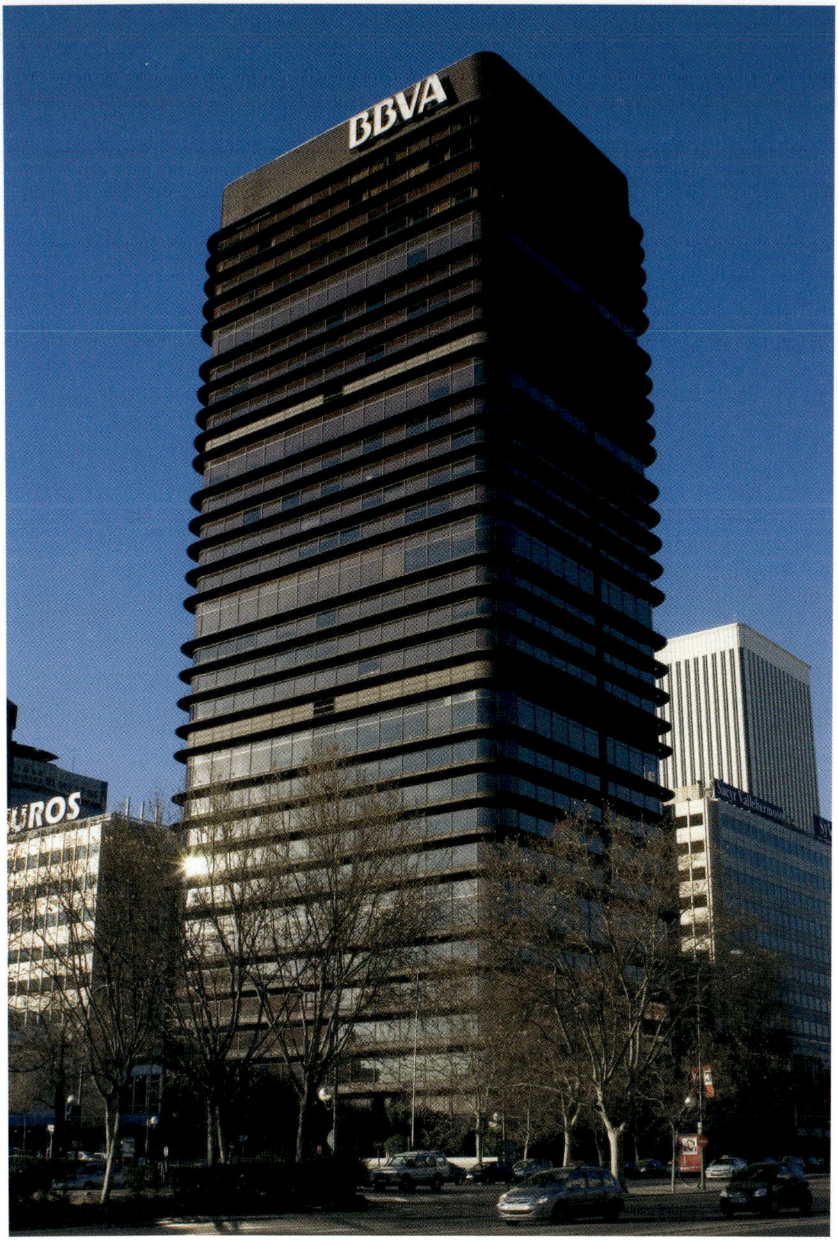

La torre del BBVA, en Azca, inaugurada en 1981, es obra del arquitecto Francisco Sáenz de Oiza.

The BBVA tower, which was inaugurated in 1981 in the Azca complex, is the work of the architect Francisco Sáenz de Oiza.

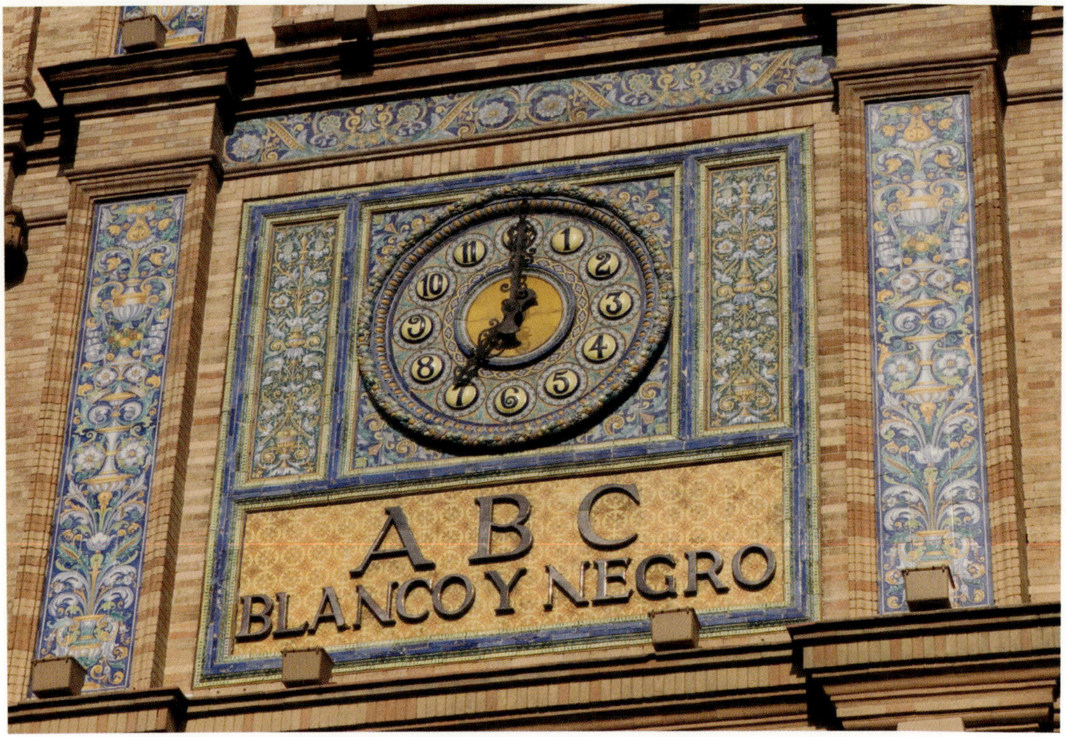

El antiguo edificio de talleres del *ABC* y de la revista *Blanco y Negro*, en el paseo de La Castellana, es en la actualidad un gran centro comercial que ha mantenido su fachada sevillana intacta.

The building which formerly housed the printing press for the newspaper ABC *and the magazine* Blanco y Negro *on the Paseo de la Castellana is now a big shopping centre that has kept its Seville-style façade intact.*

Frente a las Torres de Colón, en el paseo de la Castellana, se encuentra una escultura de las famosas «gordas» del colombiano Fernando Botero.

Opposite the Torres de Colón on the Paseo de la Castellana is a sculpture of the famous «fatties» by the Colombian Fernando Botero.

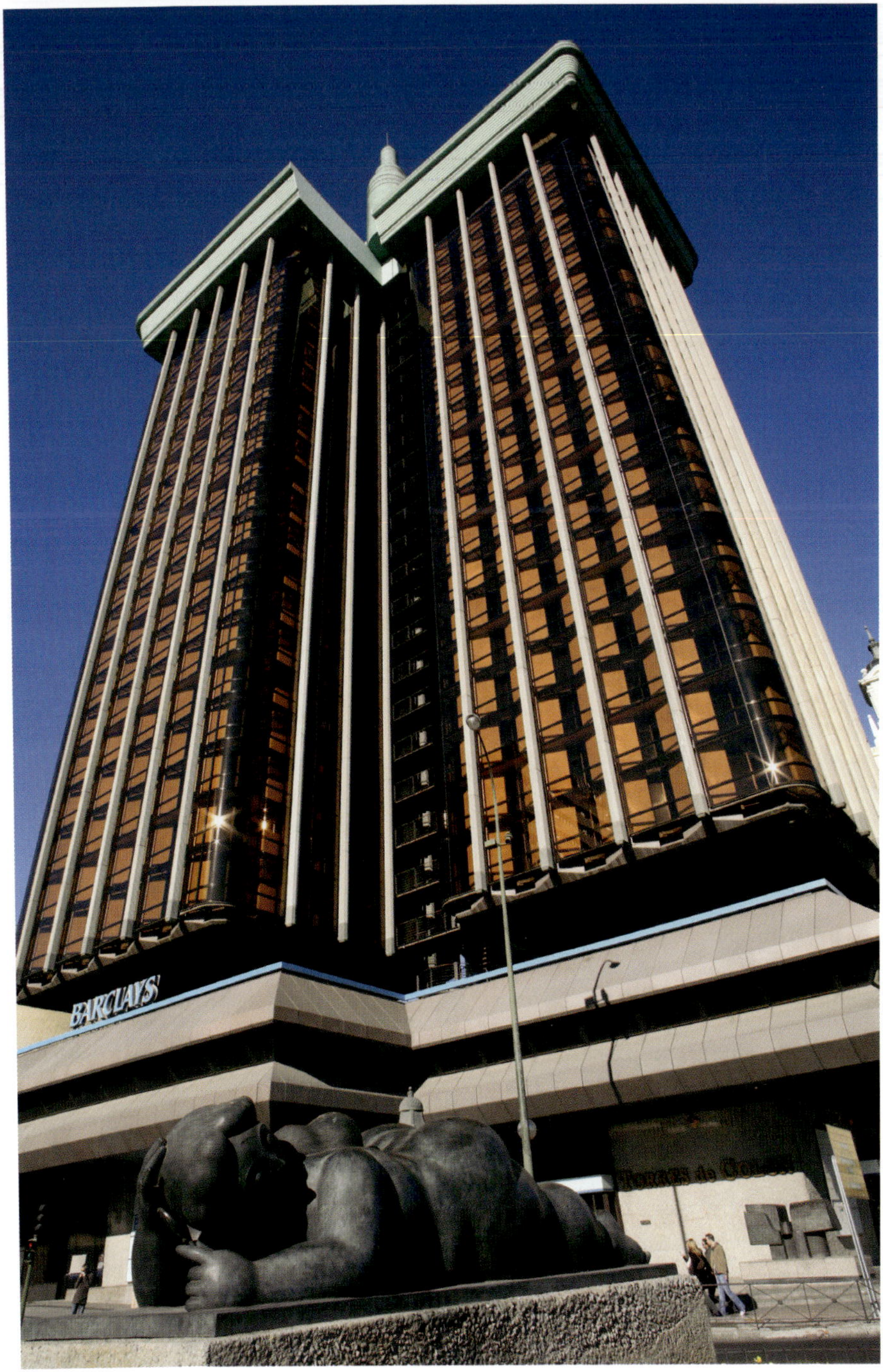
BARCLAYS

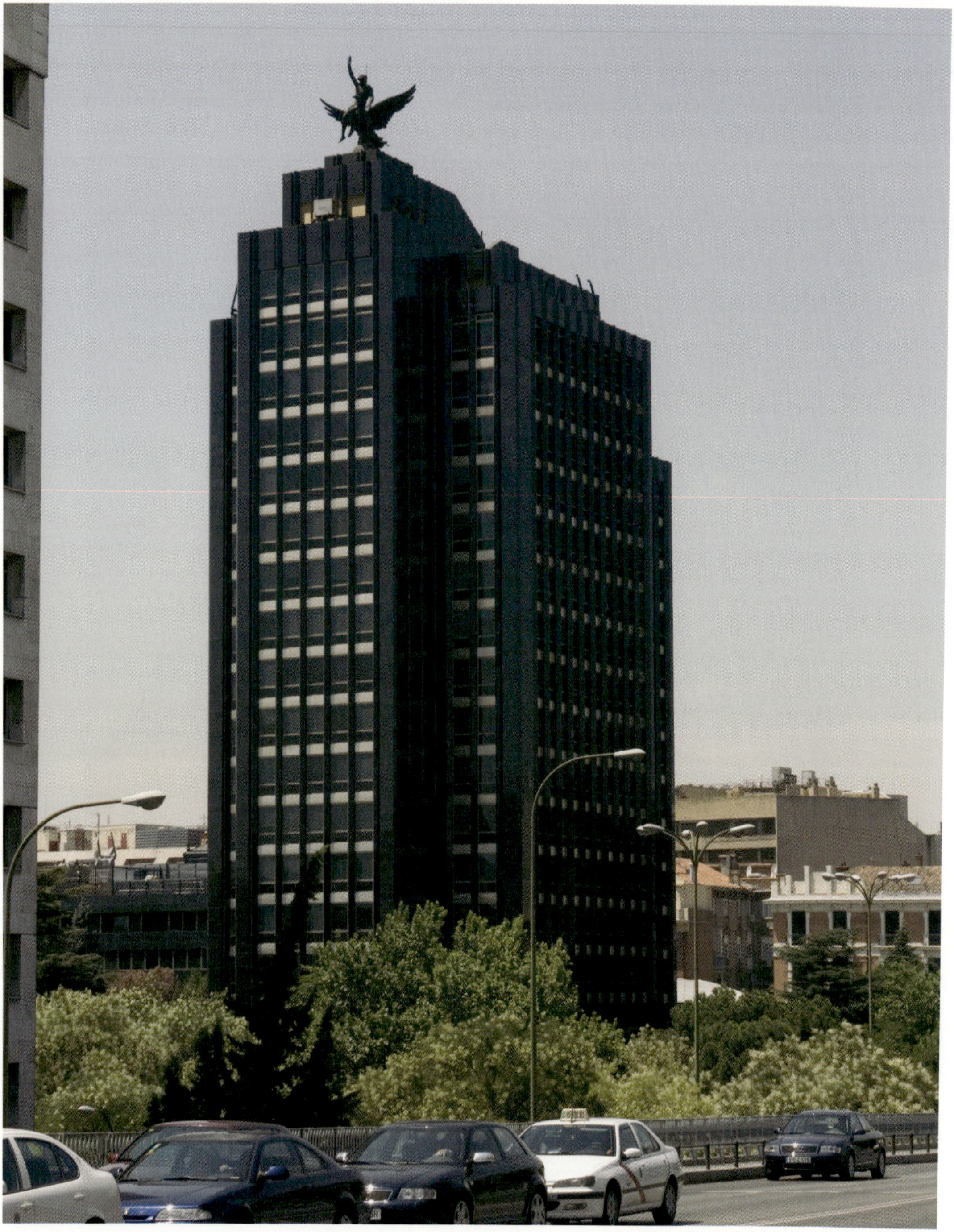

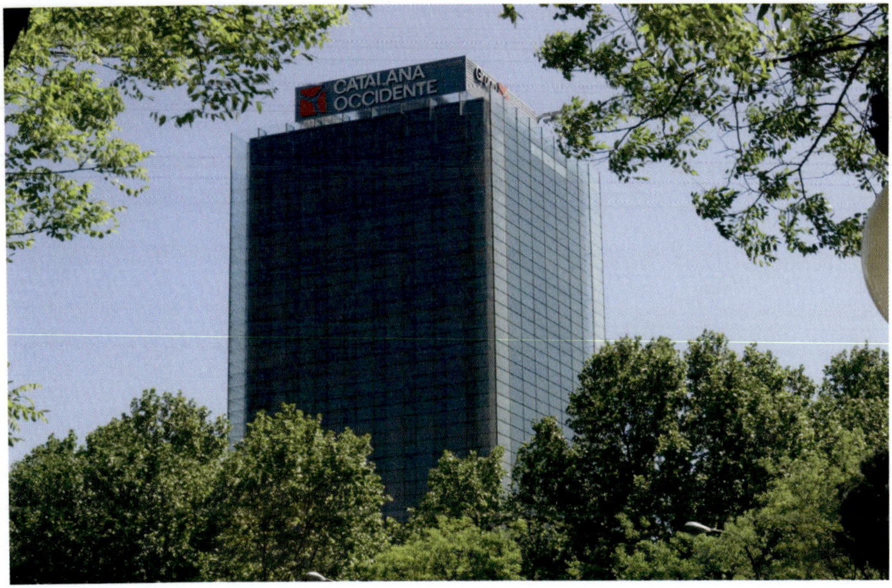

En el paseo de La Castellana se alzan altas torres como la antigua de La Unión y el Fénix (izquierda) o Catalana Occidente (arriba), junto a palacetes del siglo XIX.

High-rise blocks such as the former La Unión y el Fénix building (left) or the Catalana Occidente (above) stand alongside nineteenth-century mansions.

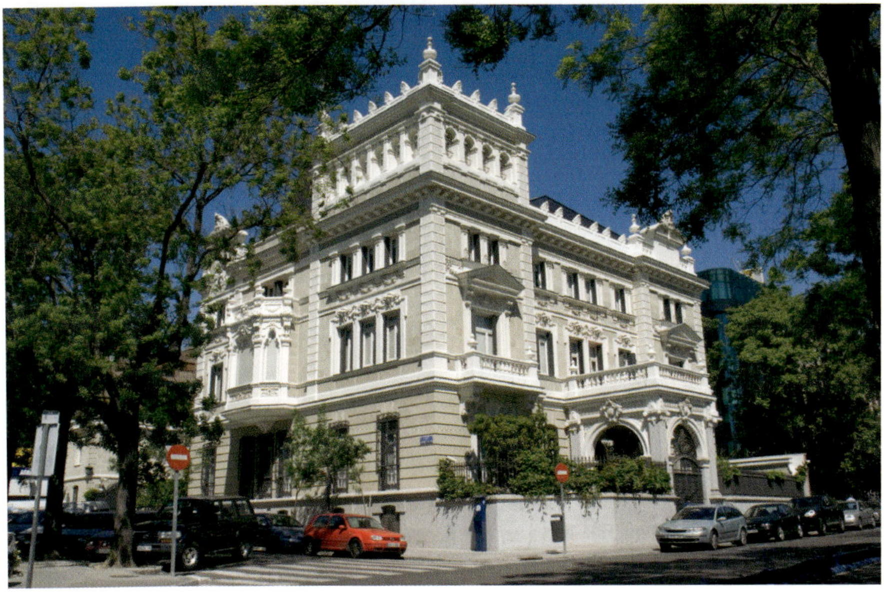

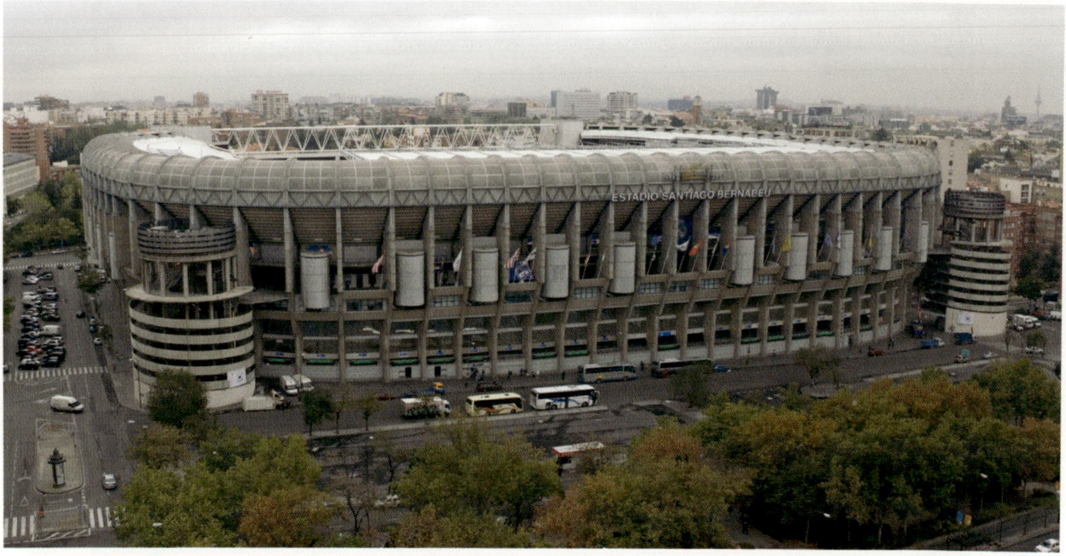

El estadio Santiago Bernabéu se halla en el paseo de La Castellana. Se construyó en 1950 y ha sufrido varias ampliaciones y reformas hasta su configuración actual.

The Santiago Bernabéu stadium stands on the Paseo de la Castellana. It was built in 1950 and has undergone several extensions which have given it its current appearance.

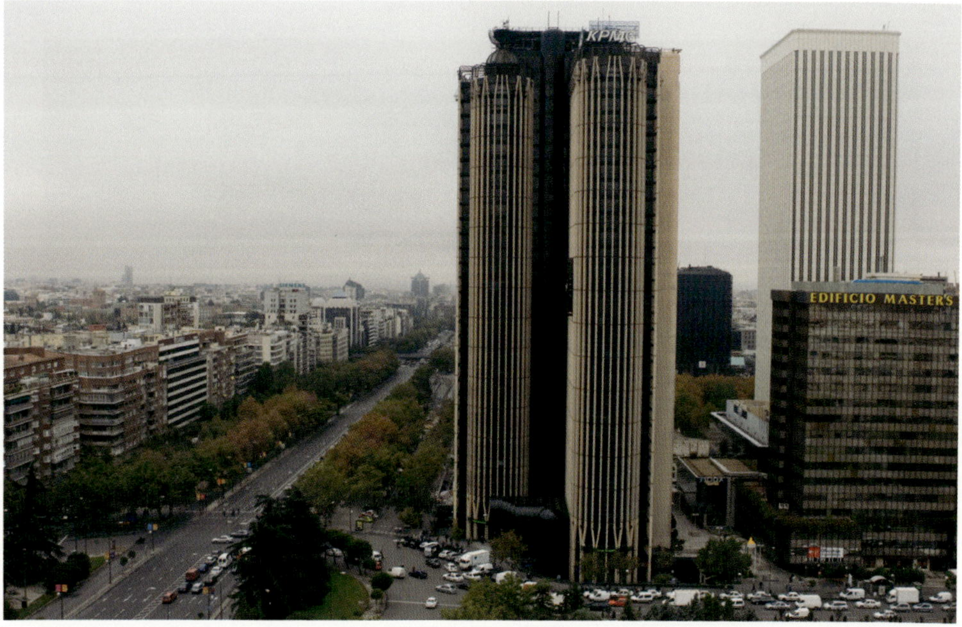

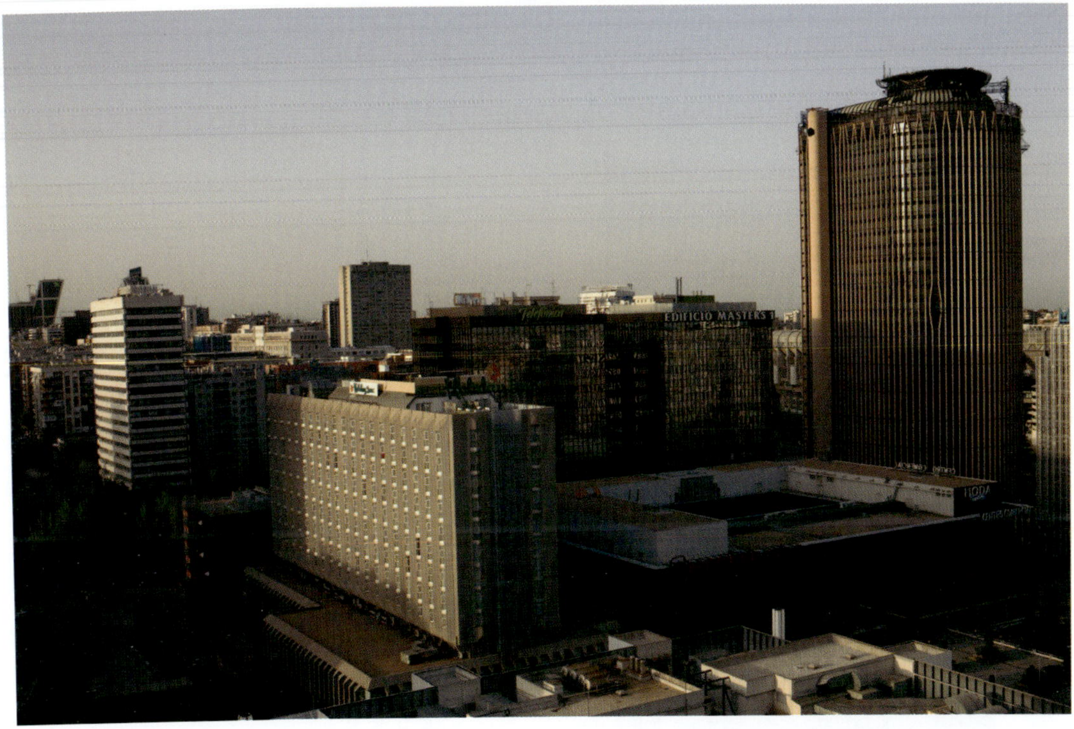

Al otro lado del paseo está Azca, con sus altas torres, cada una de un color y forma diferente. Azca es el corazón financiero de Madrid. Ocupa una enorme manzana de 20 hectáreas en las que el tráfico discurre por debajo del conjunto de edificios y de un parque.

On the other side of the avenue is the Azca complex with its high-rise buildings each with a different shape and colour. It covers a huge surface area of 20 hectares where the traffic runs underneath the group of buildings and a park.

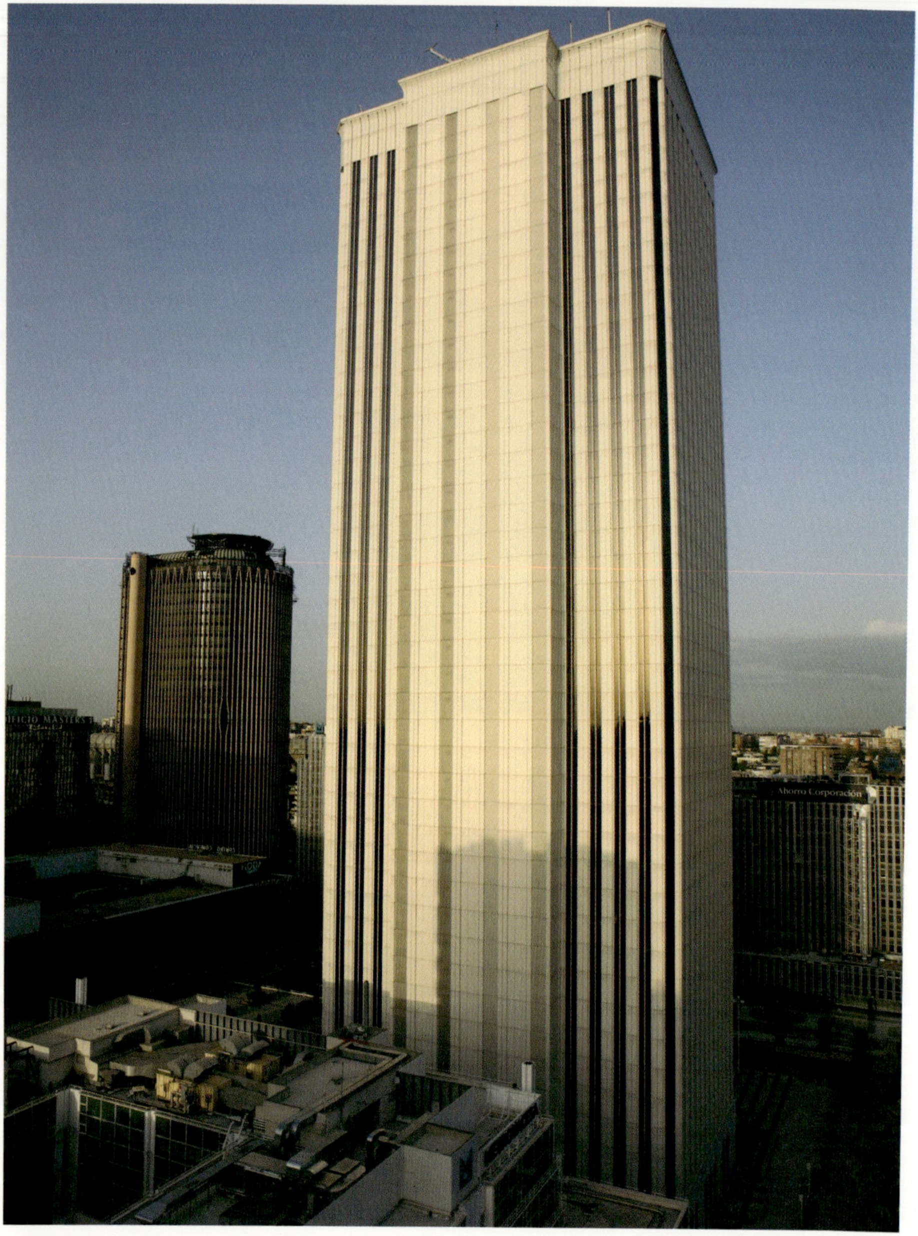

Uno de los edificios más emblemáticos de Azca es Torre Picasso. Se construyó en 1990. Su fachada es de aluminio blanco y mide 257,25 metros.

One of Azca's most emblematic buildings is the Picasso Tower which was built in 1990. Its façade is made of white aluminium and, rising to a height of 844 feet.

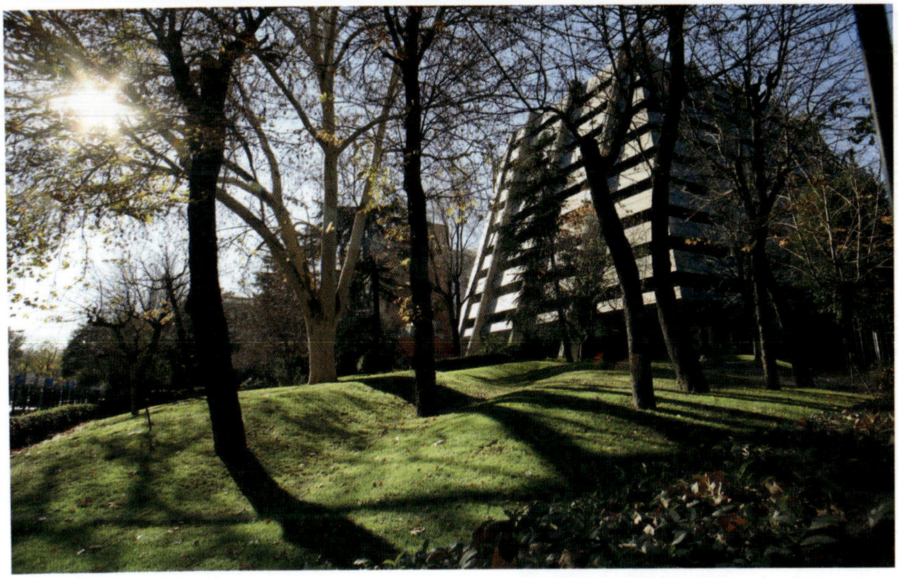

El Edificio Pirámide se halla en el paseo de La Castellana. Fue construido en 1971 por Antonio Lamela en forma de pirámide truncada, no por capricho, sino para ajustarse a la ordenanza de edificabilidad de aquellos años.

Puerta de Europa o Torres Kío, como también se conocen a las dos torres inclinadas de la plaza de Castilla, desafían desde 1996 la ley de gravedad con una inclinación de 15 grados.

The Pyramid Building stands on the Paseo de la Castellana. It was constructed in 1971 by Antonio Lamela in the shape of a truncated pyramid, though not for any whimsical reason but in order to comply with the building regulations in force at the time.

The Puerta de Europa, or Kío Towers as the two leaning towers on the Plaza de Castilla are also known, have been challenging the law of gravity since 1996 with an inclination of 15 degrees.

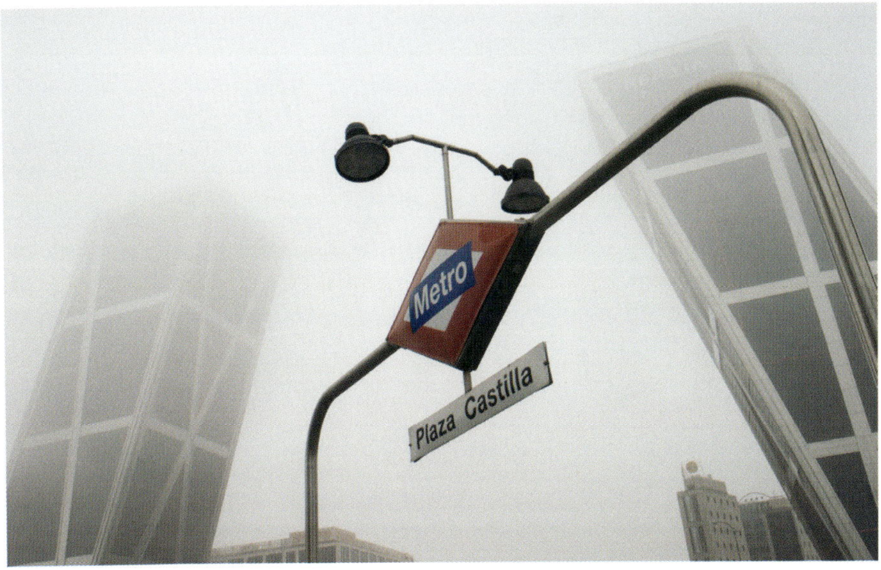

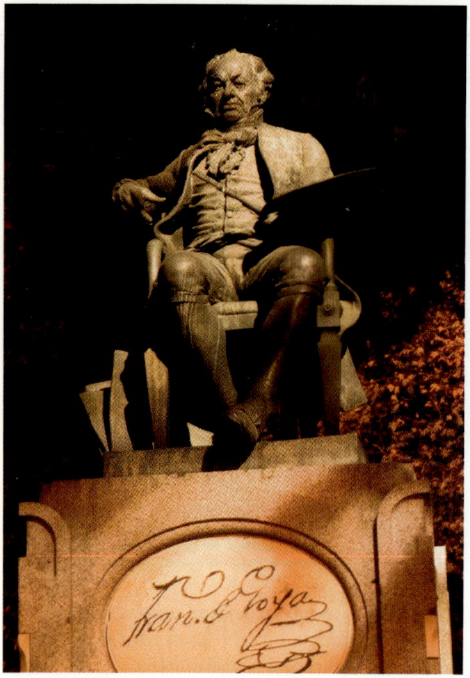

Una estatua de Goya realizada en bronce por José Llanera hacia 1890, recuerda al genial pintor aragonés frente a la ermita de San Antonio de la Florida.

A statue of the great Aragonese painter Goya, done in bronze by José Llanera around 1890, stands opposite the chapel of San Antonio de la Florida.

La Puerta de San Vicente que se halla en la glorieta de igual nombre es una copia de la que existió en este lugar y que fue derribada en 1890. La actual se construyó en 1995 y está girada 180º.

The Puerta de San Vicente, situated on the square of the same name, is a copy of the one which formerly stood here and which was demolished in 1890. The current one was constructed in 1995 and has been turned round 180º.

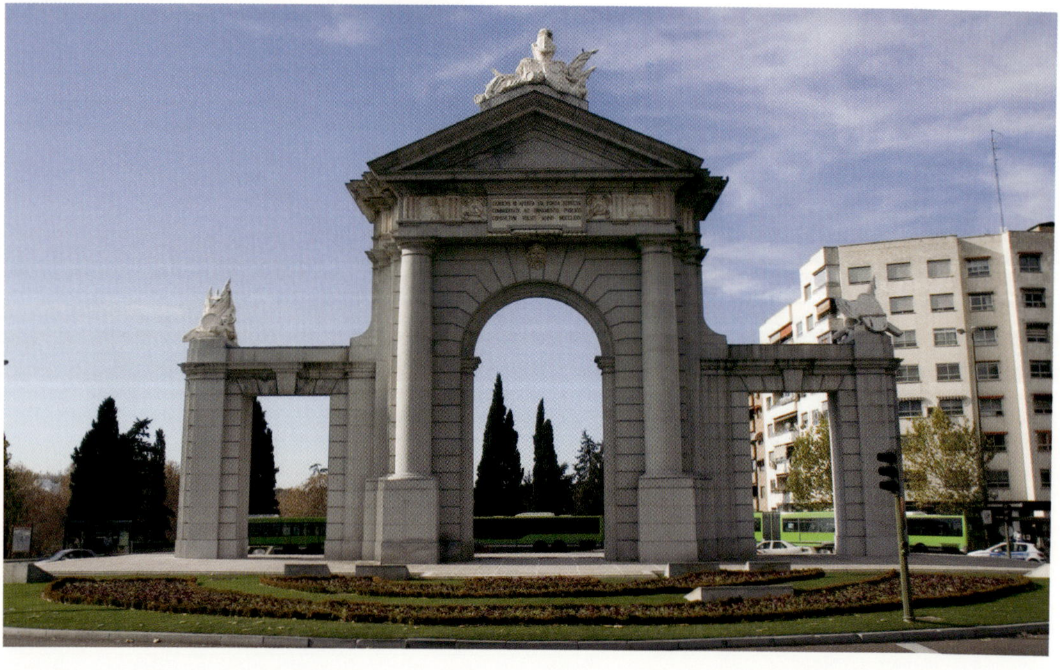

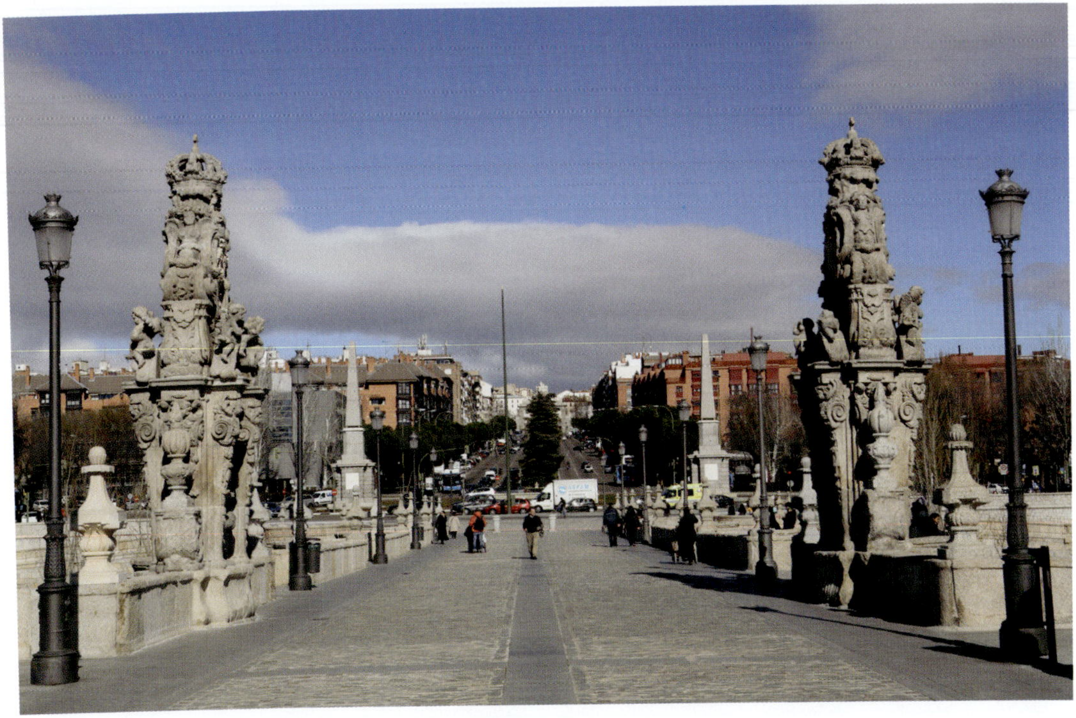

El Puente de Toledo es el segundo más antiguo de Madrid. Fue construido por Pedro de Ribera en 1732. Se halla adornado por dos esculturas de San Isidro y Santa María de la Cabeza.

The Puente de Toledo is the second oldest bridge in Madrid. It was built by Pedro de Ribera in 1732, and is embellished by two sculptures of San Isidro and Santa María de la Cabeza.

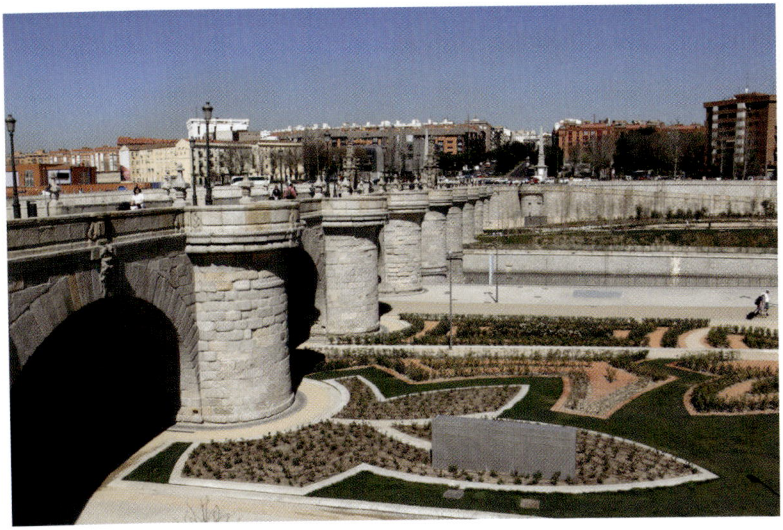

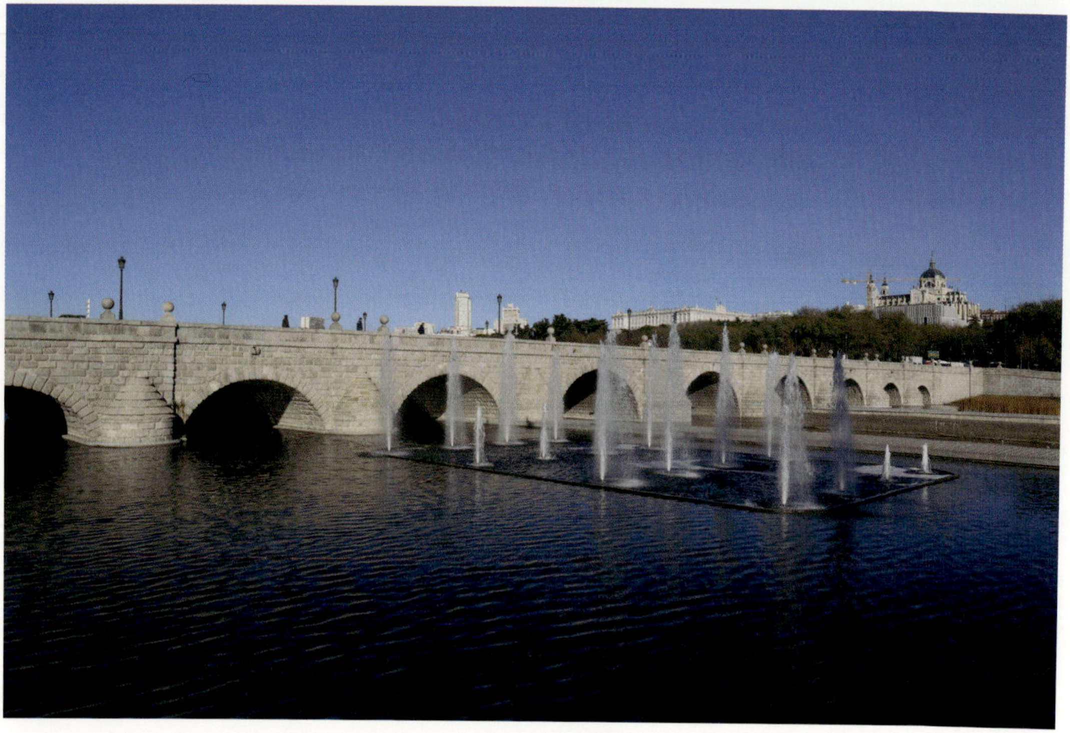

El puente más antiguo de Madrid es el de Segovia, obra de Juan de Herrera, que lo construyó en 1584. Desde el otro lado del río se divisa la «cornisa» de Madrid, con la catedral de la Almudena a la derecha.

The oldest bridge in Madrid is the Puente de Segovia. It is the work of Juan de Herrera who built it in 1584. From the other side of the river one can see the Madrid «cornice» with the Almudena Cathedral on the right.

Madrid aún conserva algunos conventos antiguos como los de las Descalzas (arriba) y de la Encarnación (abajo) fundados por la doña Juana de Austria, hija de Carlos I, en 1584, y por doña Margarita de Austria, esposa de Felipe III, hacia 1609, respectivamente.

Madrid still has a number of old convents such as the Convento de las Descalzas (top) and the Convento de la Encarnación (bottom) founded respectively by Juana of Austria, daughter of Charles I in 1584, and by Margarita of Austria, wife of Philip III around 1609.

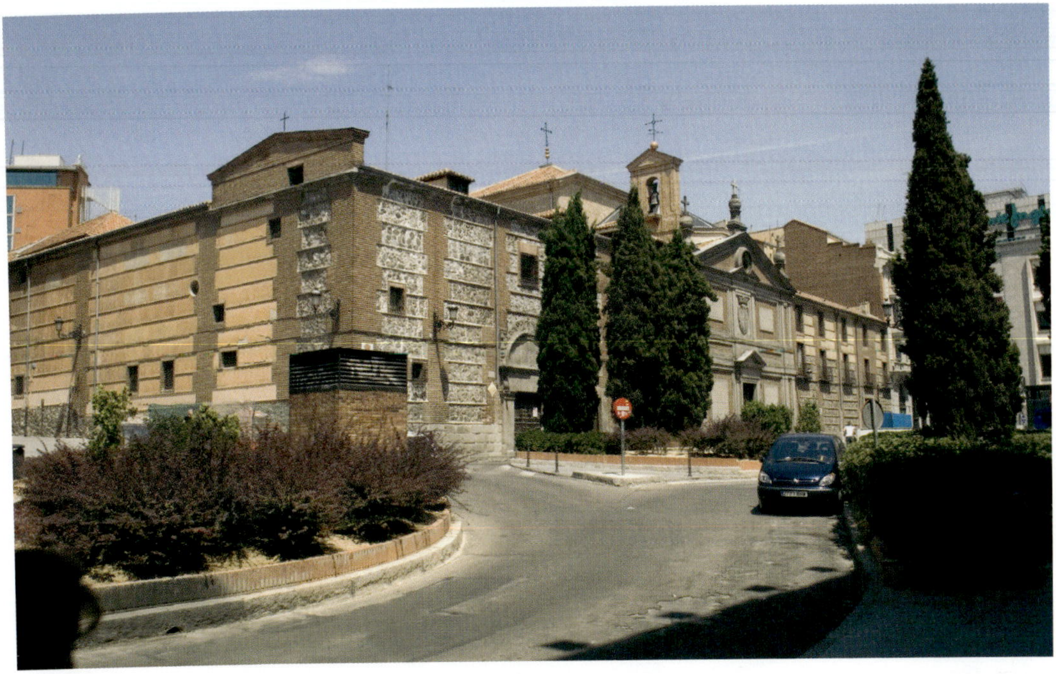

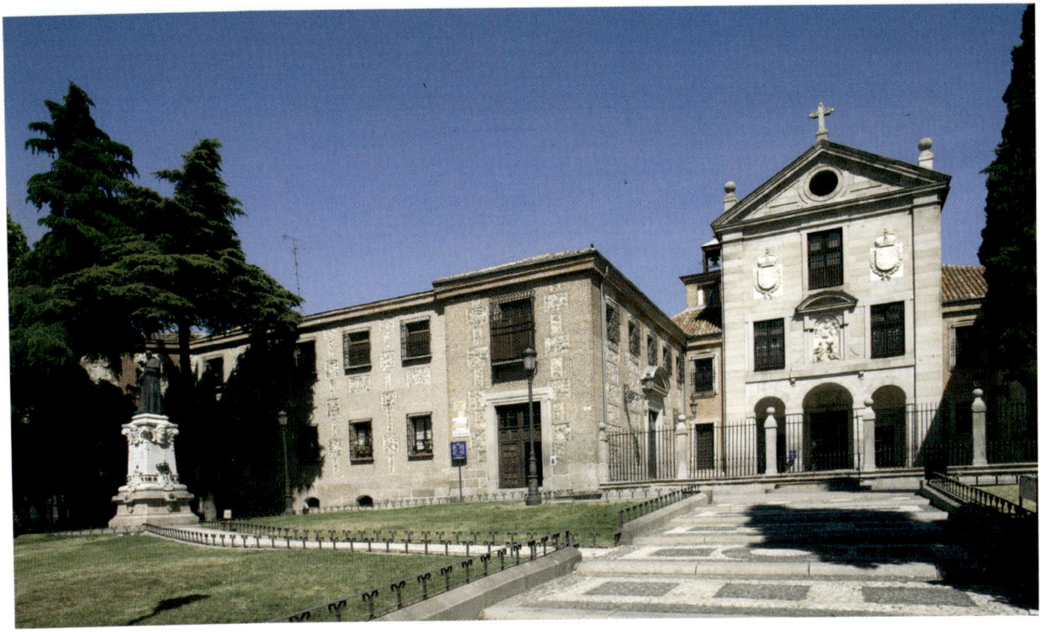

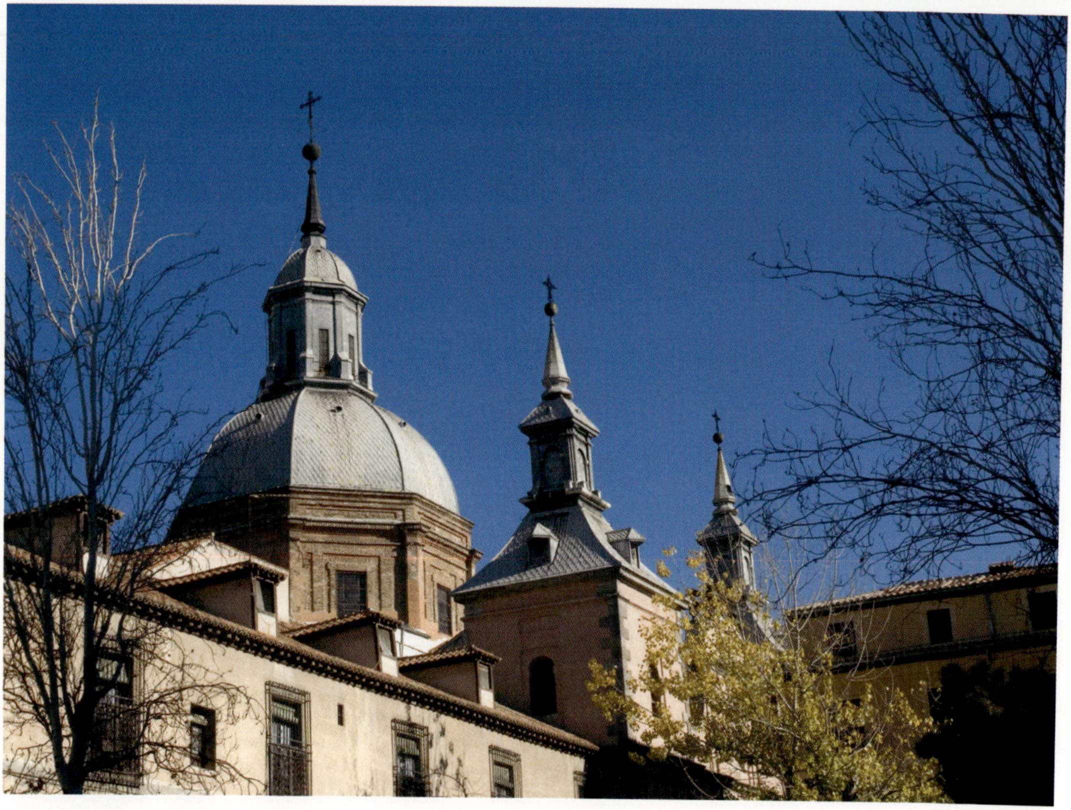

El convento de las Comendadoras de Santiago está en la plaza del mismo nombre y fue fundado en 1584. En él las monjas veneran la imagen del Niño montañés, traído por una joven desde un pueblo de Burgos.

Founded in 1584, and standing on the square of the same name, is the convent of the Comendadoras de Santiago where the nuns worship the image of the «montañes» Child Jesus brought by a young woman from a village in Burgos province.

La iglesia pontificia de San Miguel con su fachada convexa flanqueada por dos torres es de estilo barroco y fue construida en 1745 por Giacomo Bonavia. Se halla en la calle de San Justo

The Baroque-style pontifical church of San Miguel with its convex façade flanked by two steeples was built in 1745 by Giacomo Bonavia. It stands on the Calle de San Justo.

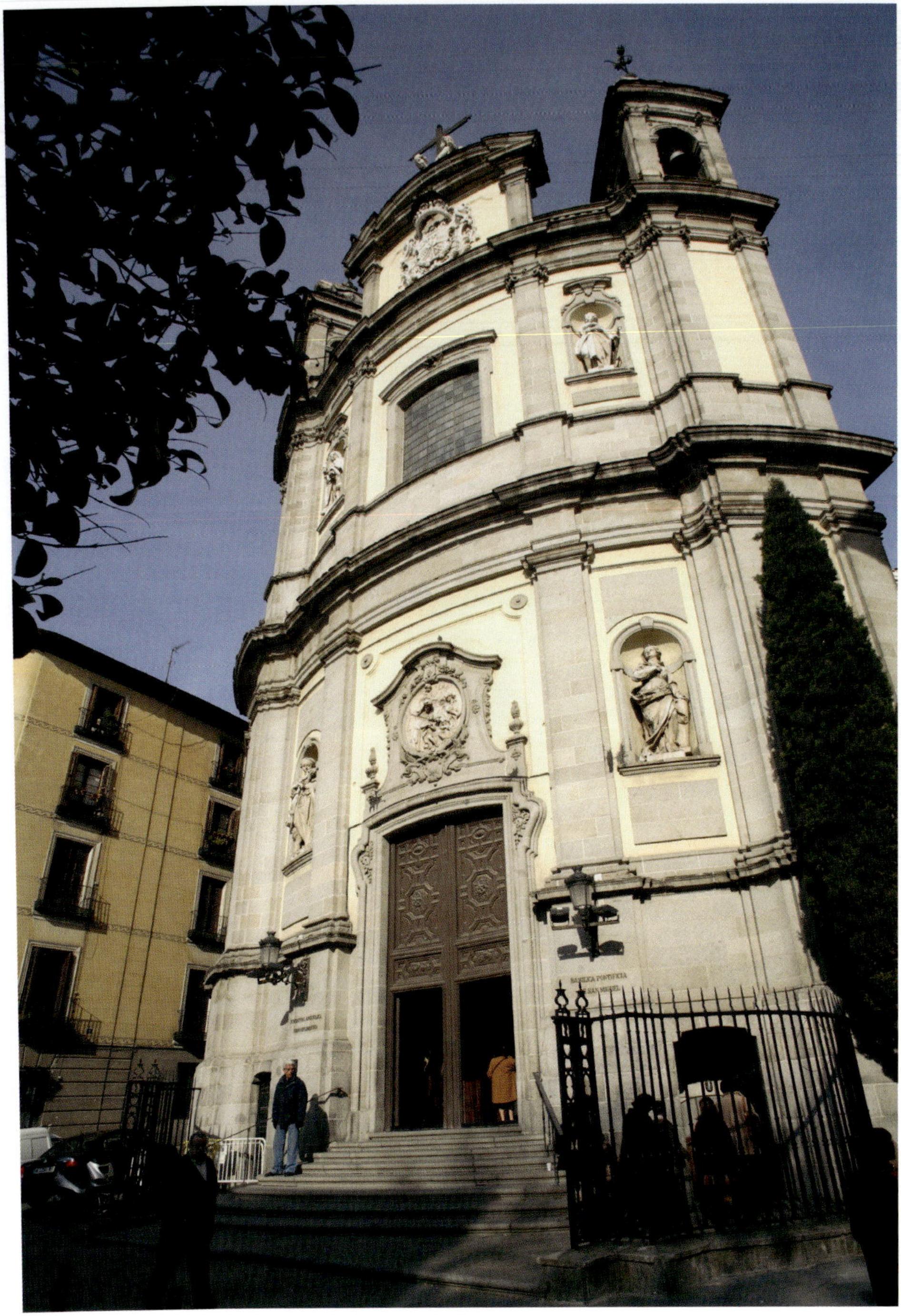

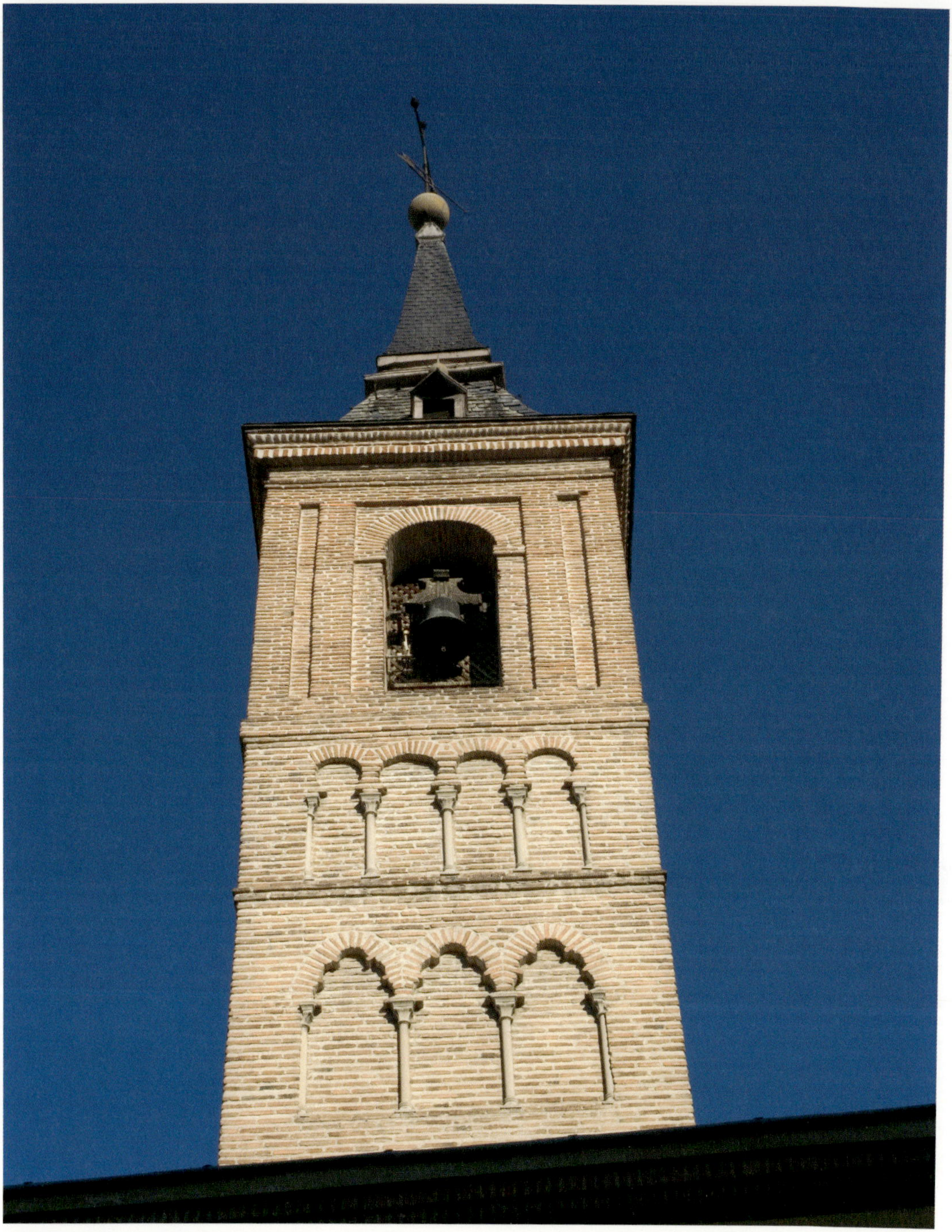

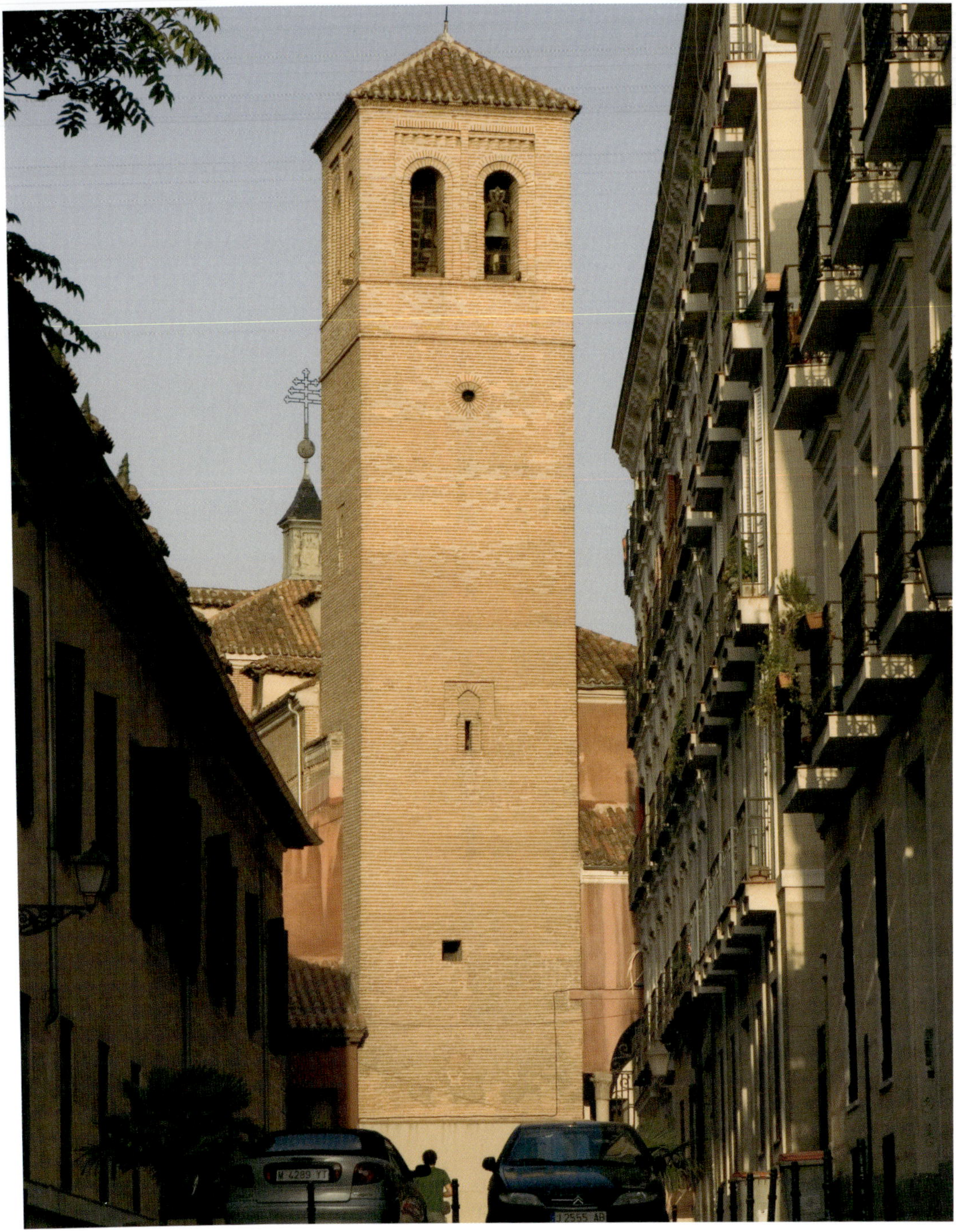
M 4289 YT
J 2555 AB

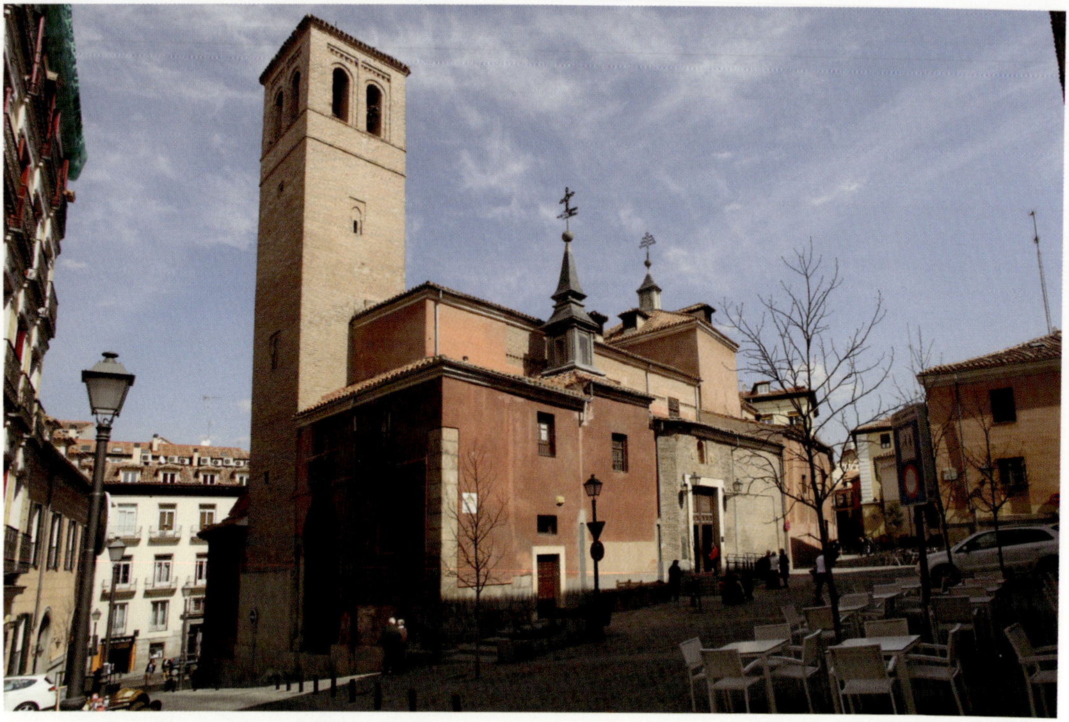

La leyenda cuenta que la primitiva campana de la iglesia de San Pedro, que duró hasta el sigb XVI, apareció una mañana en lo alto del campanario sin la ayuda de nadie.

Legend has it that the original bell of San Pedro's church, which lasted until the sixteenth century, appeared one morning at the top of the belfry without the help of anyone.

Las dos iglesias más antiguas de Madrid son las de San Nicolás (página 122) y la de San Pedro (página 123) con sus esbeltas torres mudéjares de los siglos XII y XIV, respectivamente.

The two oldest churches in Madrid are those of San Nicolás (page 122) and San Pedro (page 123) with their slender Mudejar-style steeples dating from the twelfth and fourteenth centuries respectively.

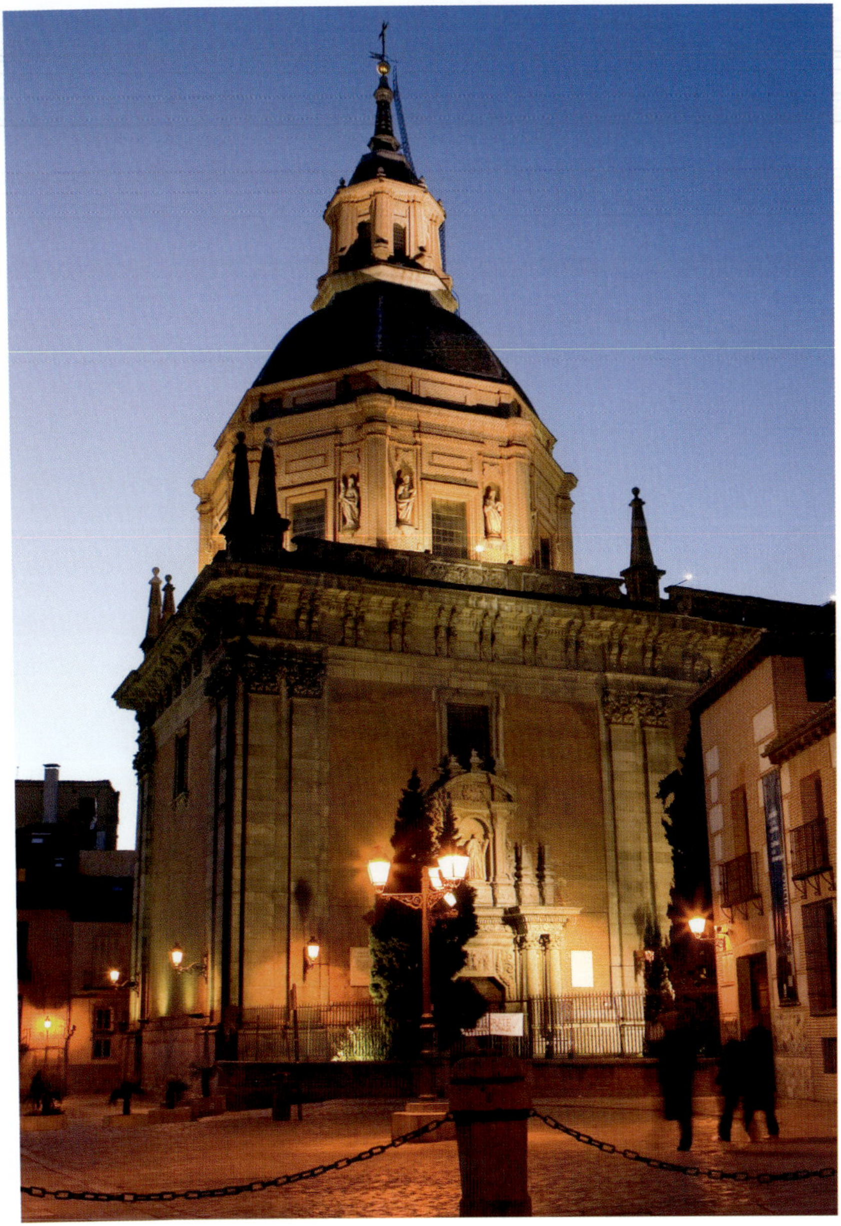

La cúpula de la capilla de San Isidro destaca en la plaza de los Carros. La capilla se construyó en 1667 junto a la iglesia de San Andrés. Fue incendiada en 1936 y tras su restauración sirve de presbiterio de la citada iglesia.

The dome of San Isidro's chapel stands out in the Plaza de los Carros. The chapel was constructed in 1667 alongside the church of San Andrés. It was burnt down in 1936 and, after being rebuilt, now serves as the presbytery for the church.

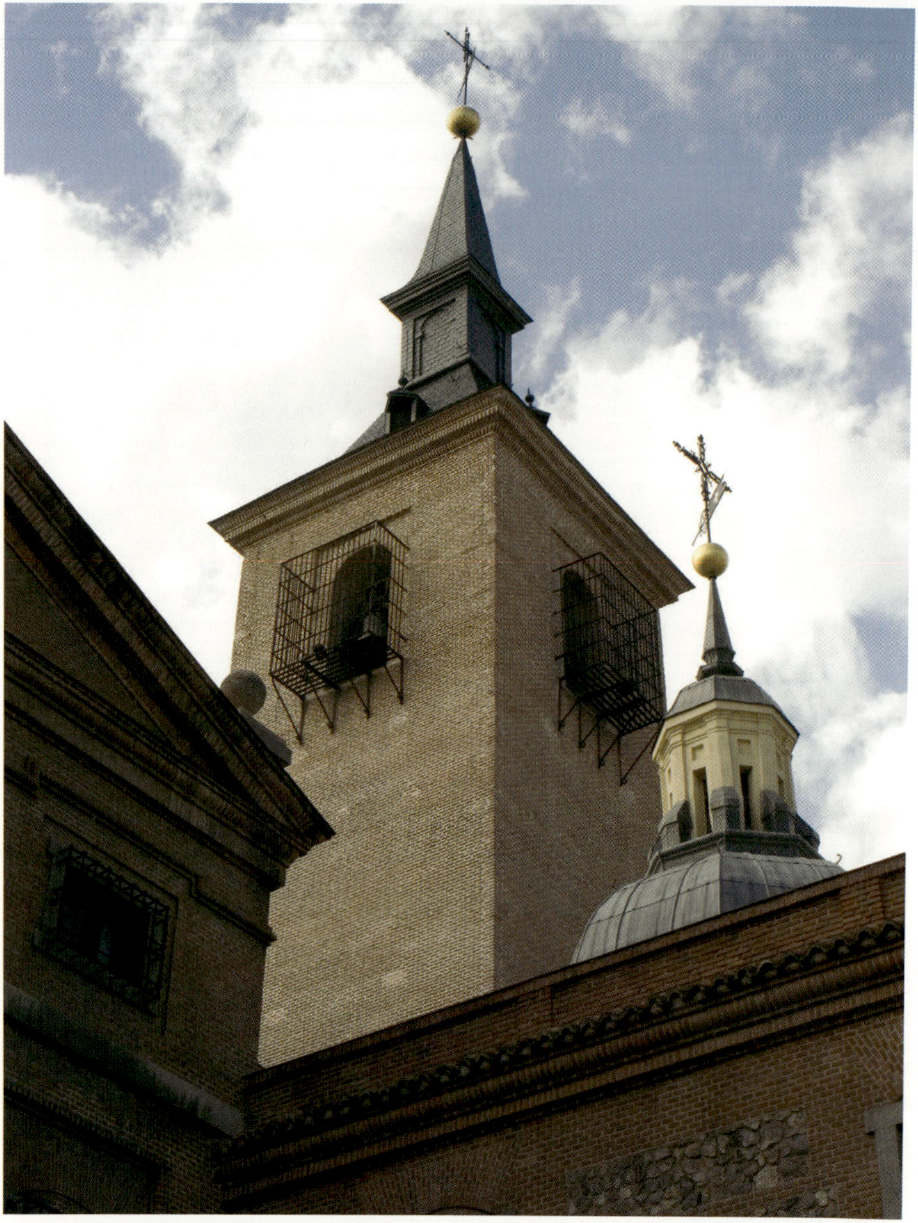

En la calle del Arenal se encuentra la iglesia de San Ginés, una de las más antiguas de Madrid, del siglo XIV. Un incendio en 1821 la destruyó casi por completo.

In the Calle del Arenal stands the church of San Ginés which, dating from the fourteenth century, is one of the oldest in Madrid. A fire in 1821 almost completely destroyed it.

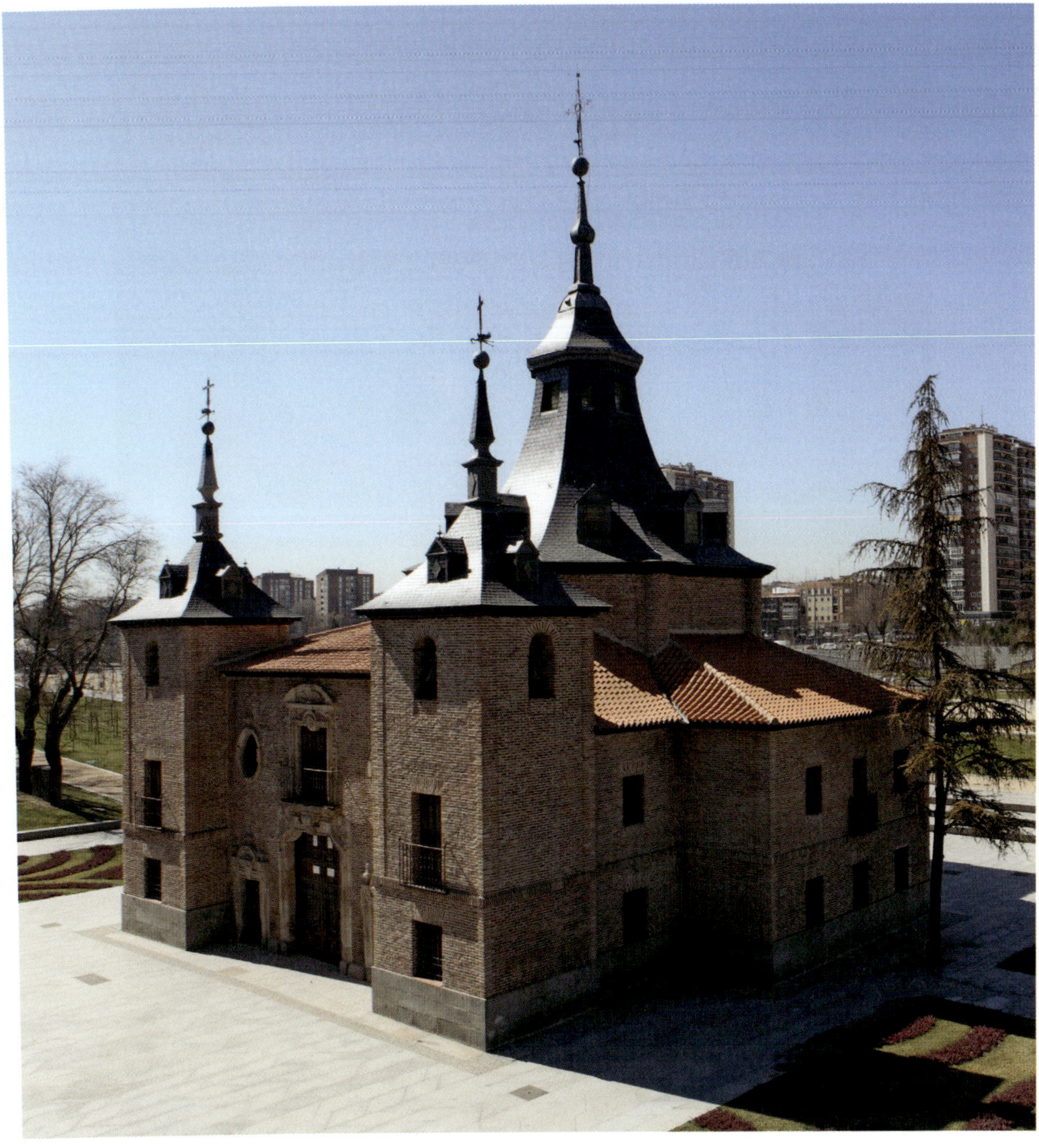

La ermita de la Virgen del Puerto se halla en el paseo del mismo nombre. Fue construida por Pedro de Ribera en 1718 para las lavanderas del Manzanares. Su nombre lo toma del puerto de Lisboa de donde procedía la virgen que en su interior se encontraba. La ermita actual fue reconstruida en 1951 tras ser destruida por completo en la Guerra Civil.

The chapel of the Virgen del Puerto is to be found on the street of the same name. It was built by Pedro de Ribera in 1718 for the Manzanares washerwomen. It takes its name from the port of Lisbon from where the Madonna inside originated. The present chapel was rebuilt in 1951 after being completely destroyed during the Civil War.

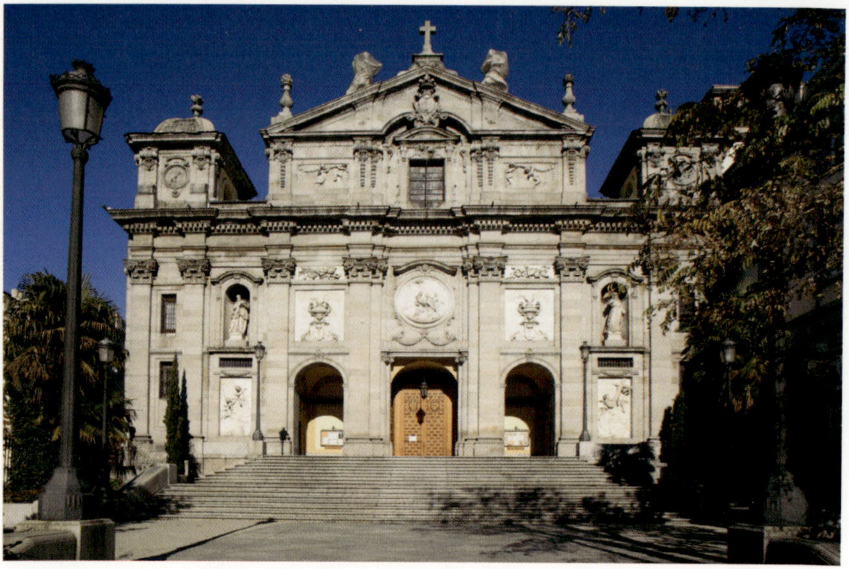

La iglesia de Santa Bárbara, en la plaza de las Salesas, formaba parte del convento de las Salesas Reales, fundado por Bárbara de Braganza a mediados del siglo XVIII.

En la calle de San Bernardo se alza la iglesia de Montserrat cuya fachada es asimétrica, nunca se llegó a construir la segunda torre. Tanto la fachada como la torre existente son obra de Pedro de Herrera.

The church of Santa Bárbara, in the Plaza de las Salesas, formed part of the convent of the Salesas Reales founded by Barbara of Braganza in the middle of the eighteenth century.

In the Calle de San Bernardo stands the church of Montserrat with its asymmetric façade. The second steeple was never built. Both the façade and the one steeple are the work of Pedro de Herrera.

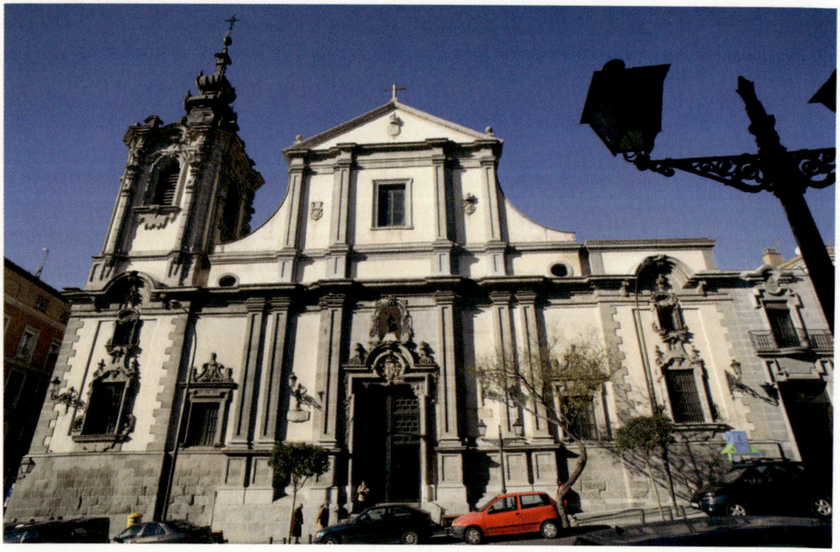

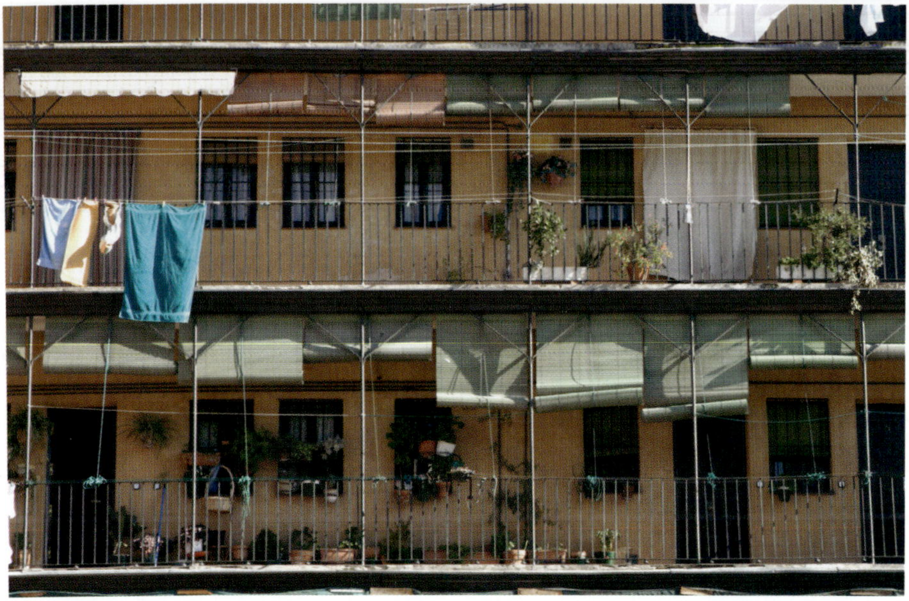

Las corralas son las típicas viviendas populares madrileñas de los siglos XVII al XIX. Consisten en edificios de varios pisos con balcones corridos donde están las puertas de acceso a las viviendas. «La Corrala» con mayúscula, situada en la calle de Mesón de Paredes es la más representativa.

The corralas are typical popular Madrid dwellings dating from the seventeenth to the nineteenth century. They consist of buildings of several storeys with open balconies on which the doors giving access to the dwellings can be seen. The archetypal corrala is the one located in the Calle de Mesón de Paredes.

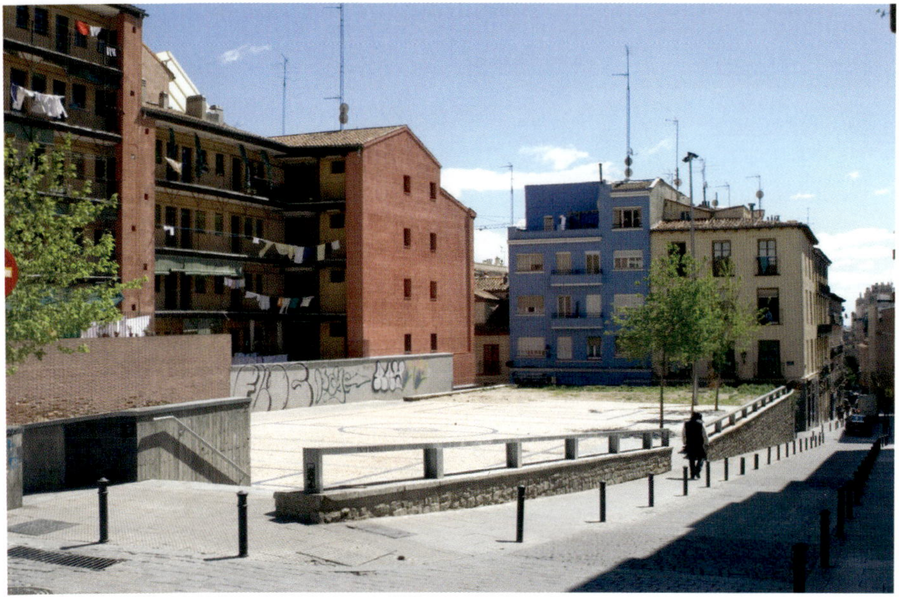

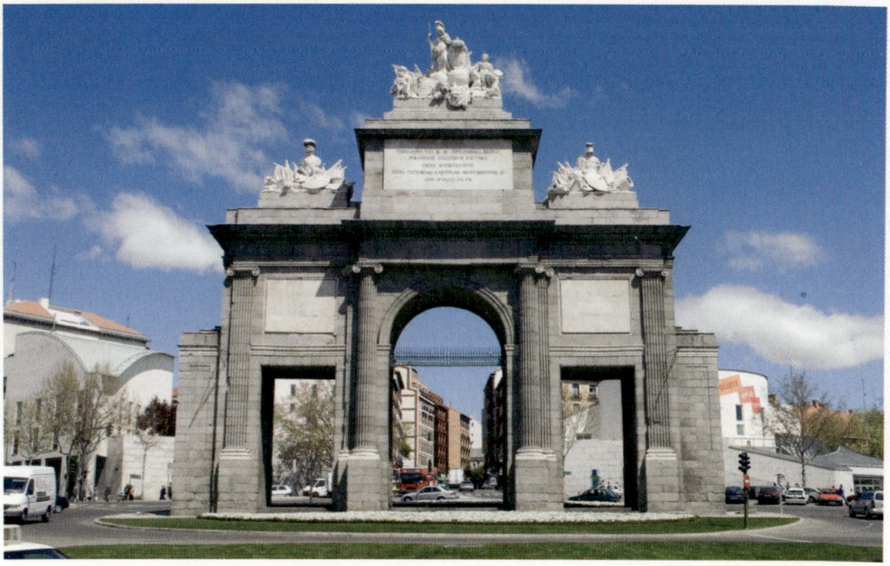

Uno de los accesos a Madrid fue la Puerta de Toledo. Se empezó a construir en 1813 por orden de José I para conmemorar su llegada como rey de España y se terminó en 1827 para conmemorar, paradójicamente, la victoria de Fernando VII sobre el «rey intruso».

Cerca de la Puerta de Toledo está el Rastro madrileño, con numerosas tiendas de antigüedades y muebles antiguos. Es fácil ver a sus comerciantes sentados a la puerta a la espera de algún cliente.

One of the ways into Madrid was via the Puerta de Toledo. Work on this gate began in 1813 at the orders of Joseph Bonaparte to commemorate his arrival as King of Spain, and was finished in 1827 to commemorate, ironically, the victory of Ferdinand VII over the «intruder king».

Close to the Puerta de Toledo is the Rastro with its scores of shops selling antiques and old furniture. The shopkeepers are often to be seen sitting at the doors while waiting for customers.

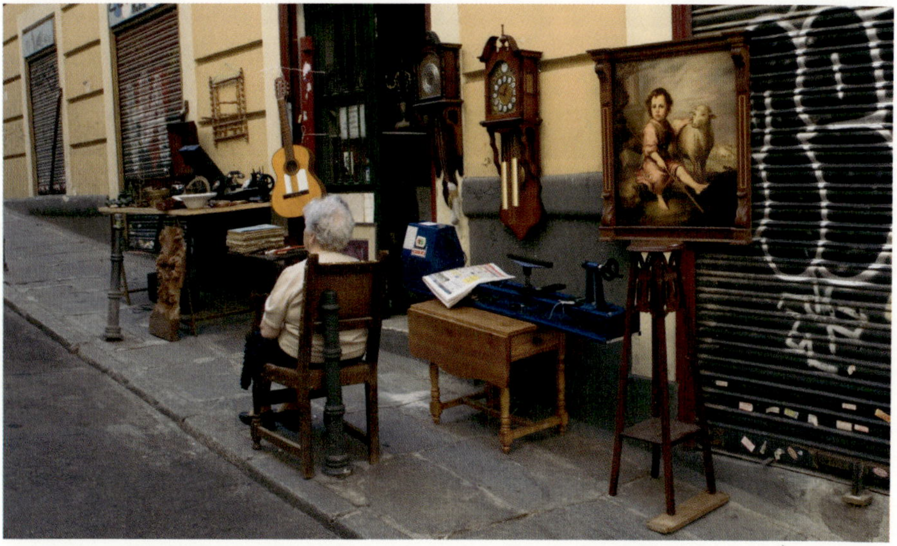

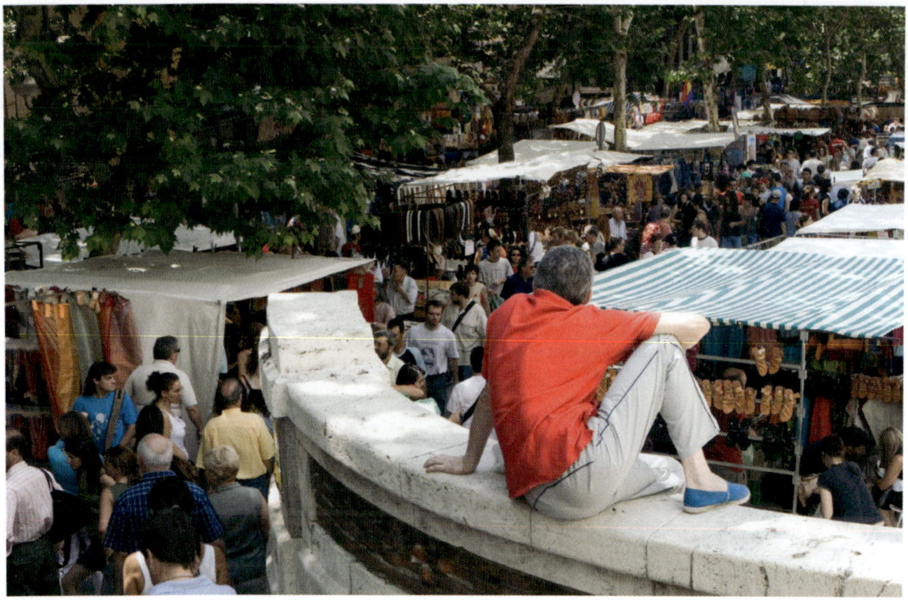

El Rastro se instala cada domingo en la Ribera de Curtidores y en sus calles aledañas. Es un mercado de objetos usados donde se vende y compra de todo. La ruta del Rastro se inicia en su cabecera, al pie de la estatua de «Cascorro» como popularmente se conoce a la estatua de Eloy Gonzalo, héroe de Cascorro (Cuba).

The Rastro is held every Sunday on the Ribera de Curtidores and adjoining streets. It is a second-hand market where everything is bought and sold. A visit to the Rastro begins at the top at the foot of the statue of «Cascorro» as the statue of Eloy Gonzalo, hero of Cascorro (Cuba) is popularly known.

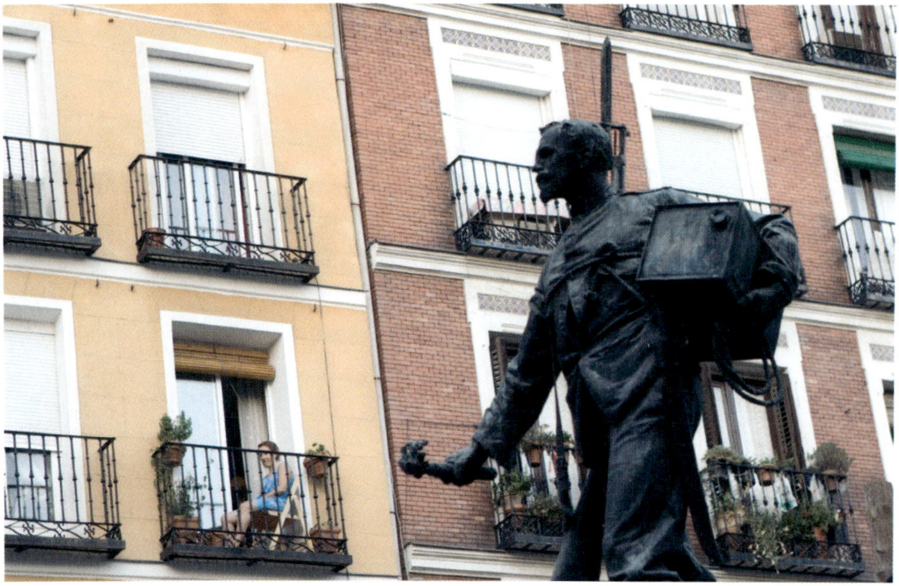

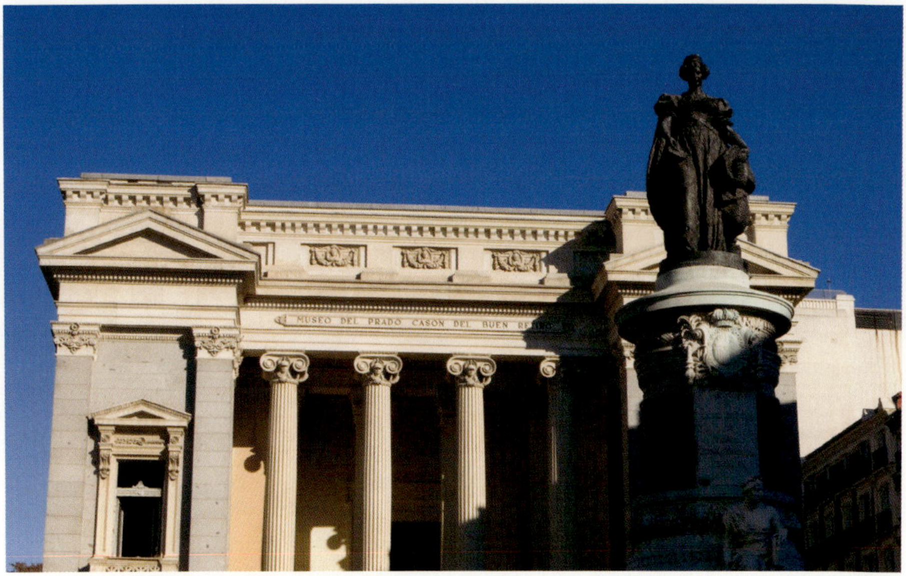

El Casón del Buen Retiro era el salón de baile del palacio del Buen Retiro. Frente a él se alza la estatua de la reina María Cristina de Borbón, obra de Mariano Benlliure.

En la Carrera de San Jerónimo se levanta el edificio del Congreso de los Diputados, en el solar ocupado anteriormente por un convento. Lo flanquean dos leones realizados por Ponzano y bautizados como *Daoíz* y *Velarde*.

The Casón del Buen Retiro was the ballroom for the Palacio del Buen Retiro. Opposite stands the statue of Queen María Cristina de Borbón by Mariano Benlliure.

On the Carrera de San Jerónimo is the Spanish Parliament building standing on the site of a former convent. It is flanked by two lions sculptured by Ponzano and which have been named Daoiz and Velarde.

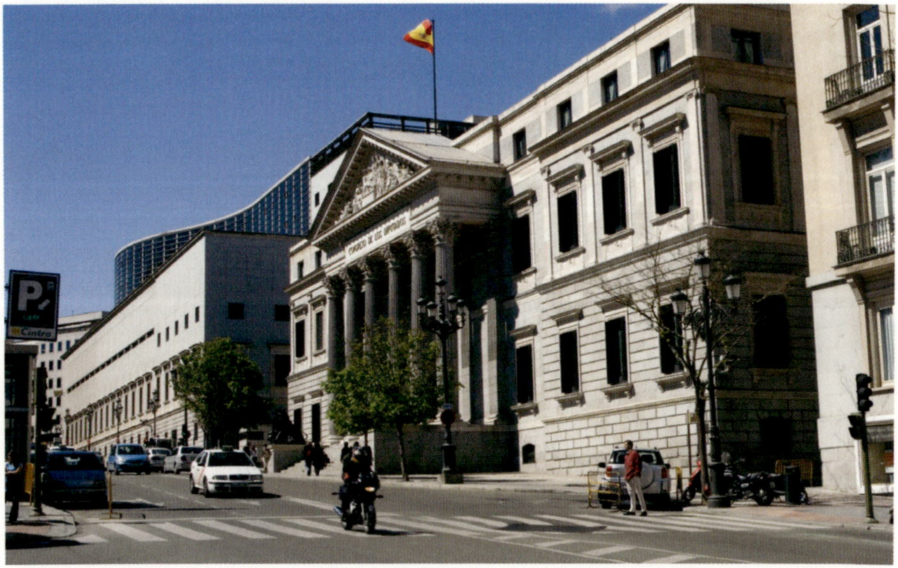

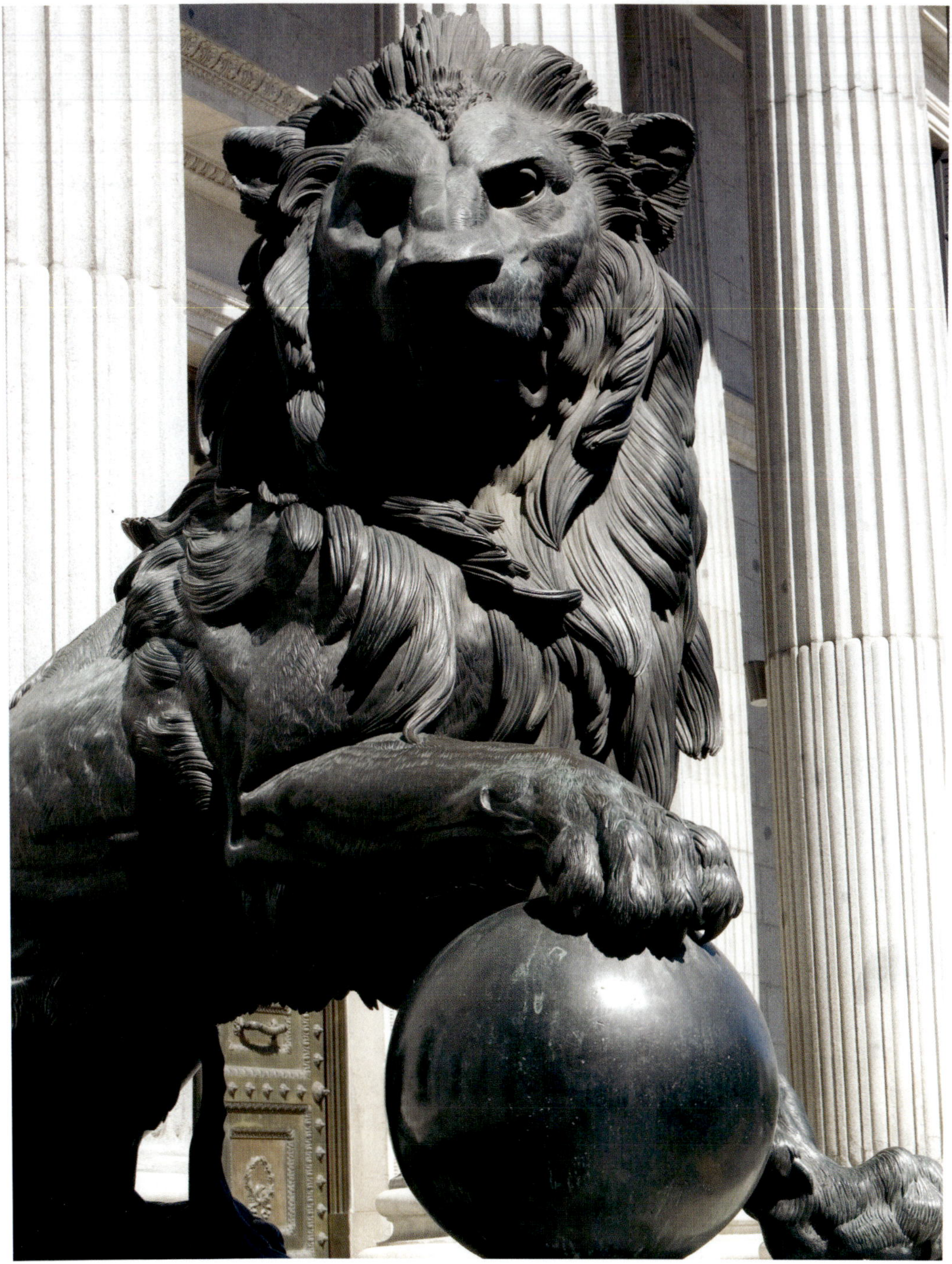

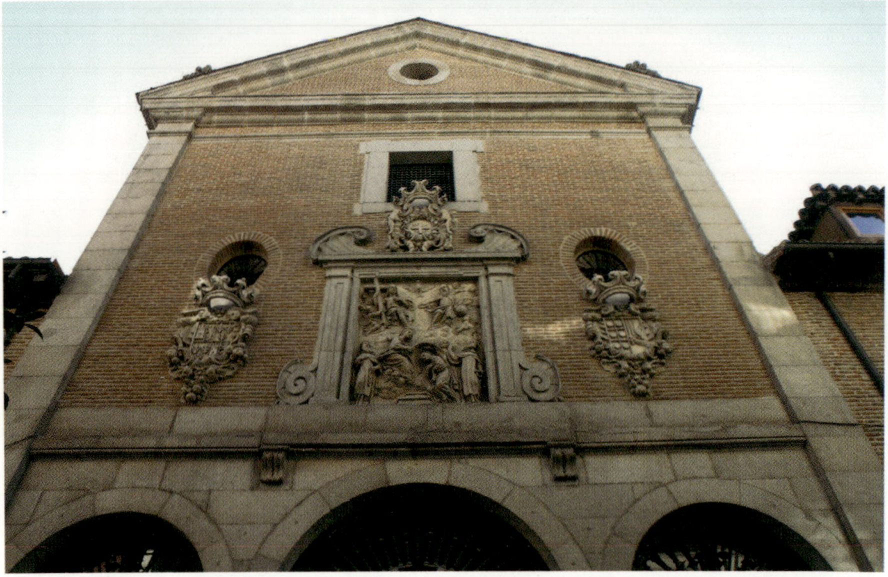

En la calle de Lope de Vega está el convento de las Trinitarias (arriba) fundado en 1609. En su iglesia, en un lugar desconocido, se halla enterrado Cervantes. Una lápida (pág. 135) en su fachada lo recuerda.

La estatua de Federico García Lorca (abajo), en la plaza de Santa Ana, se inauguró en 1998 en el centenario de su nacimiento y es obra de Julio López Hernández.

On the Calle de Lope de Vega is the Convento de las Trinitarias (top) founded in 1609. Cervantes lies buried in an unknown spot inside its church, as is shown by a memorial tablet (page 135) on the façade.

The statue of Federico García Lorca (bottom) in the Plaza de Santa Ana was unveiled in 1998 to mark the centenary of his birth and is the work of Julio López Hernández.

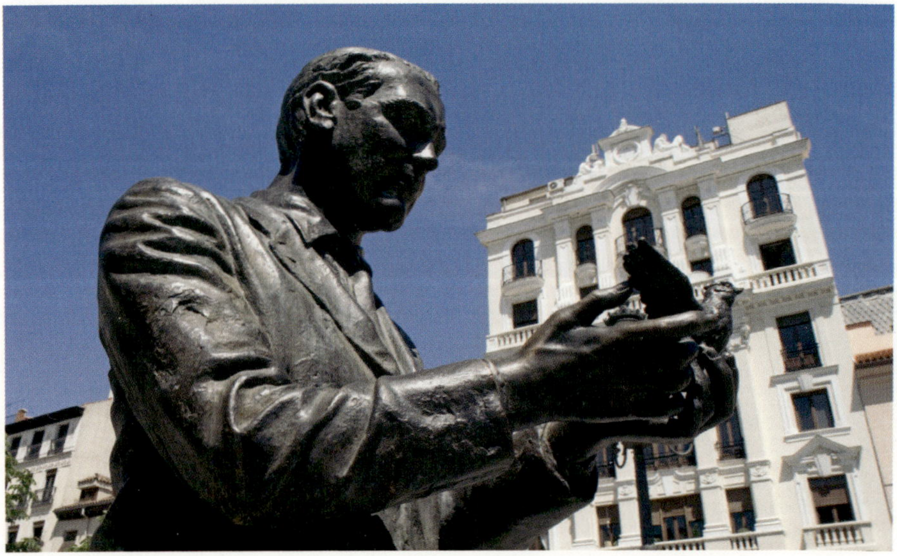

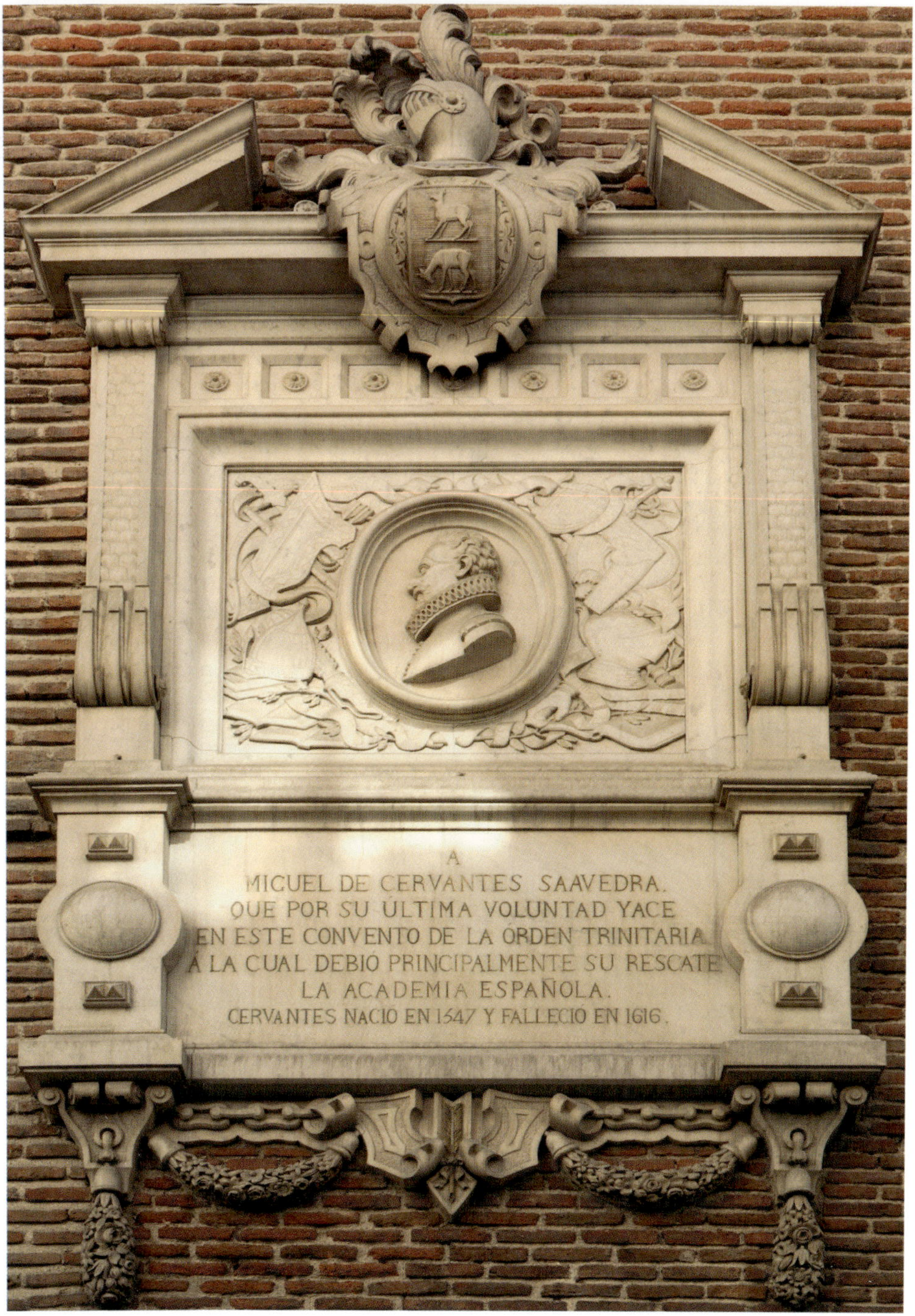
A
MIGUEL DE CERVANTES SAAVEDRA
QUE POR SU ÚLTIMA VOLUNTAD YACE
EN ESTE CONVENTO DE LA ÓRDEN TRINITARIA
A LA CUAL DEBIÓ PRINCIPALMENTE SU RESCATE
LA ACADEMIA ESPAÑOLA.
CERVANTES NACIÓ EN 1547 Y FALLECIÓ EN 1616.

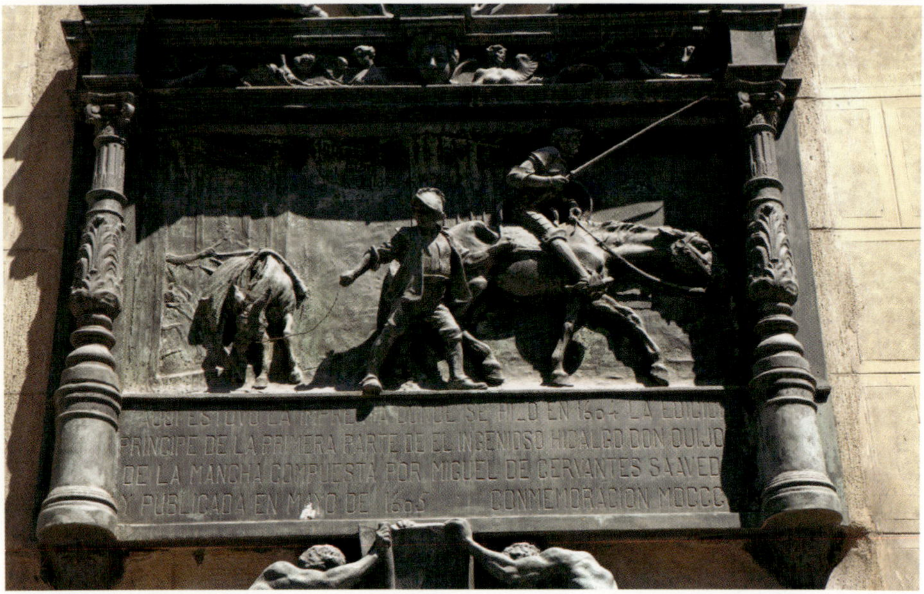

Una lápida, en la calle de Atocha, 87, recuerda el lugar donde estuvo la imprenta de Juan de la Cuesta, en la que se imprimió el primer Quijote.

En un lateral de la plaza de Santa Ana se levanta el esbelto edificio del hotel Victoria que, tras su reciente restauración, hoy se denomina hotel Reina Victoria.

A tablet at number 87 Calle de Atocha commemorates the place where the first edition of Don Quixote was printed, at the printing-press of Juan de la Cuesta.

On one side of the Plaza de Santa Ana stands the shapely building of the Hotel Victoria which, following its recent restoration, is now called Hotel Reina Victoria.

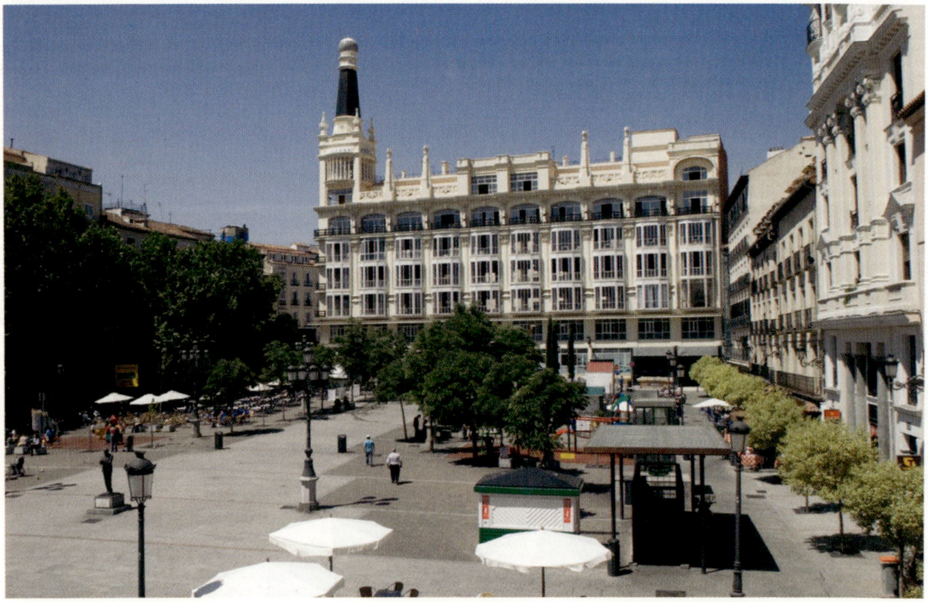

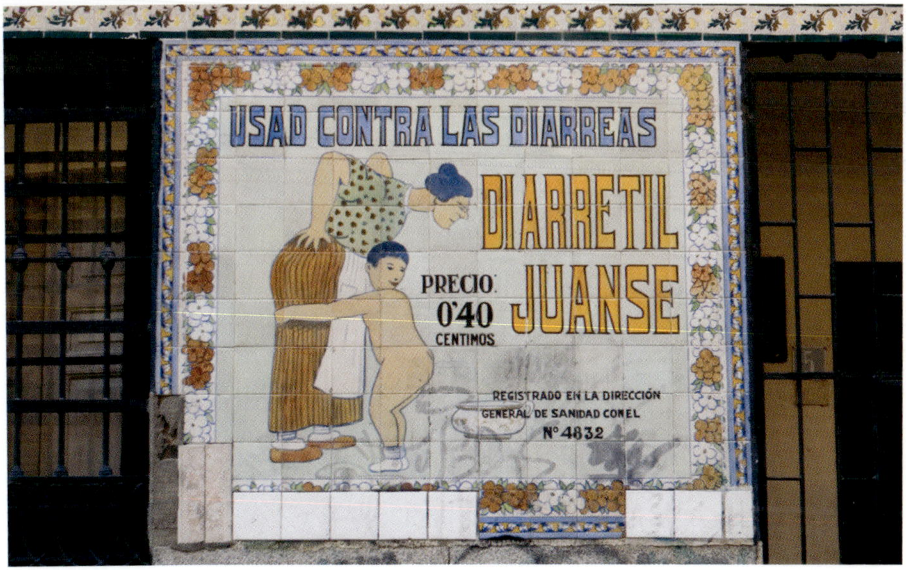

En Madrid aún existen establecimientos que conservan su decoración primitiva de cerámica, como esta farmacia situada en el número 28 de la calle de San Vicente Ferrer.

La primera compañía aseguradora de incendios apareció en 1821, desde entonces son numerosos los edificios que aún lucen el antiguo rótulo de «Asegurada de incendios».

There are still a number of establishments in Madrid that conserve their original ceramic decoration, such as this chemist's shop at number 28 Calle San Vicente Ferrer.

The first fire insurance company appeared in 1821. Since then many buildings still bear the old sign «Asegurada de incendios» (insured against fire).

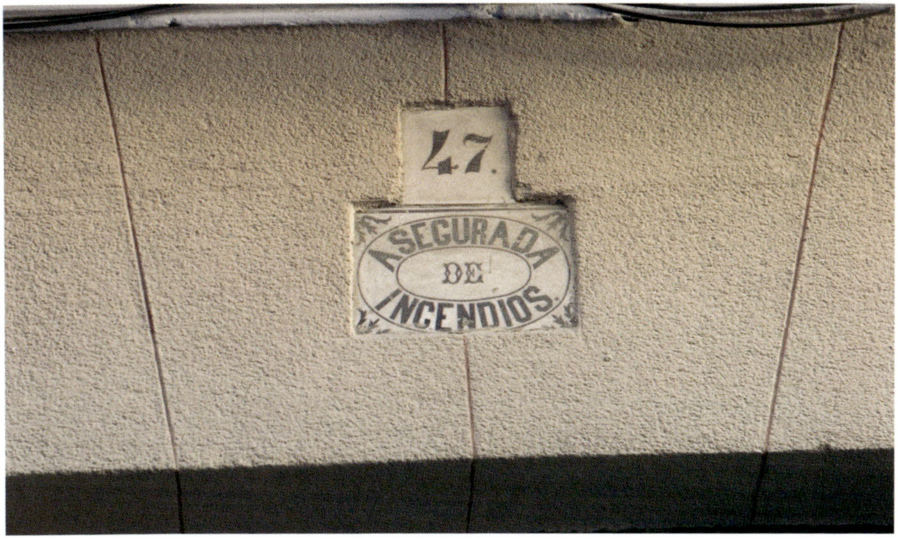

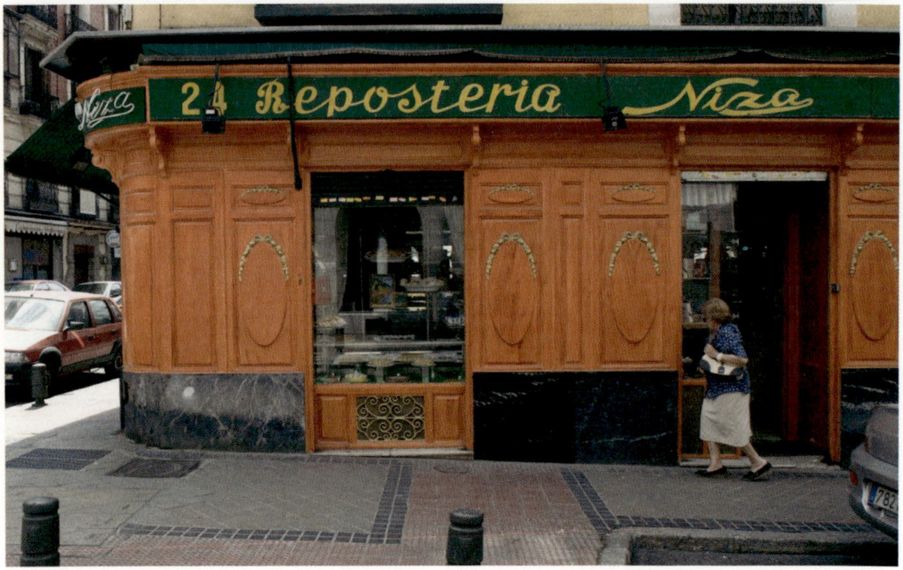

La tradicional Repostería Niza, en la calle de Argensola, es una de las más antiguas de Madrid, se fundó en 1847 con otro nombre y mantiene la decoración intacta desde entonces.

Muchos de los establecimientos tradicionales madrileños decoraban sus fachadas con madera en la que incluían el nombre del comercio así como el número de situación en la calle.

The traditional confectioner's Repostería Niza, in the Calle de Argensola, is one of the oldest in Madrid. It was founded in 1847 under another name and its decoration has remained unchanged ever since.

Many of Madrid's traditional establishments used to decorate their façades with wood bearing the name of the shop as well as the street number.

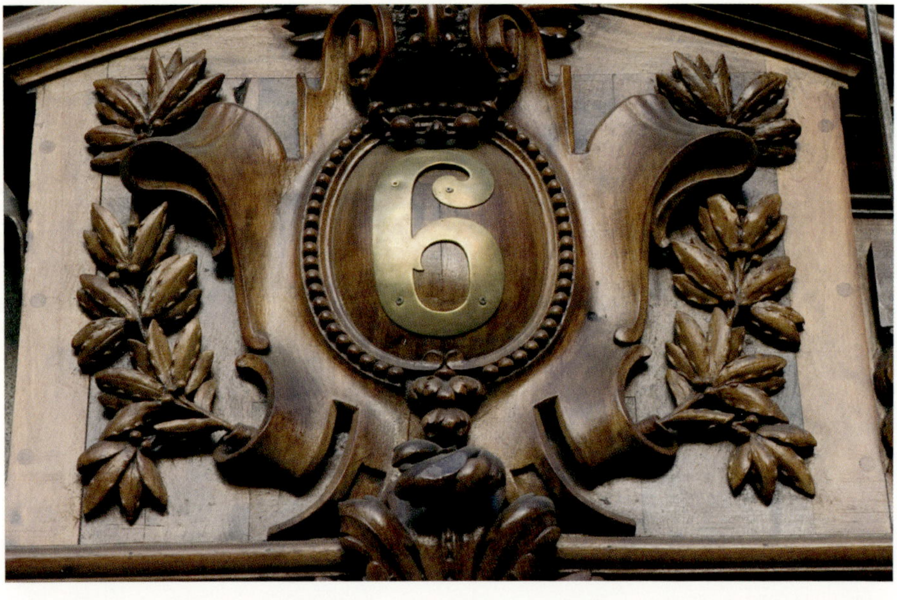

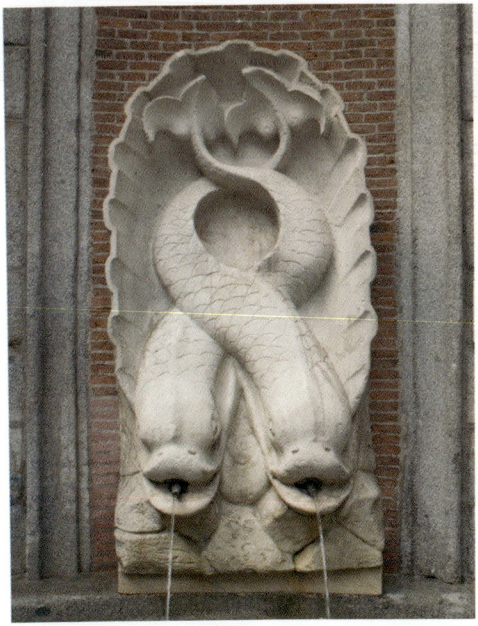

En el chaflán del antiguo colegio de San Antón está la fuente de los Delfines que sustituyó, a principios del siglo XX, a la antigua de los Galápagos.

In the cant of the former college of San Antón is the Dolphin Fountain which, at the beginning of the twentieth century, replaced the original Turtle Fountain.

El barrio de la «chispería», en torno a la calle de San Mateo, debía su nombre a las chispas que se producían en las numerosas fraguas allí instaladas. Los trabajadores del hierro forjado hacían verdaderas obras de arte en cuanto a rejas y adornos de éstas para puertas y ventanas.

The chispería district around the Calle de San Mateo owes its name to the sparks (chispas) coming from the many smithies that used to be there. The grills with their decorations for doors and windows produced by the smiths were real works of art.

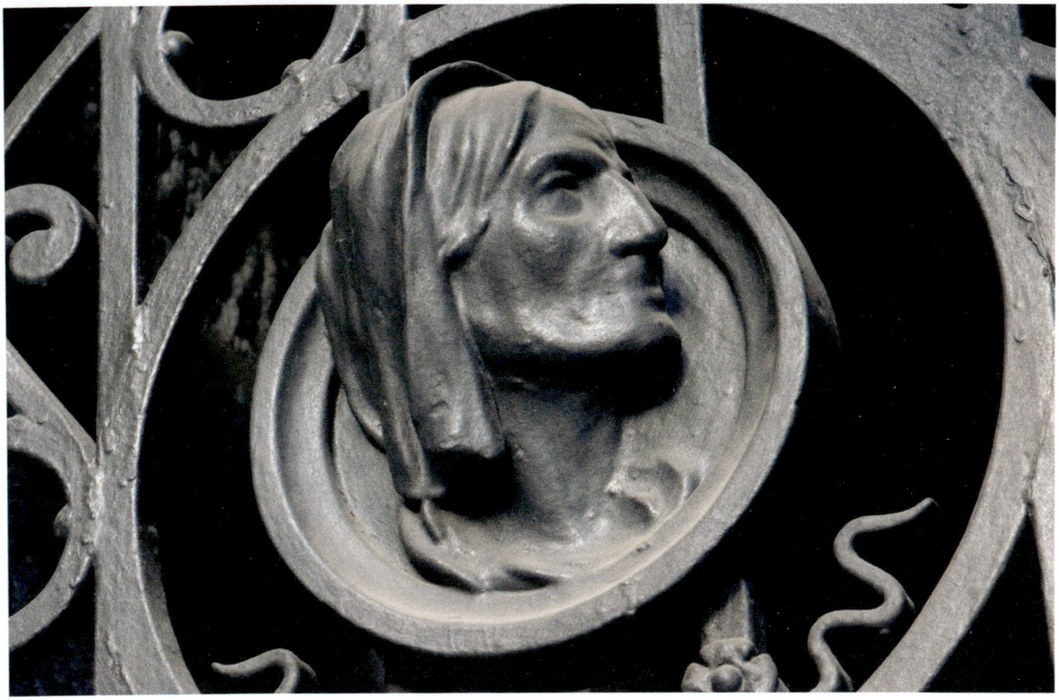

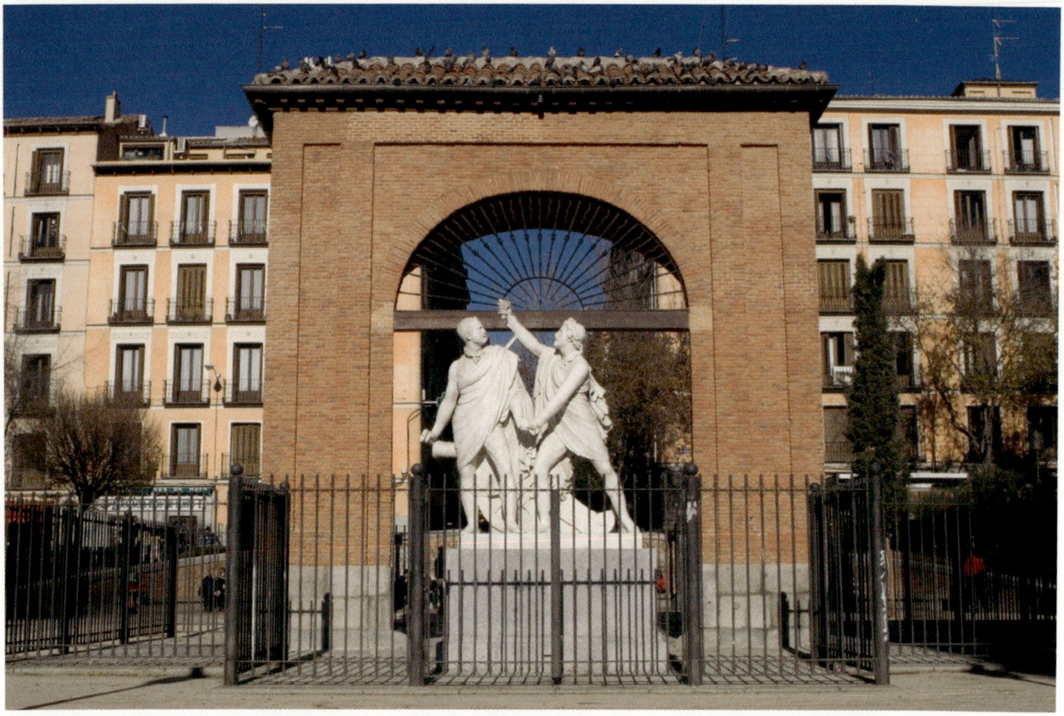

La plaza del Dos de Mayo se construyó en parte del solar del antiguo Parque de Artillería de Monteleón donde lucharon valerosamente cientos de madrileños junto a los capitanes Daoíz y Velarde y el teniente Ruiz. Del parque tan sólo se conserva el arco de entrada, bajo el cual se colocaron las esculturas de ambos capitanes.

The Plaza del Dos de Mayo was constructed over part of the site of the former Monteleón Artillery Depot where hundreds of madrileños fought bravely alongside Captains Daoiz and Velarde and Lieutenant Ruiz. The entrance arch under which the statues of the two captains were placed is all that remains of the depot.

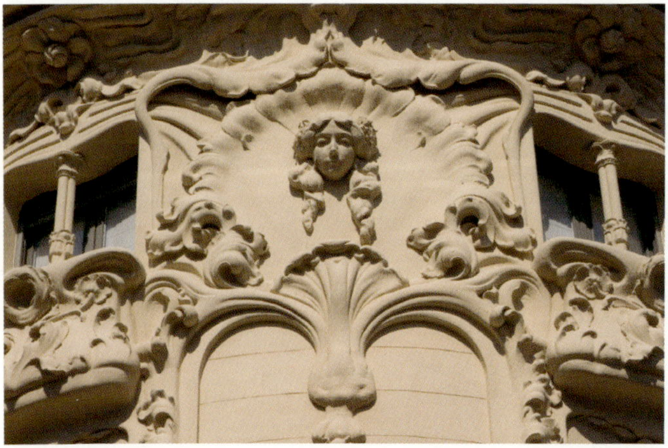

La decoración vegetal del antiguo palacio de Longoria, hoy Sociedad General de Autores, en la calle de Fernando VI, supone uno de los escasos ejemplos modernistas de Madrid.

The vegetation decoration of the former Longoria Palace, now the General Society of Authors, in the Calle de Fernando VI, is one of the few examples of modernist art in Madrid.

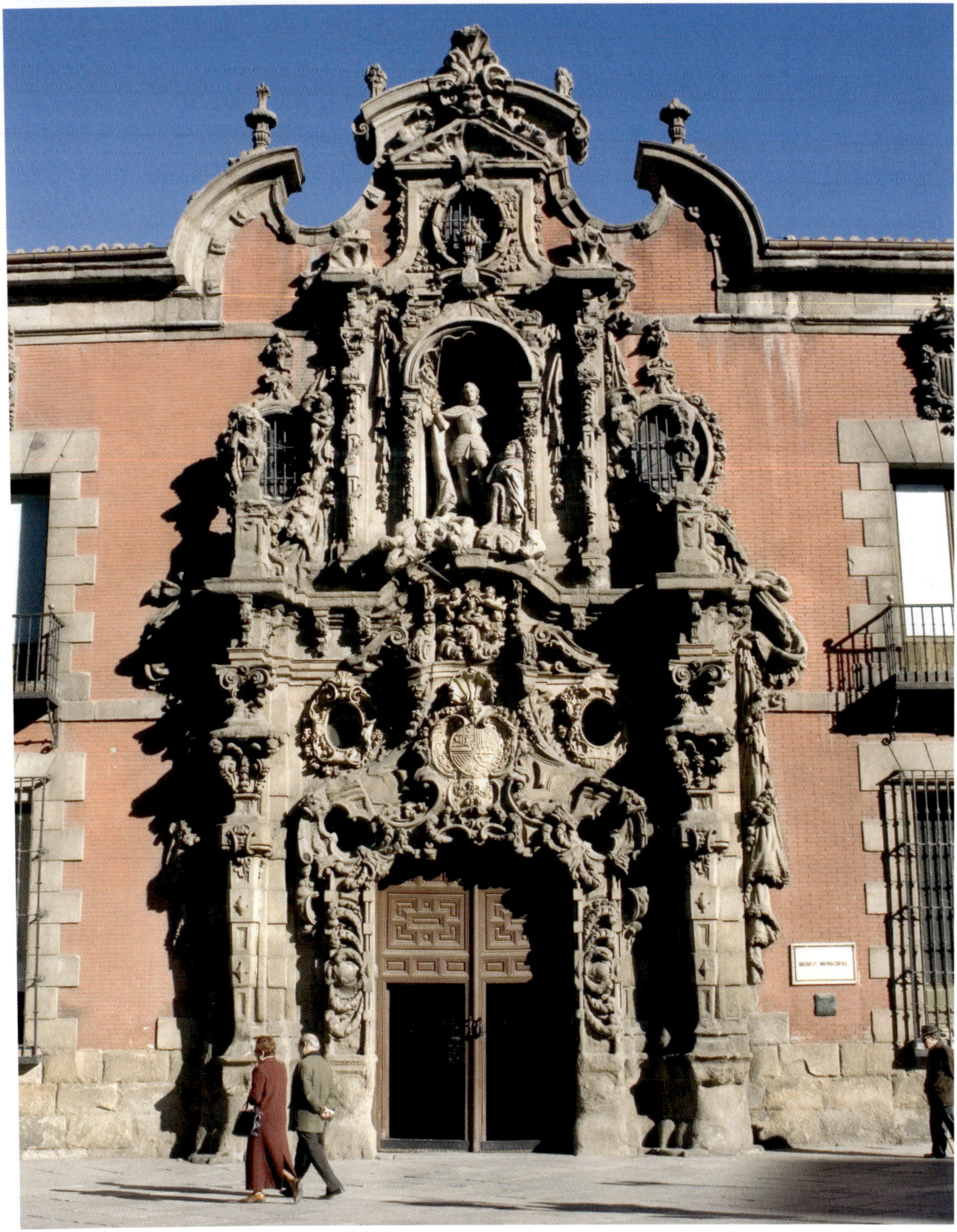

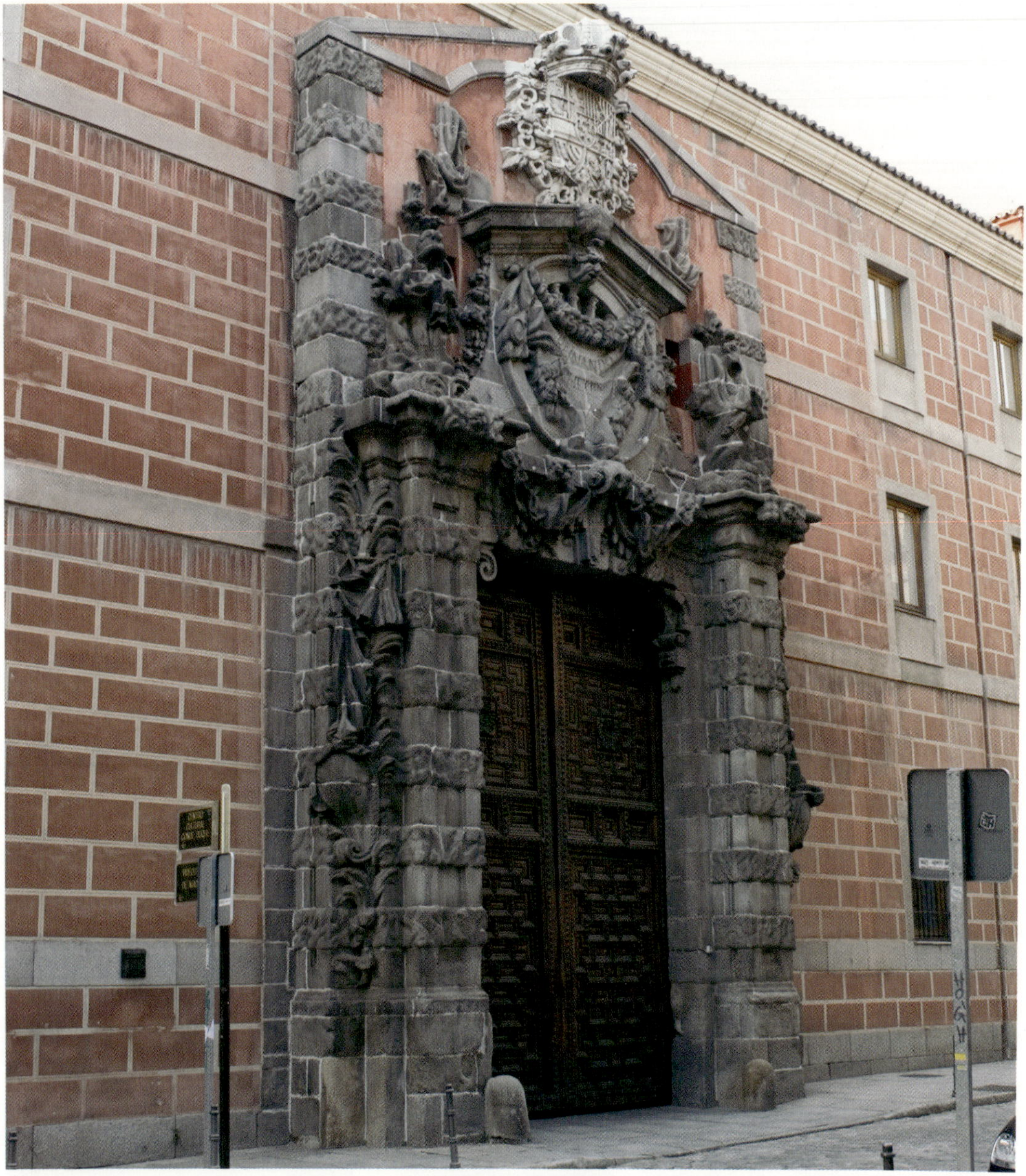

Las portadas barrocas del antiguo Hospicio (pág. 141) y para el Cuartel del Conde Duque fueron realizadas por el arquitecto Pedr o de Ribera en 1726 y 1745, respectivamente. En el siglo XIX se consideraban de muy mal gusto por su decoración tan recargada.

The Baroque façades of the former Poorhouse (page 141) and for the Conde Duque Barracks were the work of the architect Pedro de Ribera in 1726 and 1745, respectively. In the nineteenth century they were regarding as being of very bad taste owing to their over-exuberant decoration.

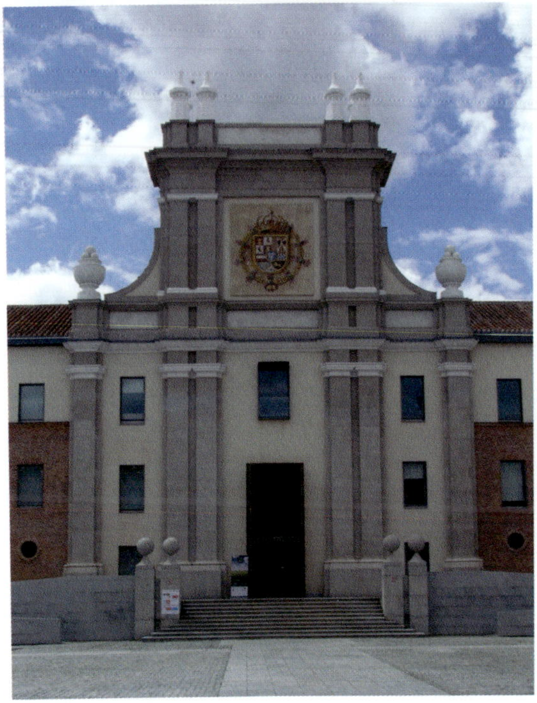

El Cuartel del Conde Duque ha sido rehabilitado poco a poco. Fue reconstruido en 1754 para cuartel de Guardias de Corps.

The Conde Duque has been altered gradually. It was built in 1754 as a Life Guards barracks.

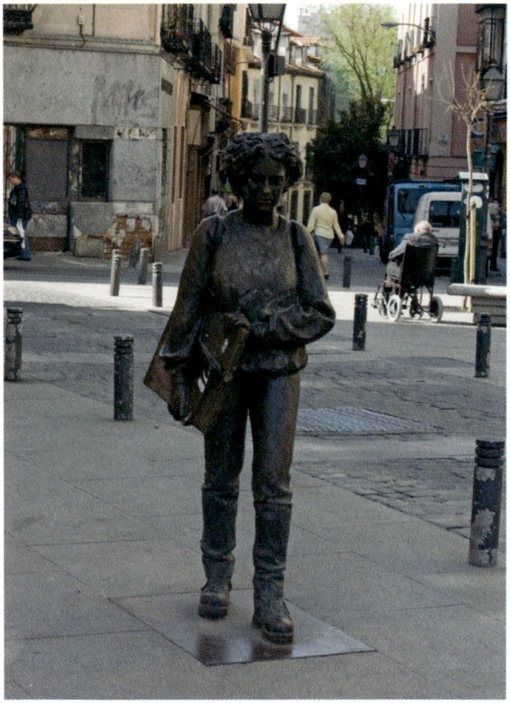

En algunas plazas y calles de Madrid podemos ver algunas estatuas que se integran en su entorno como esta joven con su cartera andando por la calle.

On a number of squares and streets in Madrid can be seen statues which merge into their surroundings, such as this girl with her briefcase walking along the street.

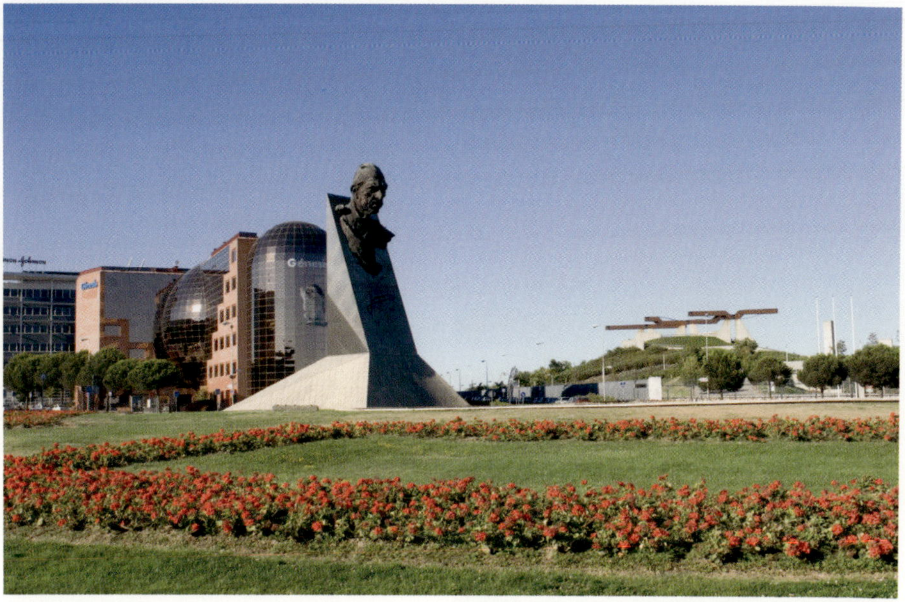

Gran parte del Madrid actual destinado a oficinas se halla en el recinto ferial del Campo de las Naciones, a un lado de la autopista A-2. En la entrada al recinto, un gran busto dedicado a don Juan de Borbón y realizado por Víctor Ochoa en 1994, recibe a los que allí acceden a través de una gran plaza.

A large part of present-day Madrid set aside for office buildings is to be found at the Campo de las Naciones fair installations on one side of the A-2 motorway. At the entrance to the area an imposing bust of Don Juan de Borbón sculptured by Víctor Ochoa in 1994 welcomes those coming in across a large square.

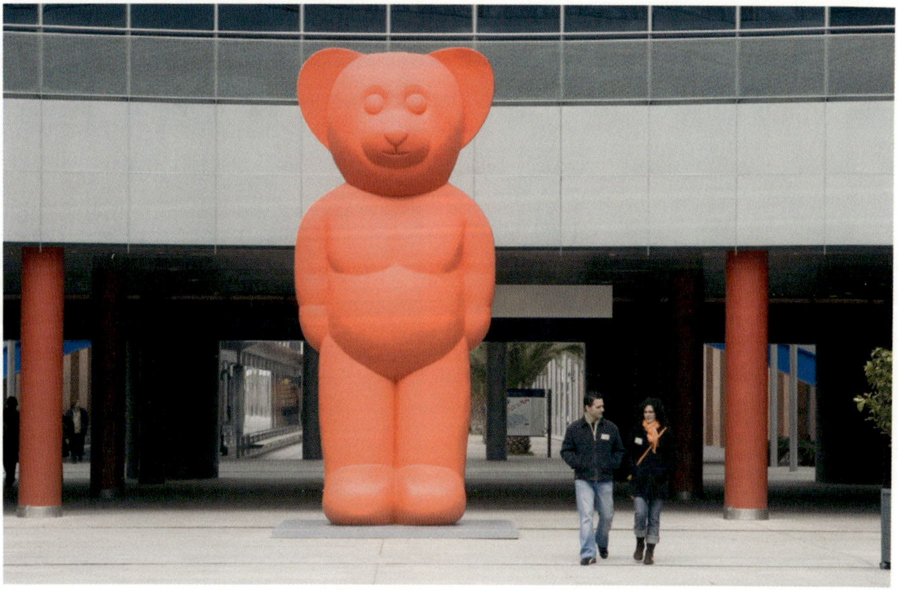

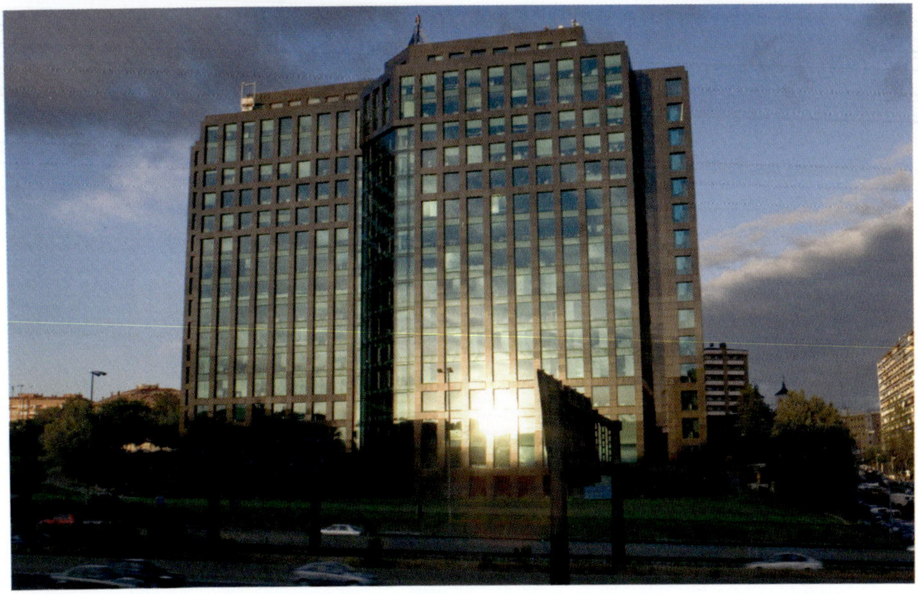

Muchas sedes de grandes empresas ocupan los enormes edificios de cristal y aluminio que hay por todo el Campo de las Naciones.

The huge glass and aluminium buildings to be found all over the Campo de las Naciones are home to the headquarters of many large firms.

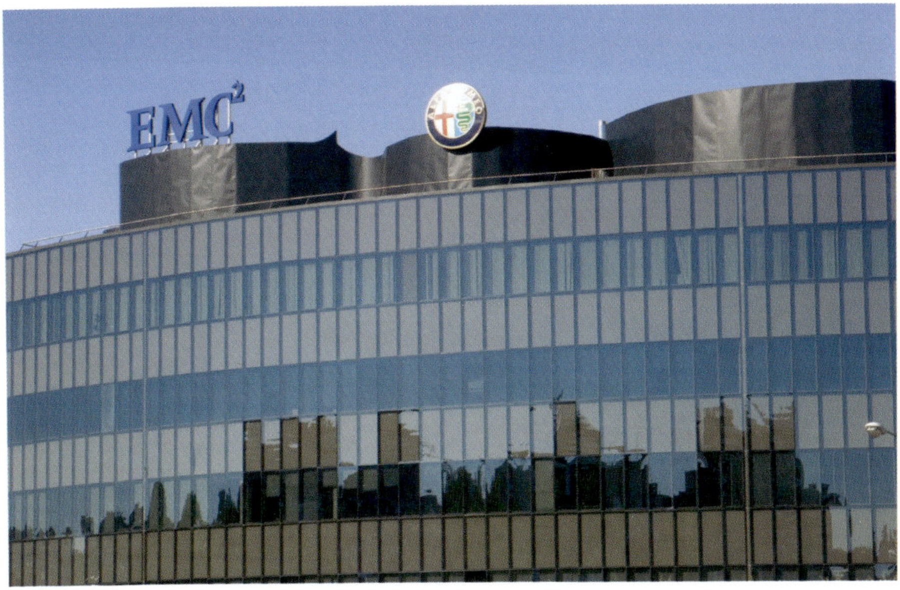

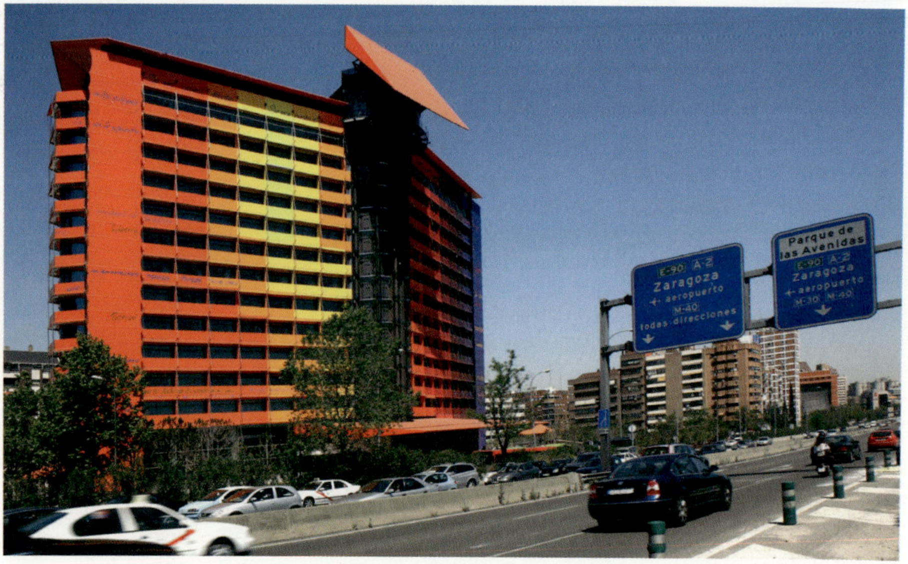

Los colores de la fachada del moderno edificio del hotel Puerta América (avenida de América) destacan desde lejos. El hotel se inauguró en 2005 y tiene la particularidad de que cada planta fue diseñada por un arquitecto diferente.

Cerca del hotel Puerta América, en la M-30, está la mezquita más grande de España, financiada por Arabia Saudí e inaugurada en 1992. Es, además de un lugar de oración para los musulmanes, uno de los principales centros culturales islámicos de Europa.

The colours of the façade of the modern building of the Hotel Puerta America (Avenida de América) stand out from a long way. The hotel was opened in 2005 and is notable for the fact that each floor was designed by a different architect.

Near the Hotel Puerta América on the M-30 is the largest mosque in Spain, financed by Saudi Arabia and opened in 1992. In addition to being a place of worship for Muslims, it is also one of Europe's major Islamic cultural centres.

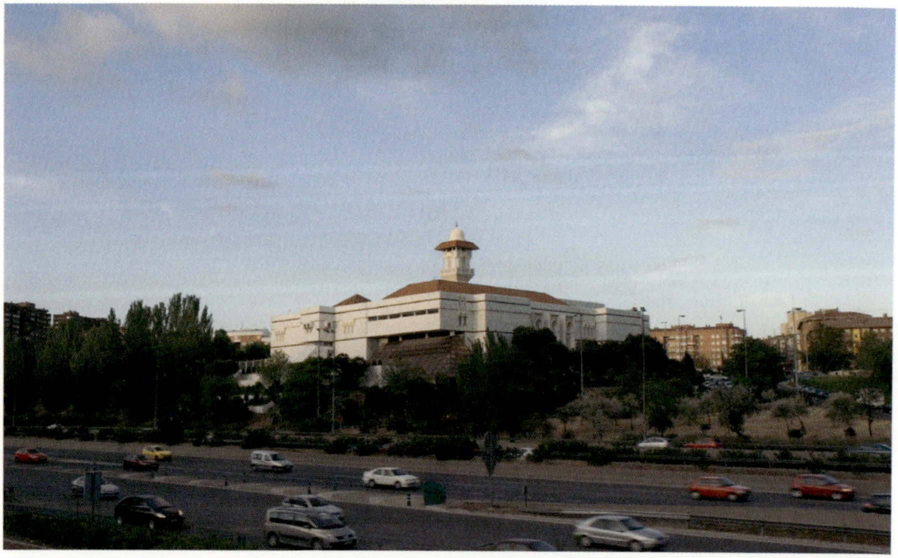

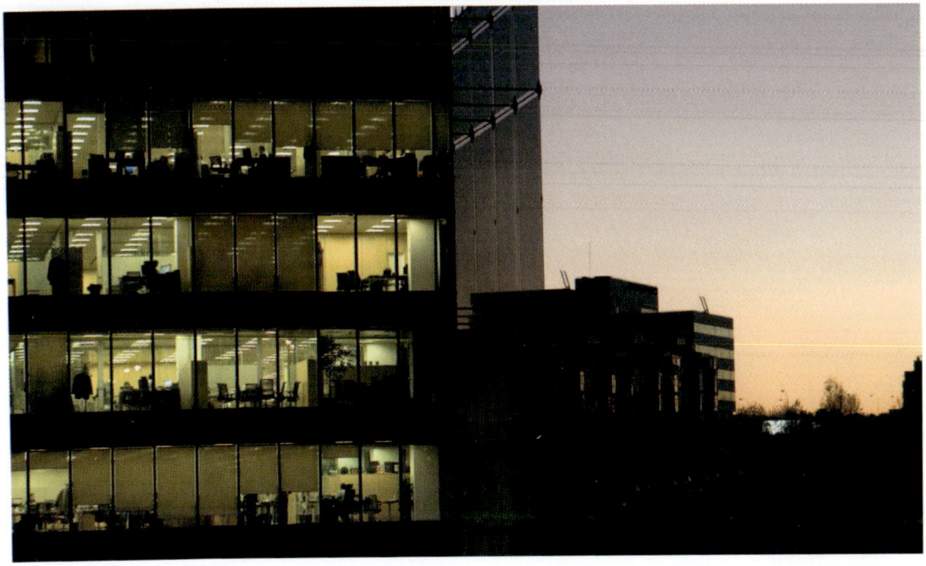

Los enormes edificios de oficinas de Madrid conviven con los de viviendas, diseminados por toda la ciudad. Torrespaña, conocido como «el Pirulí», se divisa desde muchos puntos de Madrid.

Madrid's huge office blocks share the space with blocks of flats spread around the city. Torrespaña, known as «el Pirulí» (the lollipop) can be seen from many parts of Madrid.

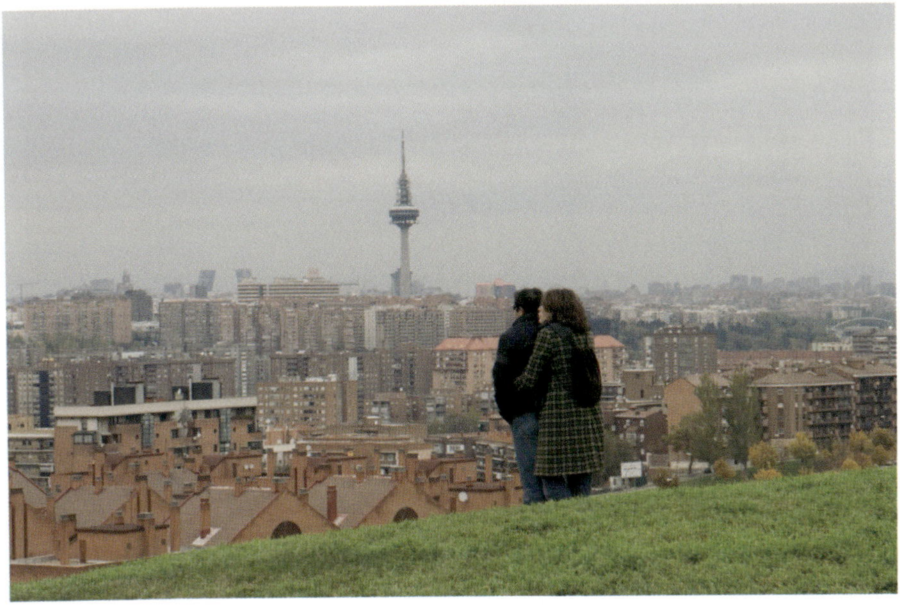

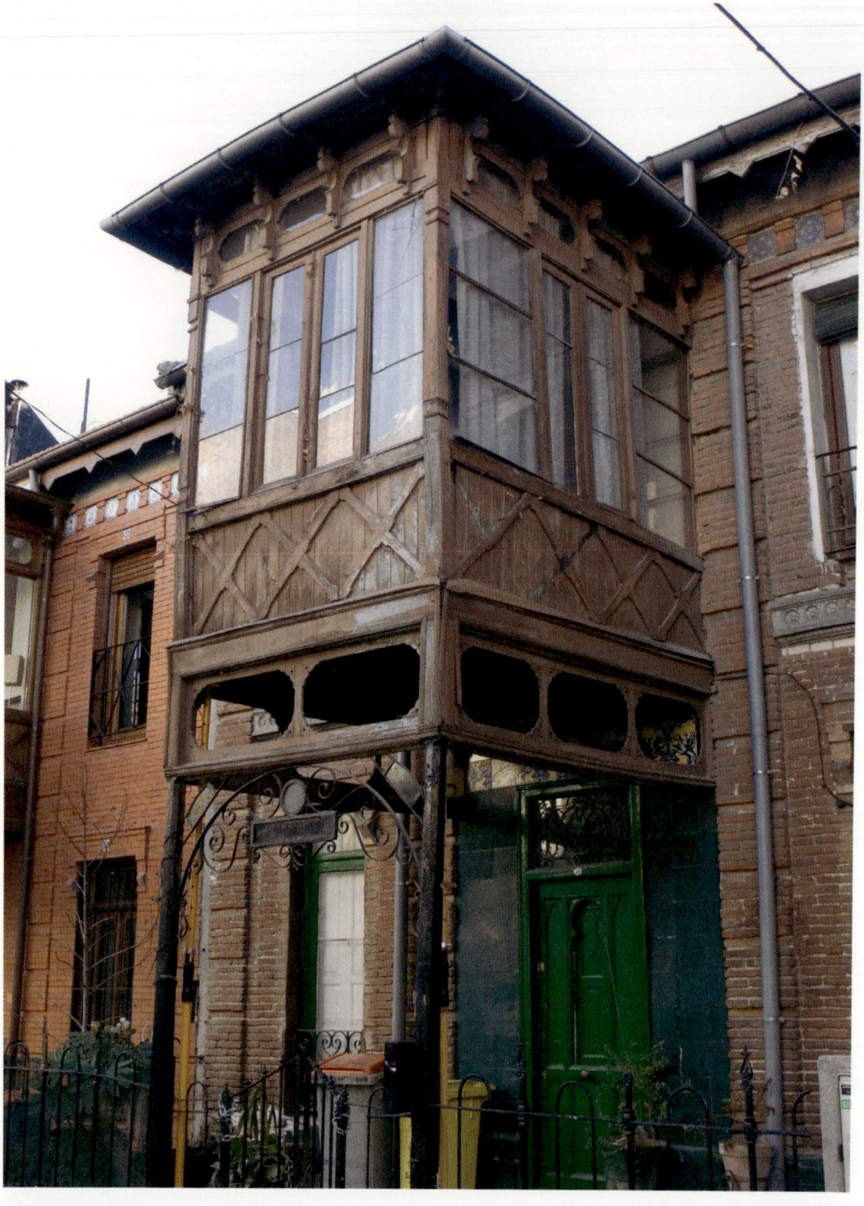

Madrid Moderno fue un pequeño barrio que se empezó a construir en 1890, destinado a la aristocracia madrileña. Se construyeron un total de sesenta y dos hoteles unifamiliares de estilo art nouveau, de los cuales queda algún ejemplar en la calle de Roma.

Madrid Moderno was a small district which began to be built in 1890 for the city's aristocracy. In all, sixty-two art nouveau mansions were built, a few examples of which still stand in the Calle de Roma.

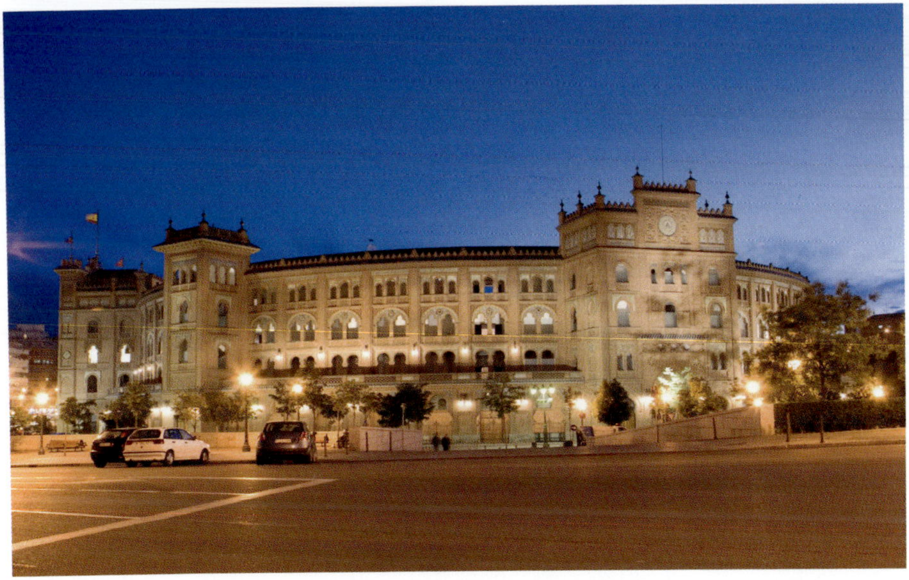

La plaza de toros de las Ventas, con una capacidad para veintitrés mil espectadores, es la más grande de España, de ahí que sea conocida como la Monumental de las Ventas. Comenzó a funcionar en 1931.

The Las Ventas bullring, which holds twenty-three thousand spectators, is the biggest in Spain, hence it is known as the Monumental de las Ventas. It was inaugurated in 1931.

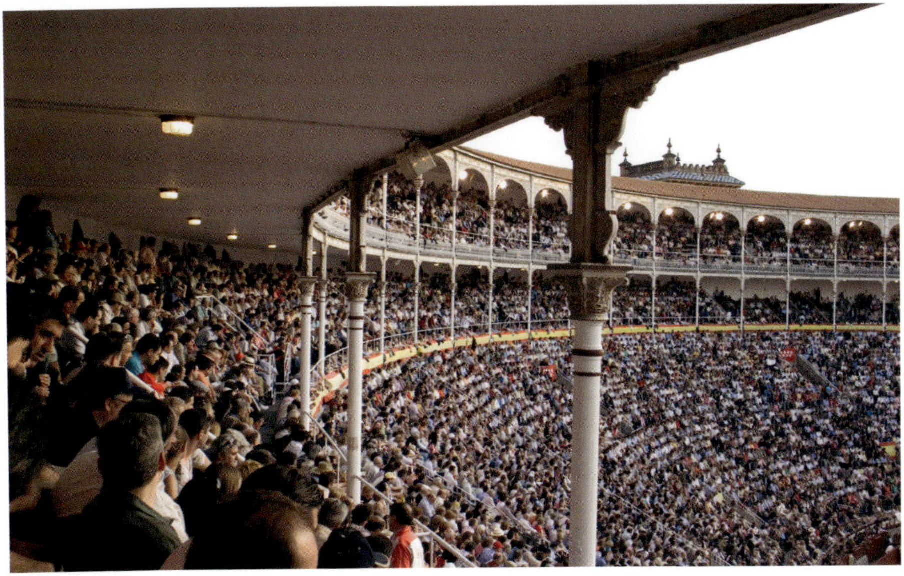

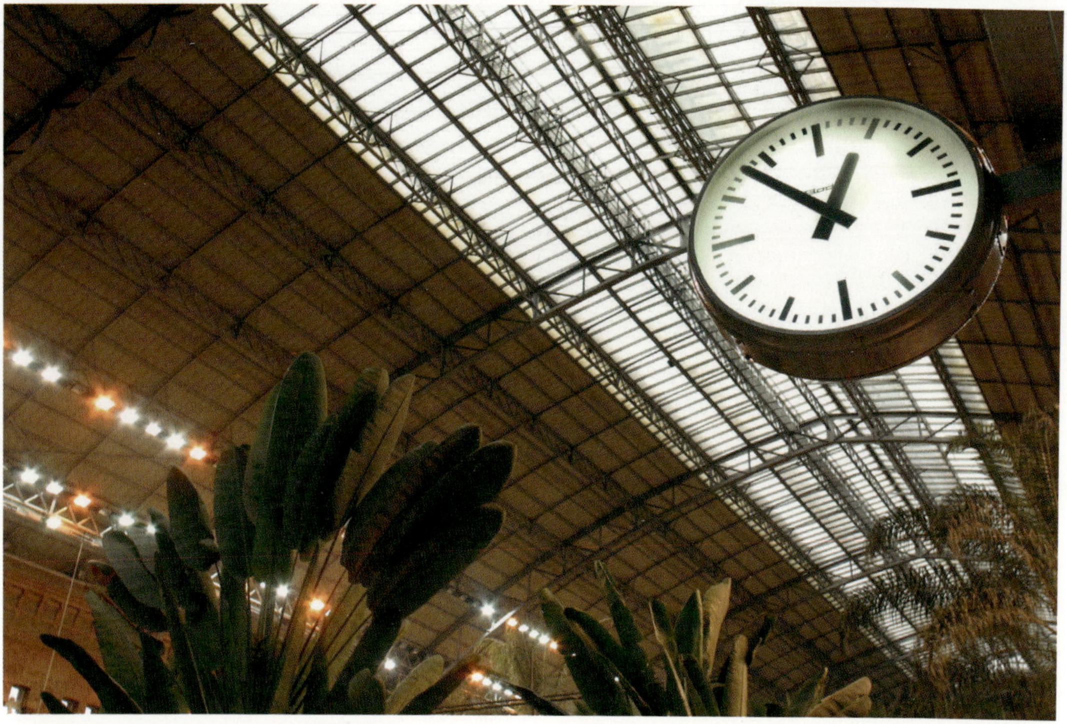

Con la construcción de una nueva estación de Atocha en 1992, la antigua estación se aprovechó para plantar un auténtico jardín tropical con gran variedad de plantas y árboles, a una temperatura constante de veinticuatro grados, y que sirve de apeadero al AVE.

When the new Atocha Station was built in 1992, the former station was converted into an authentic tropical garden with a large variety of plants and trees at a constant temperature of twenty-four degrees centigrade, and which serves as a halt for the AVE high-speed trains.

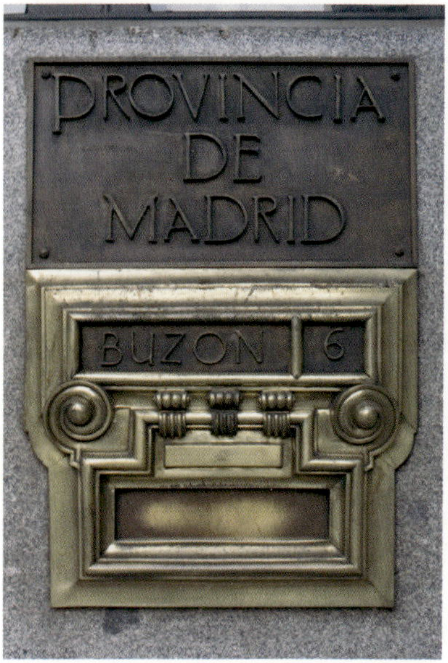

Este buzón de correo es uno de los que forman parte de los que hay en el antiguo edificio del Palacio de Comunicaciones que, aunque está en obras para albergar la sede del Ayuntamiento de Madrid, permanecerán funcionando en la fachada lateral.

This post box is one of those in the former Palacio de Comunicaciones and which are still in use on the side of the building despite the alteration work currently underway to convert it into the new seat of the Madrid City Council.

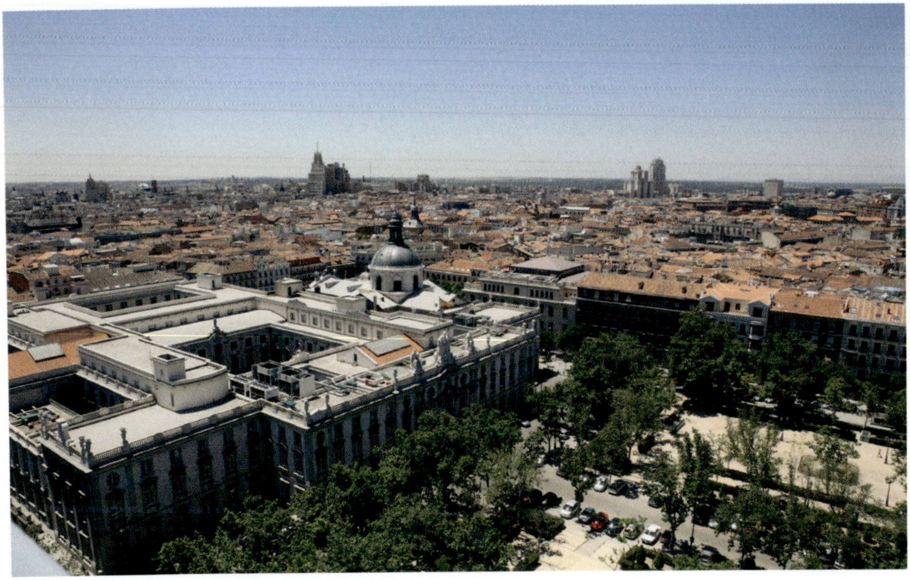

Junto a la plaza de la Villa de París se levanta el edificio del Palacio de Justicia, antiguo convento de las Salesas Reales. Tras la expulsión de las monjas se destinó a dicho organismo en 1870. Después de sufrir dos incendios, el edificio fue reconstruido casi en su totalidad.

Sobre los edificios de viviendas destacan, al fondo, las altas torres del Azca, el «Manhattan» madrileño. Y a lo lejos, una de las torres inclinadas de Puerta Europa.

Next to the Plaza de la Villa de París stands the Palacio de Justicia, former convent of the Salesas Reales. The building became the Law Courts following the expulsion of the nuns in 1870. After suffering two fires it was almost entirely rebuilt.

The high-rise Azca towers, Madrid's «Manhattan», stand out above the blocks of flats and, in the distance, can be seen one of the leaning towers of Puerta Europa.

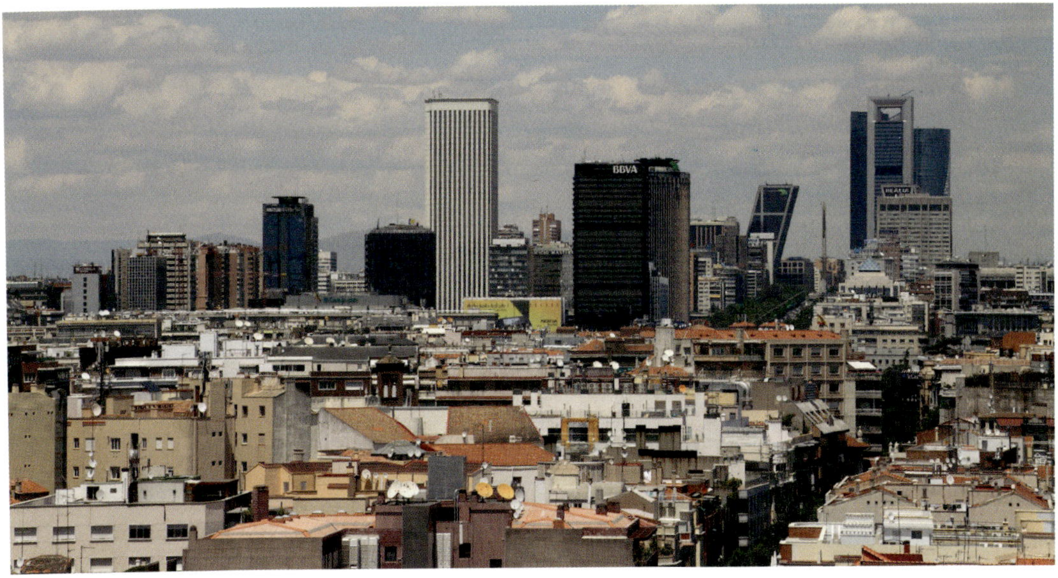

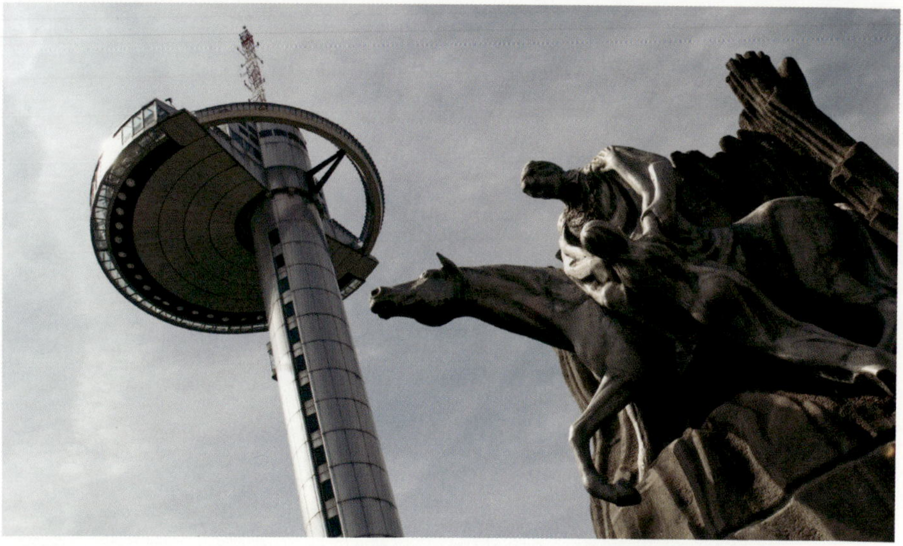

El Faro de la Moncloa es obra de Salvador Pérez Arroyo. Como se construyó para conmemorar la Capitalidad Europea de la Cultura en 1992, mide 92 metros de altura. Junto al Faro se levanta el monumento a la Hispanidad que representa el encuentro de la civilización española con la americana. Fue realizada por Agustín de la Herrán Matorral en 1970.

El Metro de Madrid es una de los primeros del mundo por su extensión y número de estaciones. En 2007 cuenta con 283 km y 281 estaciones.

The Faro de la Moncloa is the work of Salvador Pérez Arroyo. As it was built to commemorate Madrid's being declared capital of Europe in 1992, it is 92 metres high. Alongside it stands the monument to the Hispanic World which represents the meeting of the Spanish and Amerindian civilizations. It was done by Agustín de la Herrán Matorral in 1970.

The Madrid Metro is one of the world's leading underground railway networks as regards extension and number of stations. It currently has 175 miles of track and 281 stations.

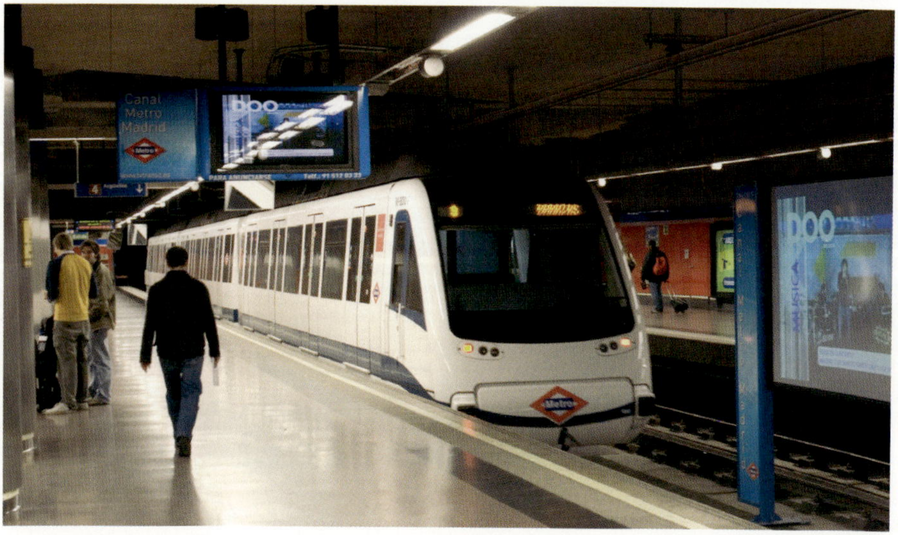

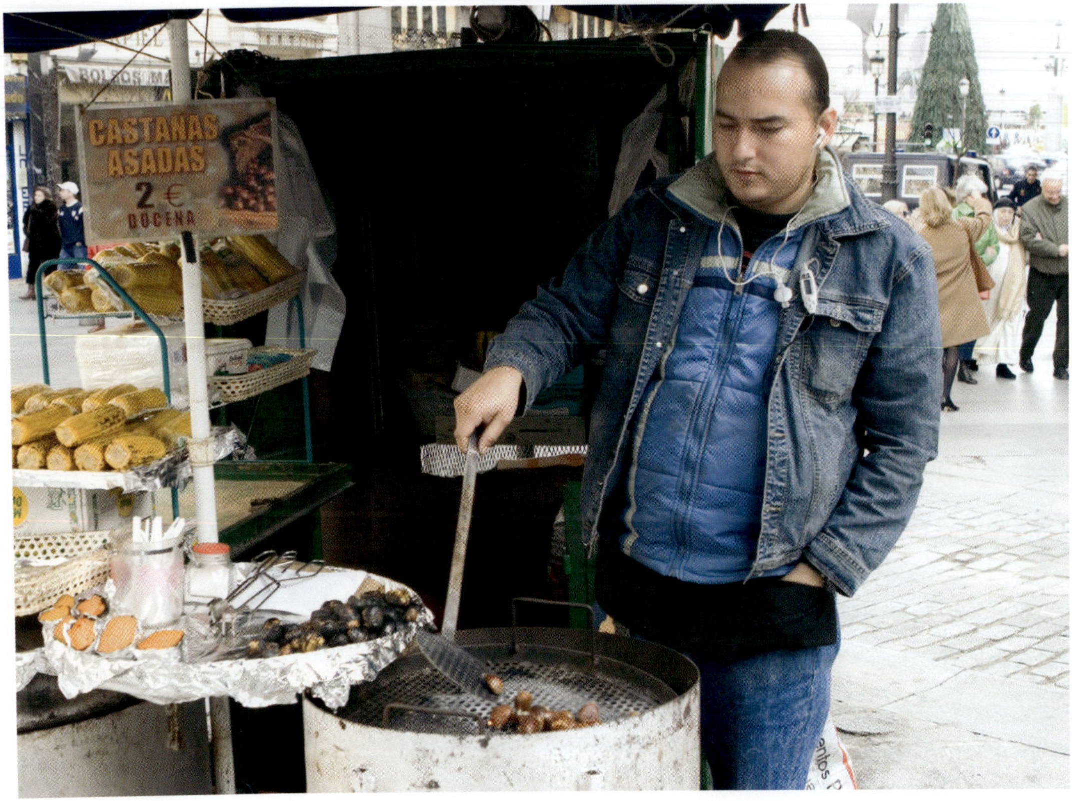

Las castañeras, personajes típicos de Madrid, siempre fueron mujeres. Ellas vendían las calentitas castañas en un cucurucho de papel. En la actualidad son muchos los hombres que se han apuntado a este oficio tradicional madrileño.

The chestnut sellers, typical Madrid characters, were always women who sold hot chestnuts in paper cornets. Nowadays a lot of men have been attracted to this typical Madrid activity.

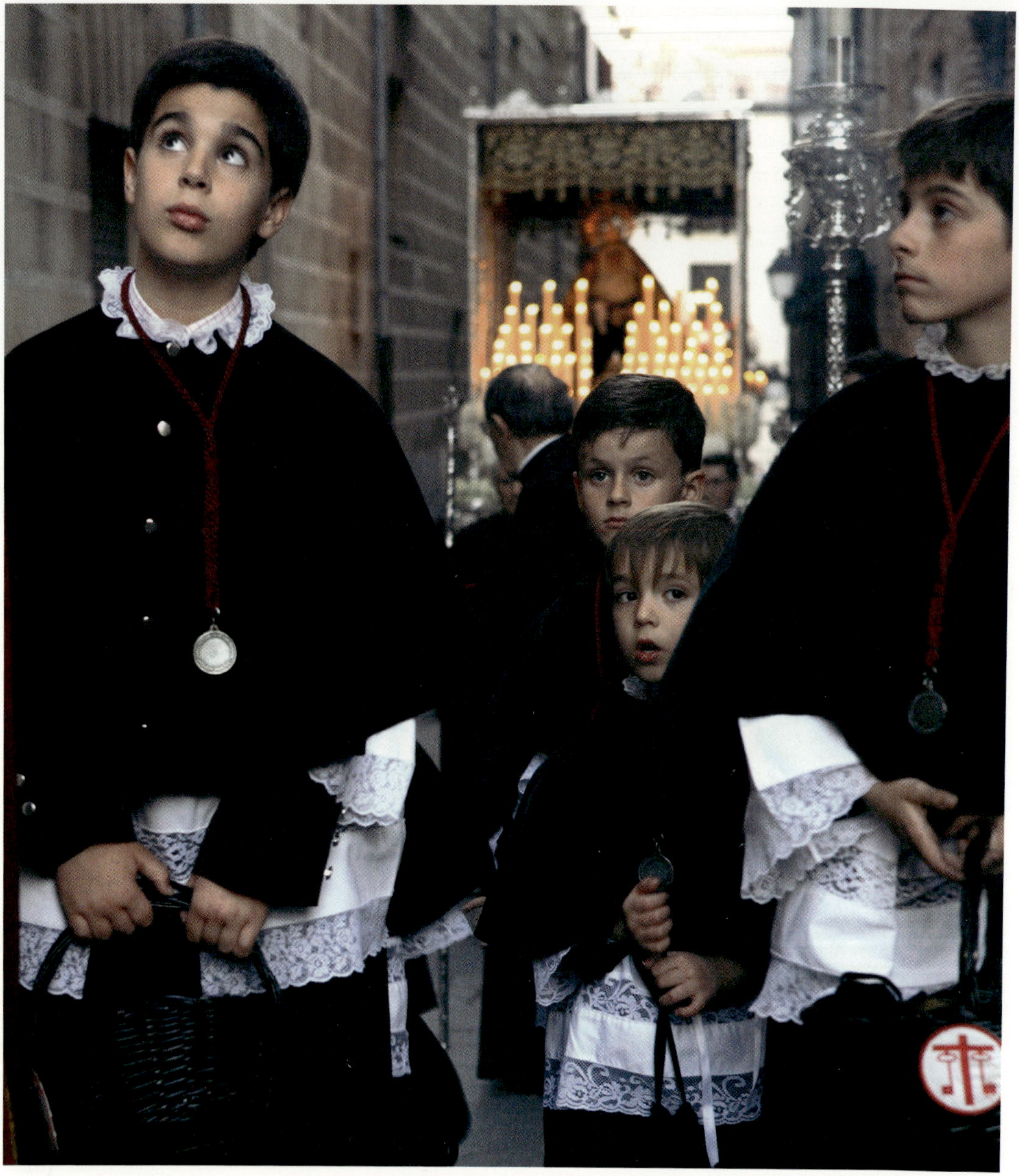

Niños y mayores participan en las procesiones de Madrid seguidas con gran devoción por los madrileños.

Young and old alike take part in Madrid's processions which are followed with great devotion by the madrileños.

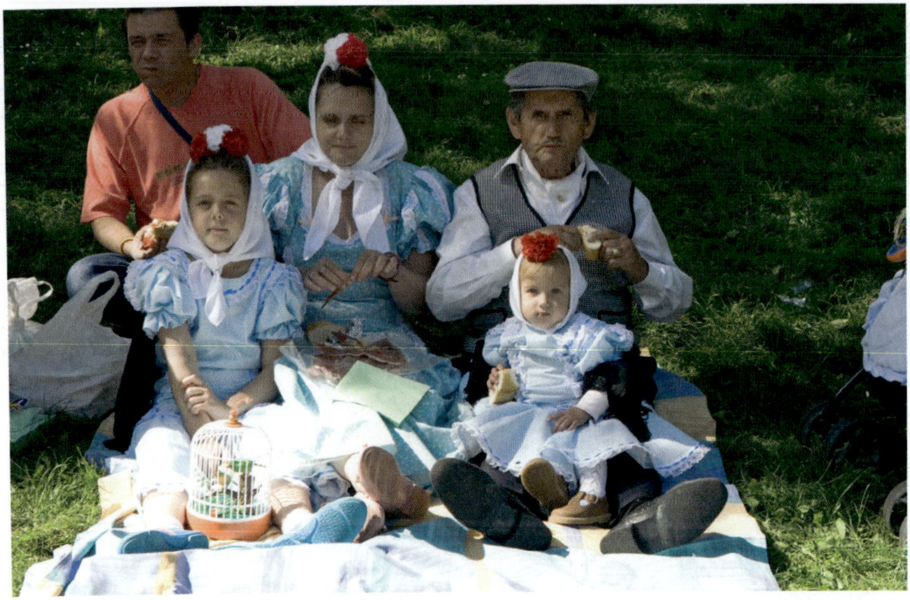

Las fiestas de San Isidro se celebran cada año en la pradera de San Isidro. Familias enteras se visten de chulapos y chulapas y se llevan un mantel y comida para comer al aire libre, muy cerca del centro de Madrid. De postre: rosquillas tontas o listas. Las listas llevan azúcar por encima y las tontas no.

The San Isidro festivities are held every year on the San Isidro meadow. Whole families dress up as chulapos and chulapas, and take tablecloths and food in order to have lunch in the open air very near to the centre of Madrid. For dessert: «silly» or «clever» rosquillas. The «clever» ones have sugar on the top while the «silly» ones don't.

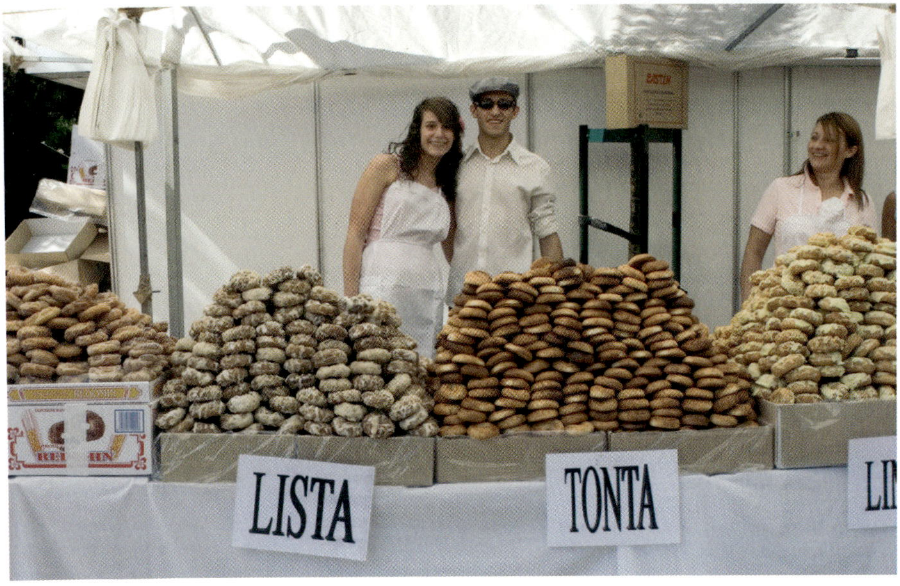

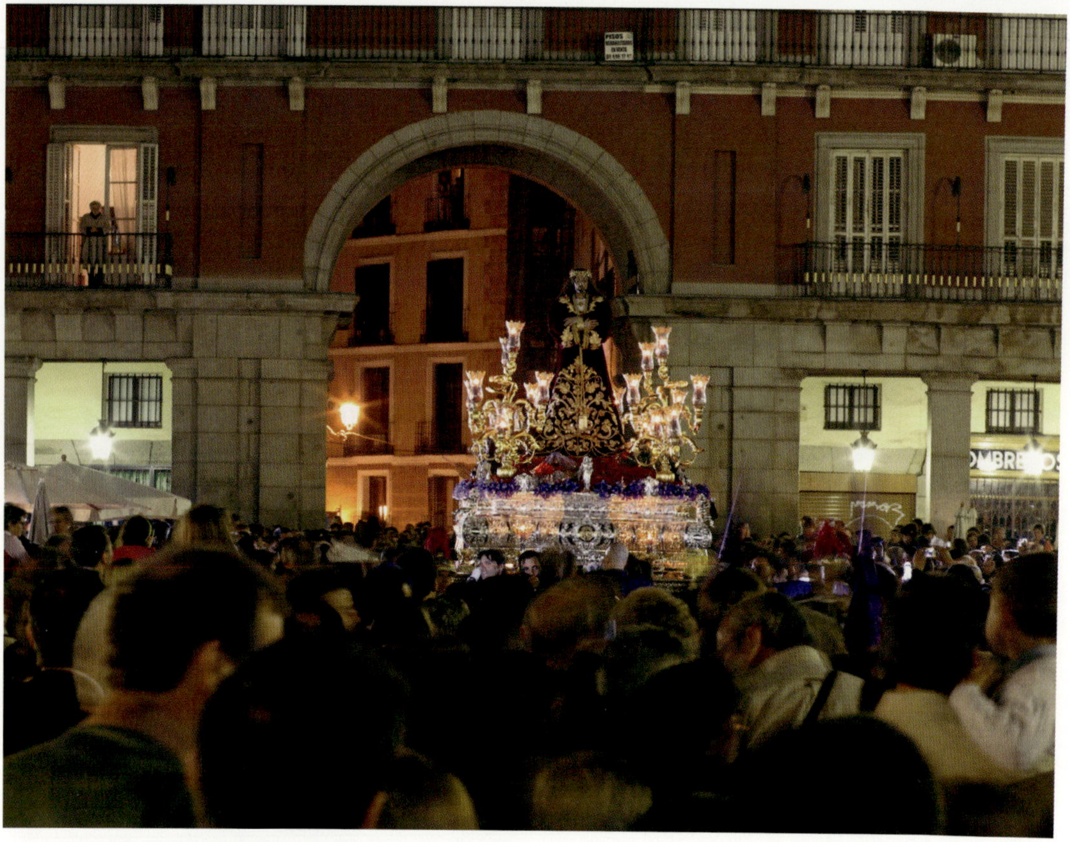

La procesión de Jesús de Medinaceli, «Jesús el Rico», como se le conoce para diferenciarle del «Jesús el Pobre», a su paso por la Plaza Mayor, despierta un enorme fervor entre los madrileños y foráneos. Es el Cristo que, el primer viernes de cada mes, congrega unas largas colas para pedirle tres deseos, de los cuales, uno será concedido.

The procession of Jesus of Medinaceli, «rich Jesus» as he is known in order to differentiate him from «poor Jesus», arouses great fervour among both madrileños and visitors as it goes through the Plaza Mayor. This is the figure of Christ before which long queues of people form on the first Friday of each month. They come to ask for three wishes, one of which will be granted.

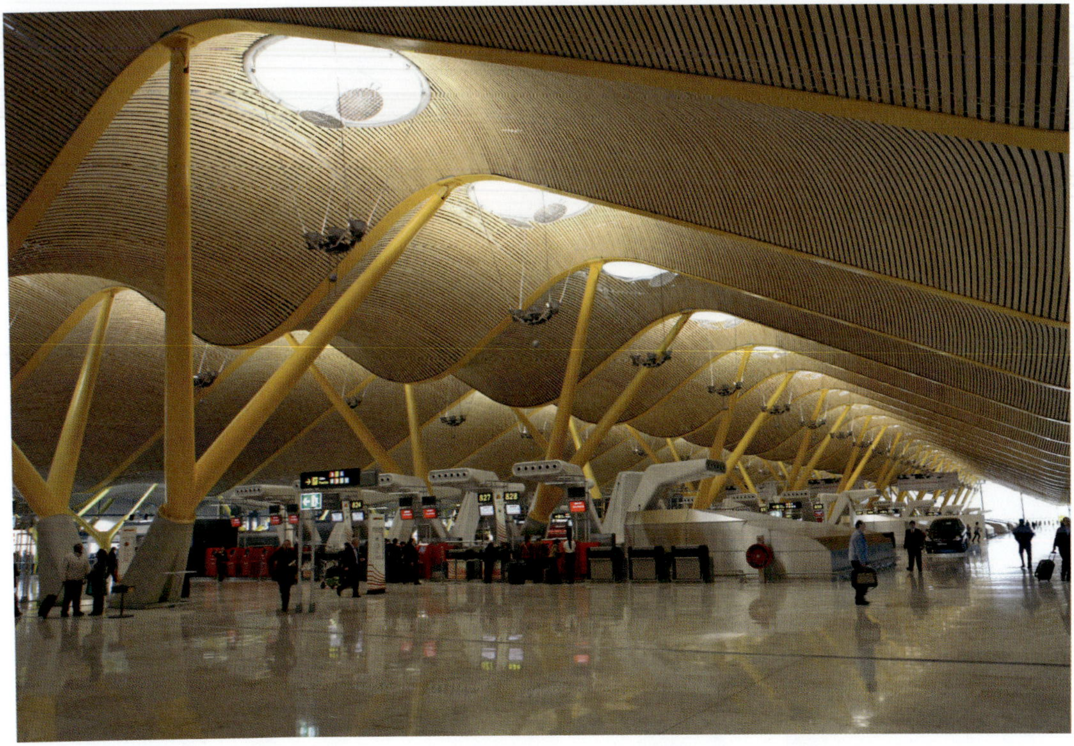

La terminal 4 del aeropuerto de Barajas, conocida popularmente como la T-4, se inauguró a finales de enero de 2005. El techo está sustentado por unos pilares sobre los que se apoyan unos brazos de acero de colores que sostienen las vigas en forma de ala de doble curva, como si representaran la letra M de Madrid. Su interior está revestido con una celosía de bambú que le ofrece un aspecto cálido.

Terminal 4 at Barajas Airport, popularly known as T-4, was opened at the end of January 2005. The roof is supported by columns serving as supports for coloured steel arms which hold up the wing-shaped, double-curved beams, as if they represented the letter M of Madrid. The inside is covered with bamboo latticework that gives it a warm appearance.

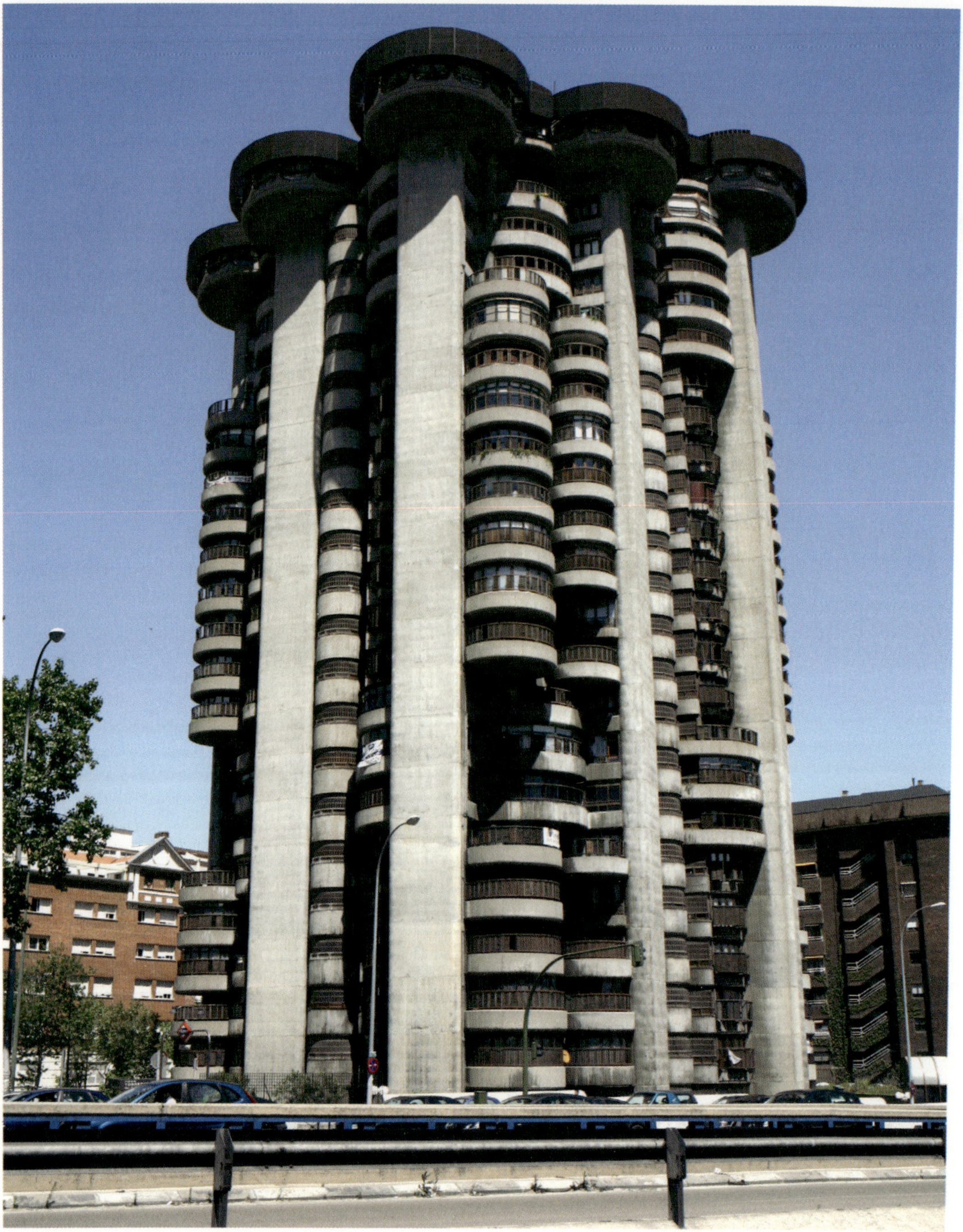

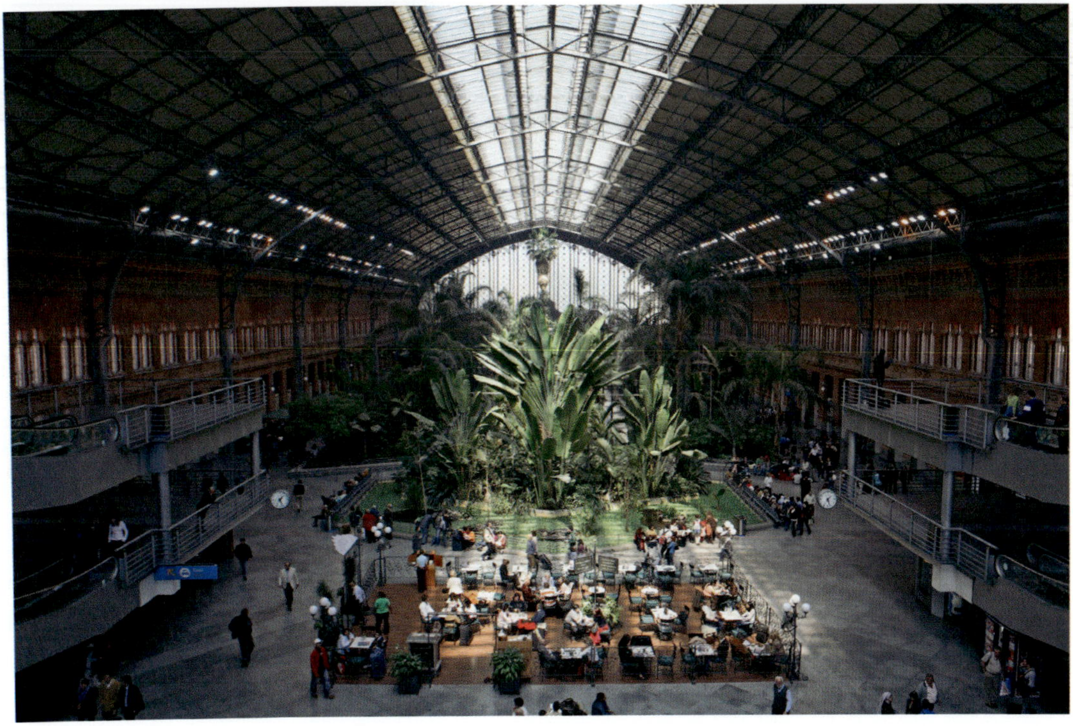

Desde el invernadero tropical de la antigua estación de Atocha, lugar tranquilo para pasear y sentarse a tomar una copa, despedimos este recorrido visual por la ciudad de Madrid. Subiéndonos a un tren imaginario con salida en esta estación, recorreremos bellos rincones de la Comunidad de Madrid.

We bring this visual tour of the city to a close at the tropical hothouse in the old Atocha station, a quiet spot to take a stroll and sit down for a drink. Here we shall board an imaginary train waiting to take us on a trip to some of the beautiful destinations in the vicinity of Madrid.

En 1968, el arquitecto Francisco Sáinz de Oiza construyó un edificio cuyos pisos son redondos y rematados por miradores, redondos también. El edificio de Torres Blancas debía su nombre al proyecto inicial de recubrirlo de mármol blanco. Su elevadísimo coste hizo que no se llevara a cabo el recubrimiento.

In 1968 the architect Francisco Sáinz de Oiza constructed a building whose floors are round with miradors that are likewise round, The Torres Blancas building owes its name to the original plan of covering it with white marble. The extremely high cost of doing this resulted in the plan being rejected.

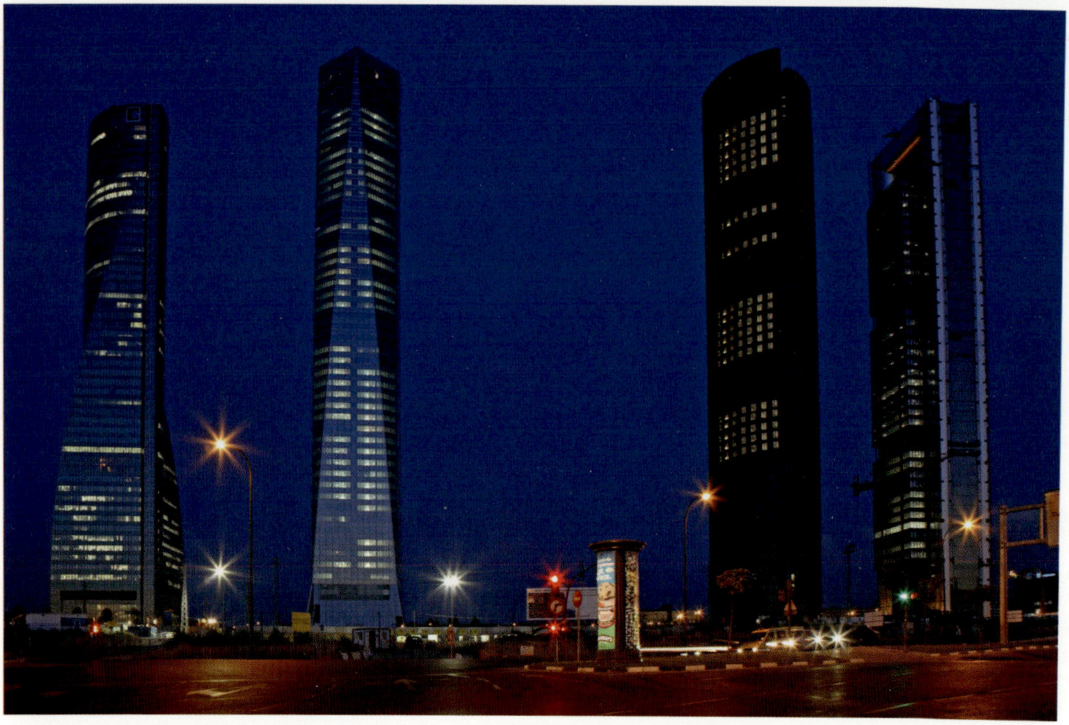

«Cuatro Torres Business Area», de izquierda a derecha: Torre Espacio, Torre Cristal, Torre Sacyr y Torre Caja Madrid. Terminadas de construir en 2009, son los edificios con más altura de Madrid.

«Cuatro Torres Business Area», from left to the right: Torre Espacio, Torre Cristal, Torre Sacyr and Torre Caja Madrid. Finished in 2009, they are the tallest buildings of Madrid.

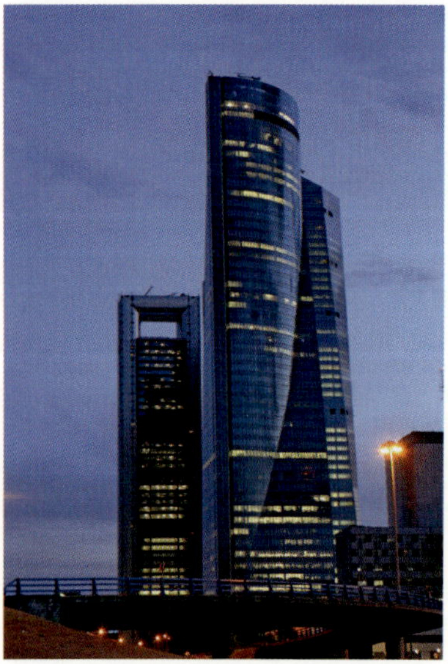

MADRID
COMUNIDAD

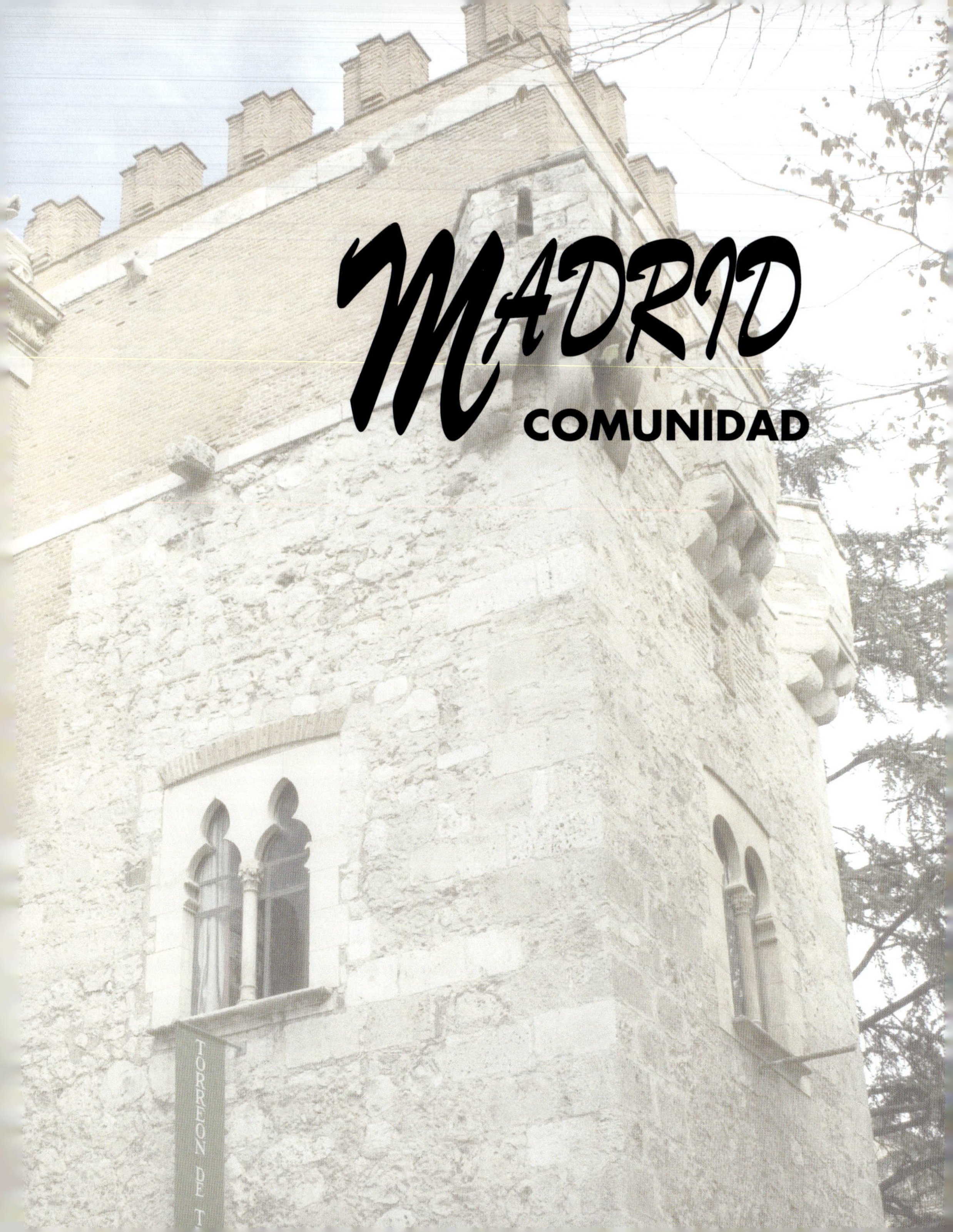

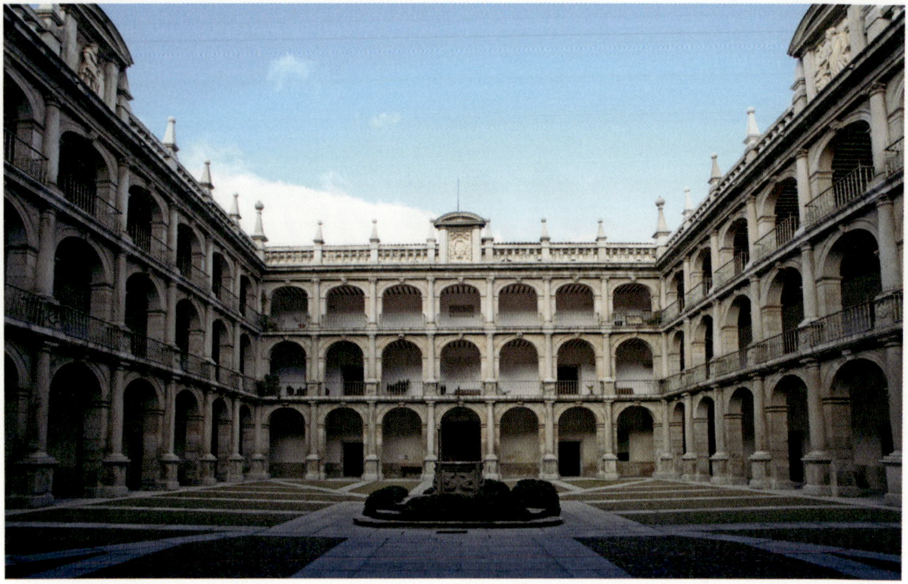

Patio de la Universidad de Alcalá de Henares por cuyos arcos pasaron desde san Ignacio de Loyola a Lope de Vega y Tirso de Molina, además de todos los galardonados con el Premio Cervantes, máximo galardón de las letras españolas.

La ciudad de Cervantes recuerda a sus personajes más importantes: Don Quijote y Sancho Panza (abajo).

Courtyard of Alcalá de Henares University. Many famous men, from St. Ignatius of Loyola to Lope de Vega and Tirso de Molina, and nowadays the winners of the Cervantes Prize, the most important award in Spanish letters, have walked under these archways.

The town where Cervantes was born reminds us of his most important characters: Don Quixote and Sancho Panza (bottom).

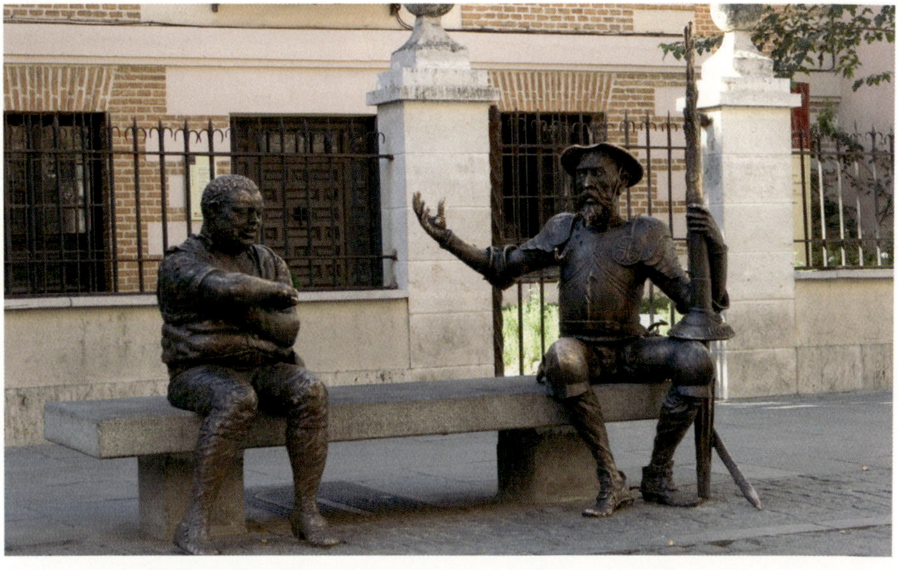

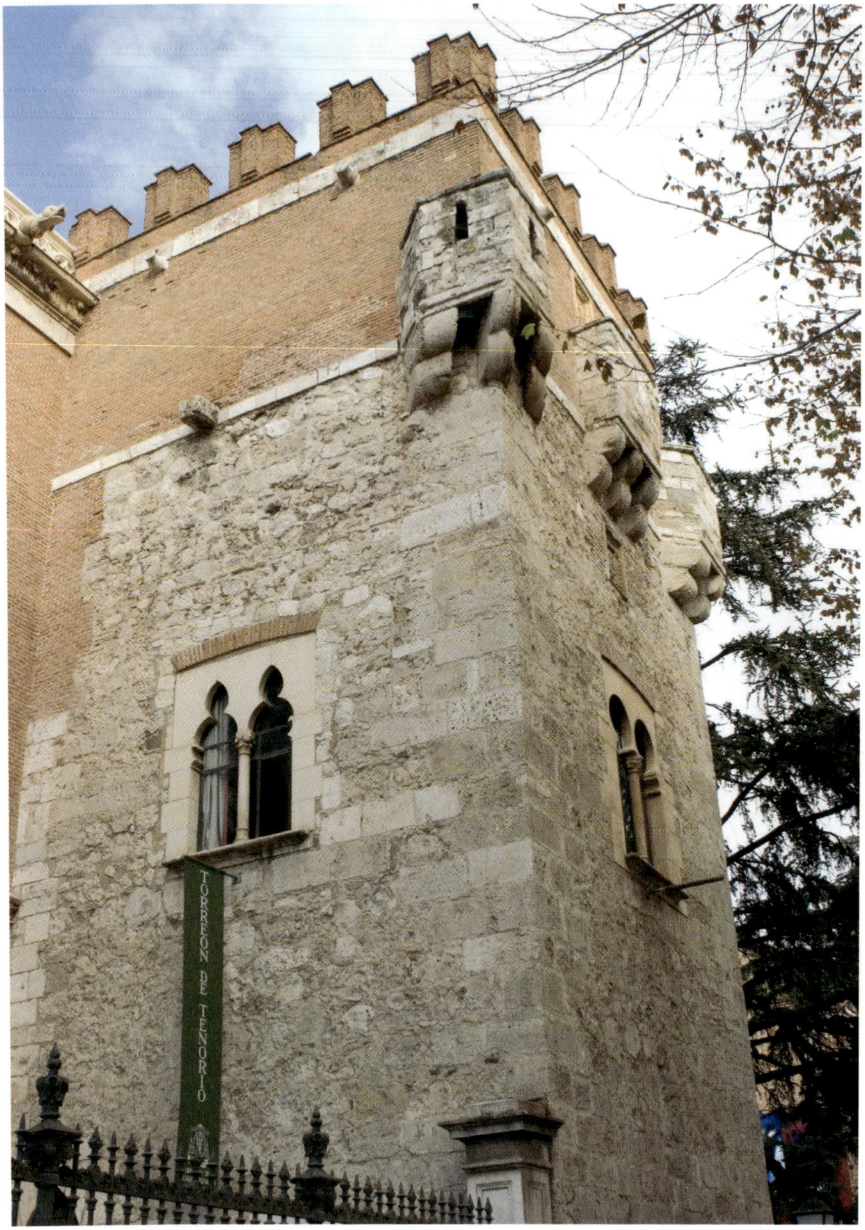

Vista del torreón del Palacio Arzobispal de Alcalá de Henares. El edificio se empezó a construir en el siglo XII y no se finalizó hasta el XIX. En él nació la infanta Catalina de Aragón, hija de los Reyes Católicos.

View of the tower of the Archbishop's Palace in Alcalá de Henares. Work on the building began in the twelfth century and did not finish until the nineteenth. It was here that Catherine of Aragon, daughter of Ferdinand and Isabella and first wife of Henry VIII of England, was born.

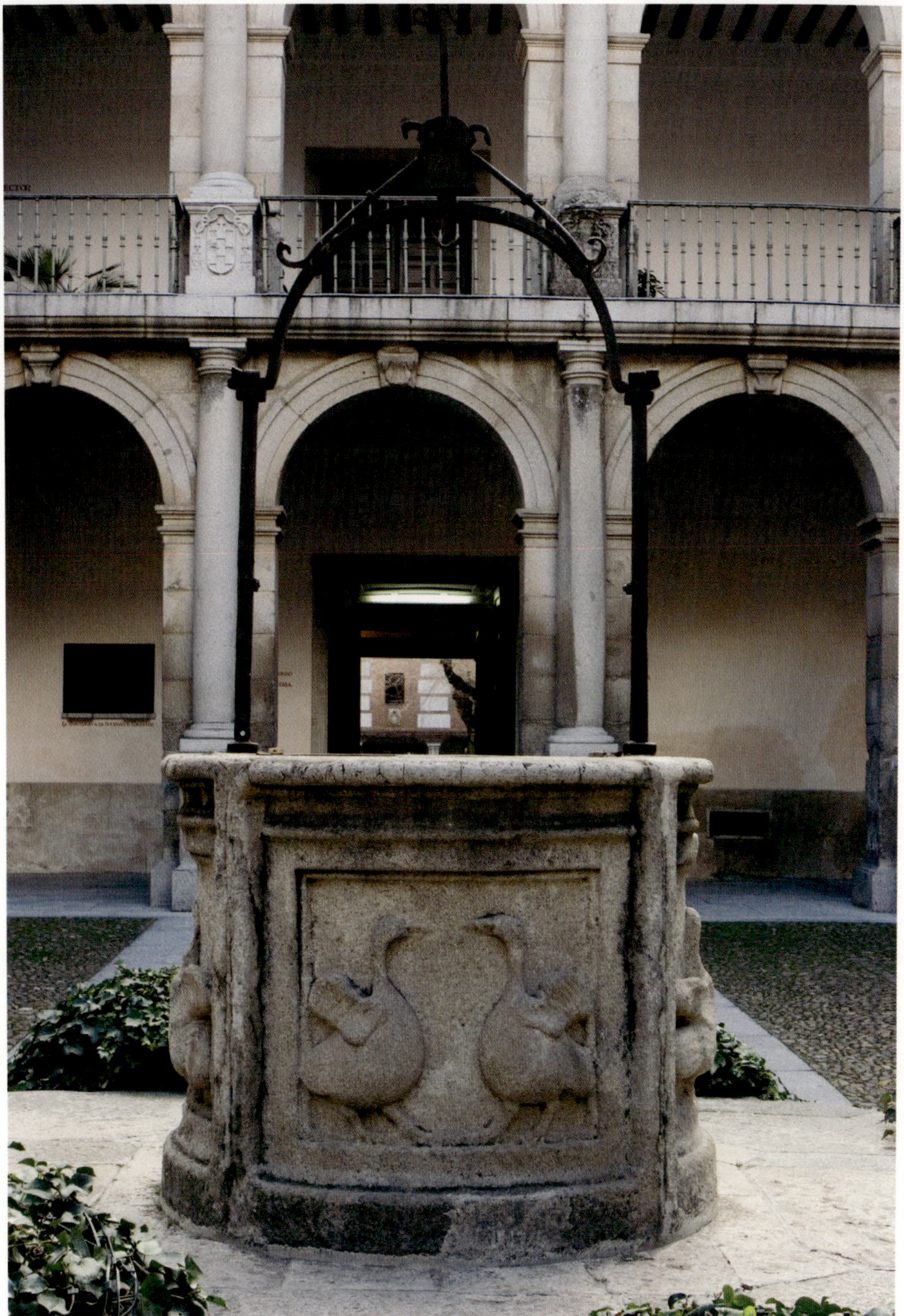

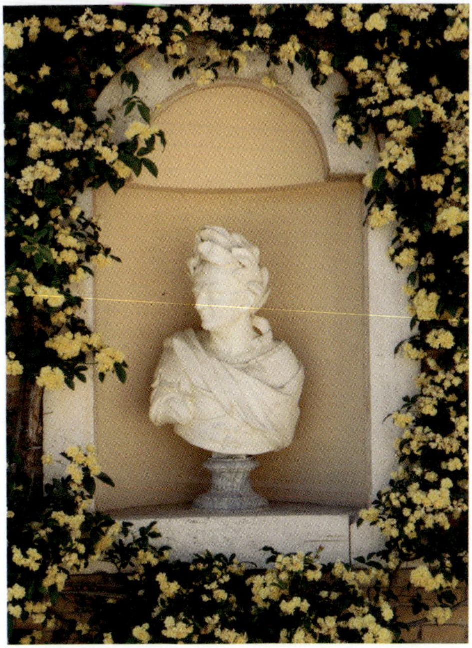

Doble página siguiente: La Universidad de Alcalá de Henares fue fundada por el cardenal Cisneros en 1499. Su fachada plateresca es obra de Rodrigo Gil de Otañón.

Next page: The University of Alcalá de Henares was founded by Cardinal Cisneros in 1499. Its Plateresque façade is the work of Rodrigo Gil de Otañón.

Desde el palacio de Aranjuez se accede al jardín de la Isla a través del puente de Piedra, bellamente decorado con estatuas. En la página de la izquierda, detalle del patio de la Universidad de Alcalá de Henares.

From the Palace of Aranjuez one can reach the Jardín de la Isla over the Puente de Piedra with its many fine statues. The left-hand page shows a detail of the courtyard of Alcalá de Henares University.

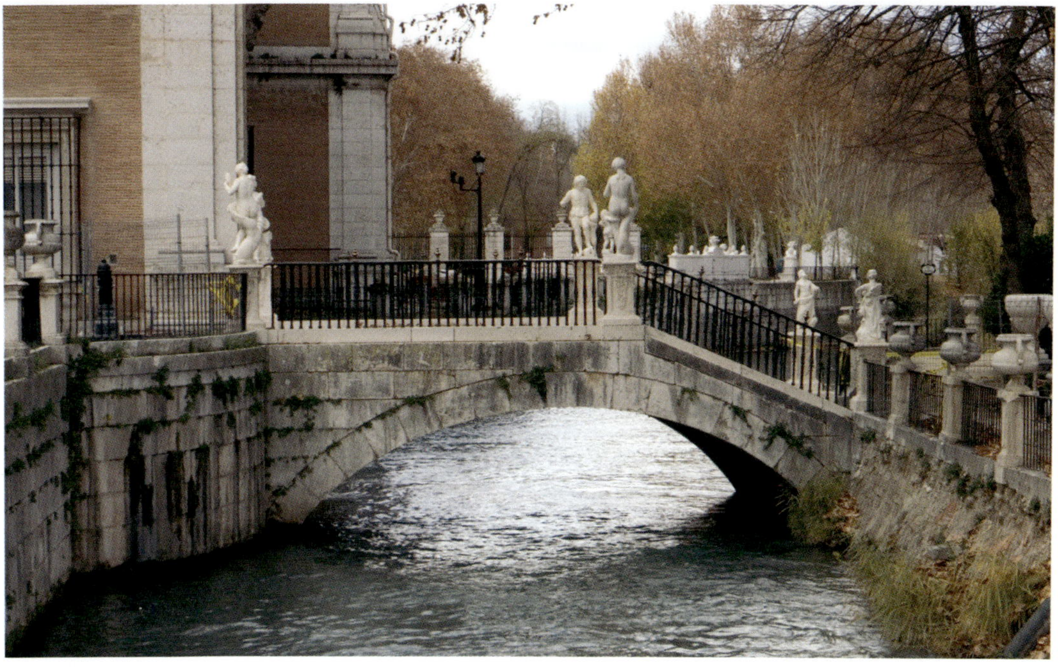

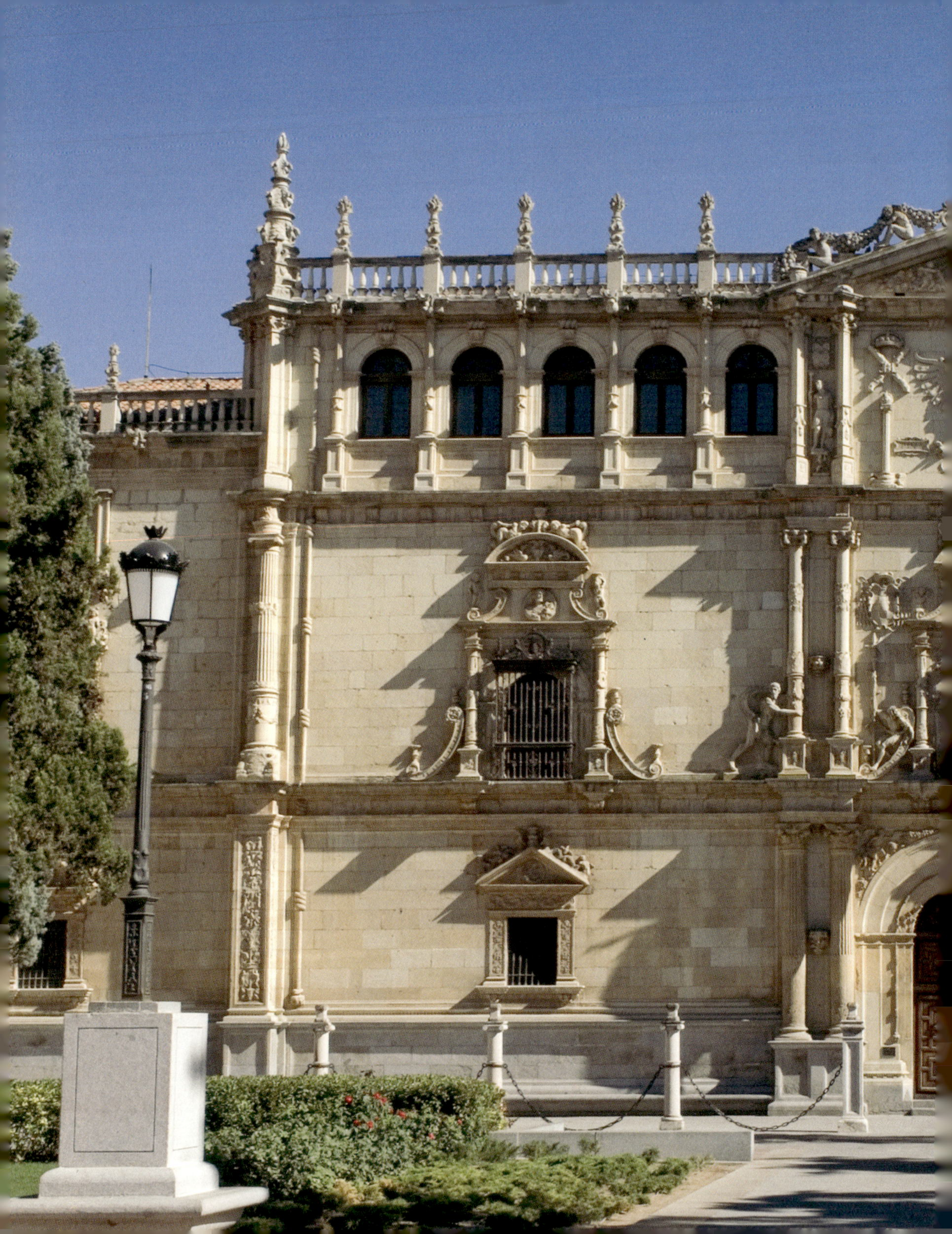

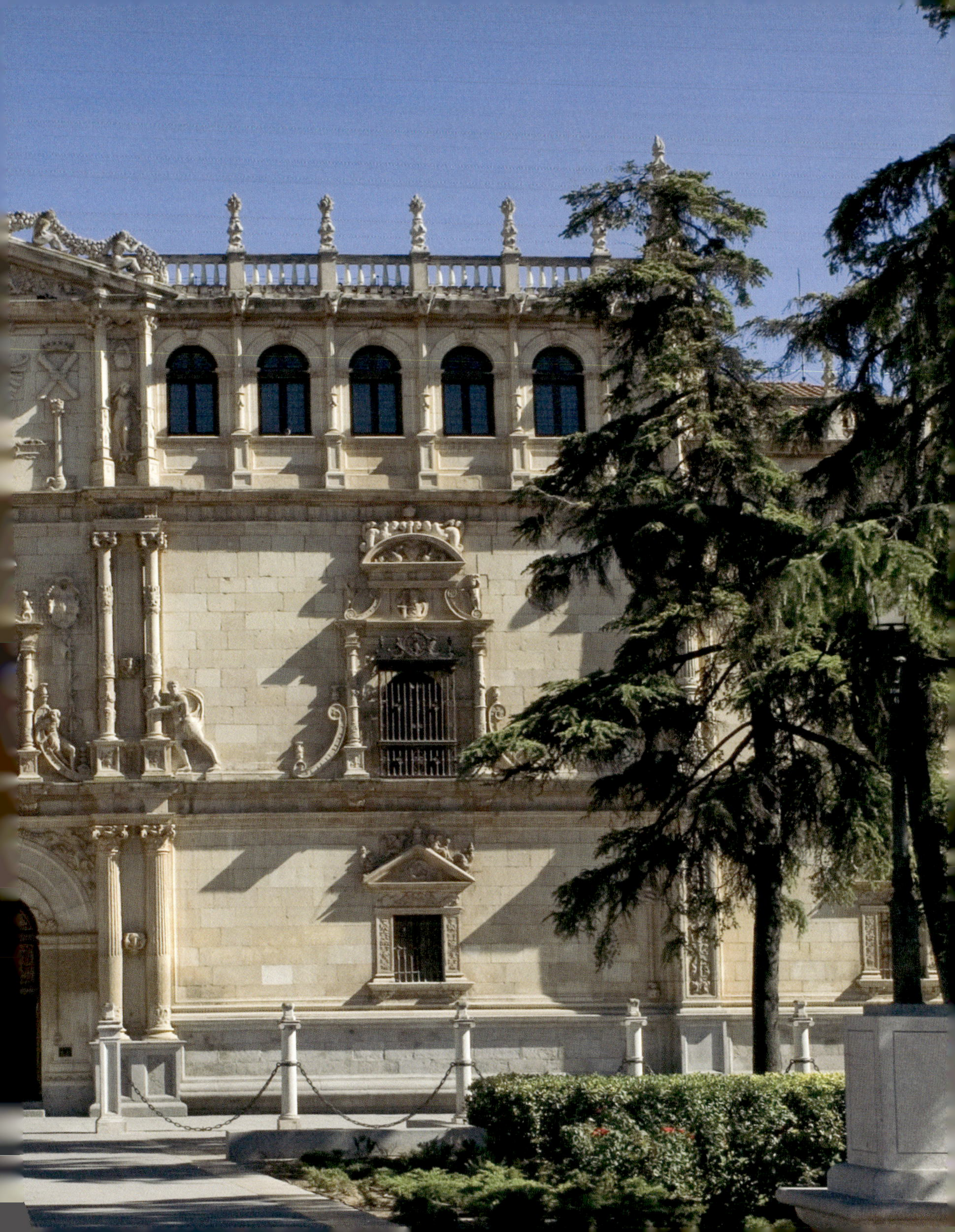

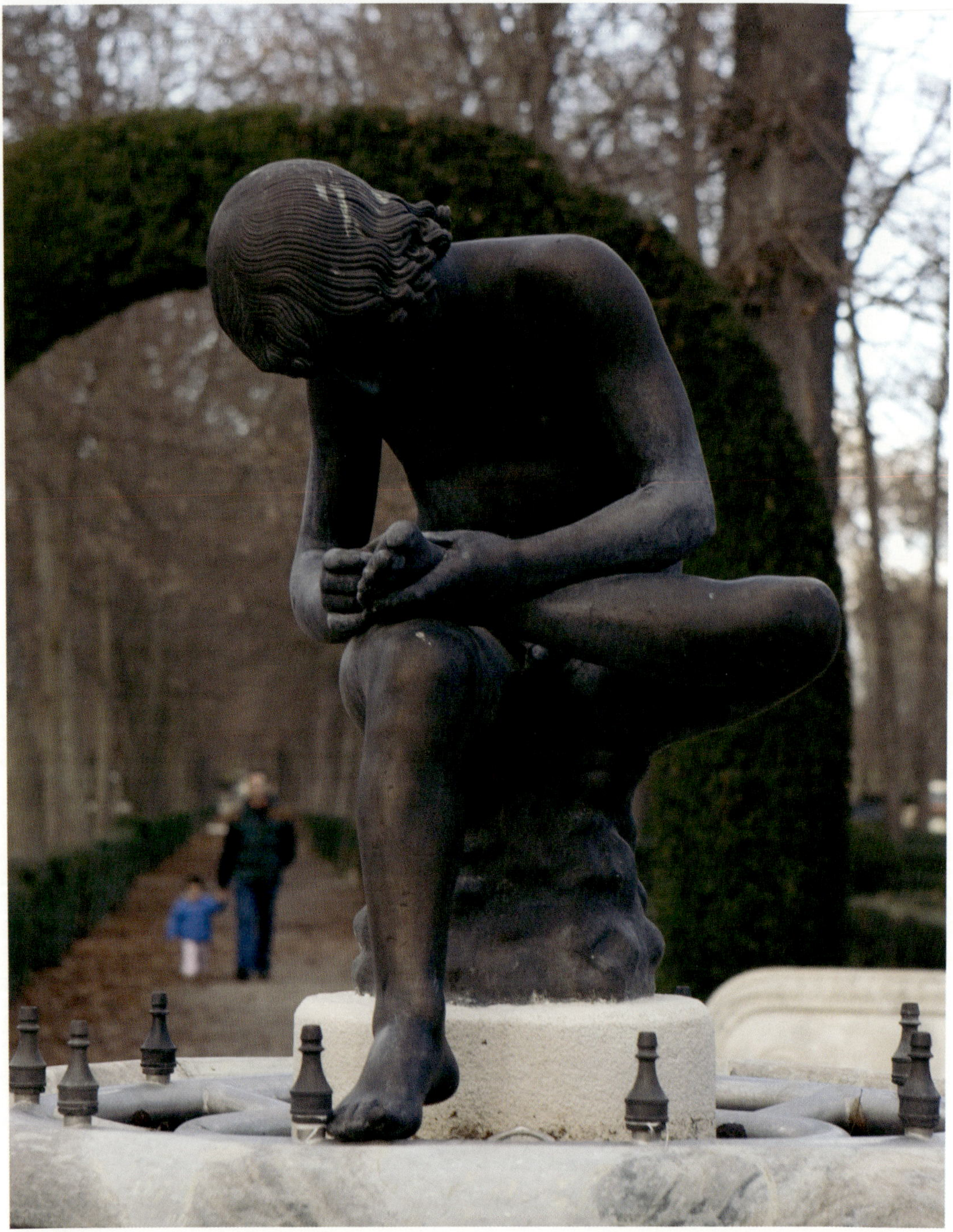

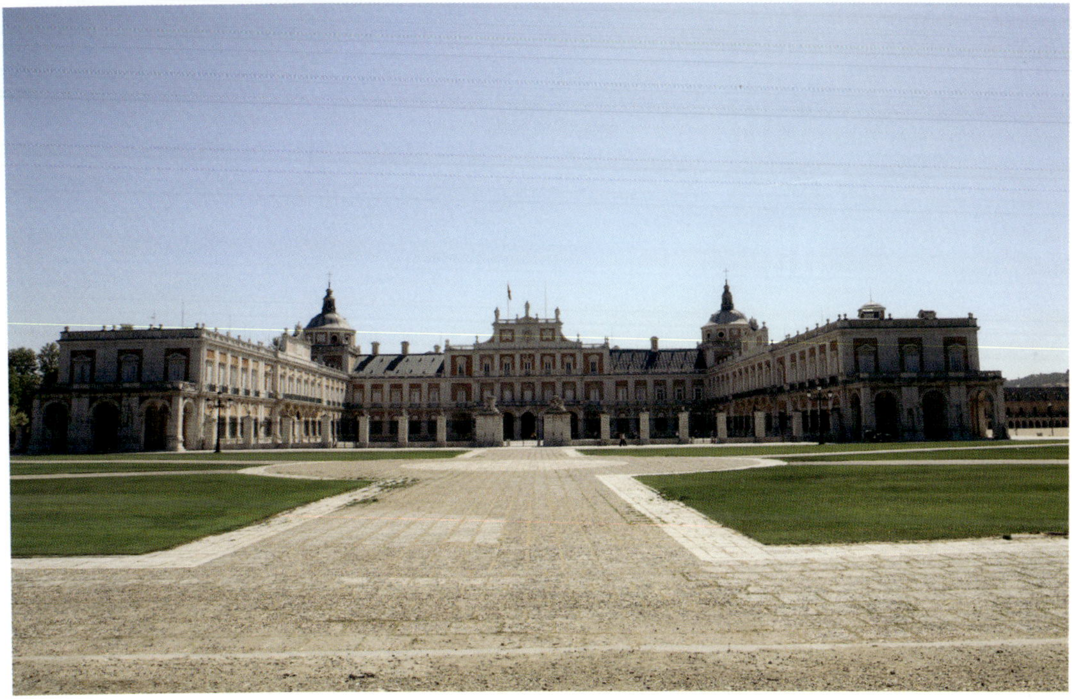

El Palacio Real de Aranjuez se encuentra en uno de los Sitios Reales de esparcimiento para los reyes. Felipe II encargó a sus arquitectos, Juan Bautista de Toledo y Juan de Herrera, la construcción del Palacio Real, los mismos que se encargaron de la construcción de El Escorial. El palacio se terminó durante el reinado de Fernando VI.

The Royal Palace of Aranjuez is situated in one of the royal leisure domains. Philip II entrusted the building of the Royal Palace to his architects Juan Bautista de Toledo and Juan de Herrera, who were also responsible for the construction of El Escorial. The palace was finished during the reign of Ferdinand VI.

La fuente del *Niño de la espina* se encuentra en el jardín de la Isla, de Aranjuez. La fuente fue mandada construir por Felipe III y en ella aparece un niño intentando sacarse una espina del pie.

The Niño de la Espina fountain stands in the Jardín de la Isla in Aranquez. The fountain was built at the orders of Philip III and represents a child trying to pull a thorn out of his foot.

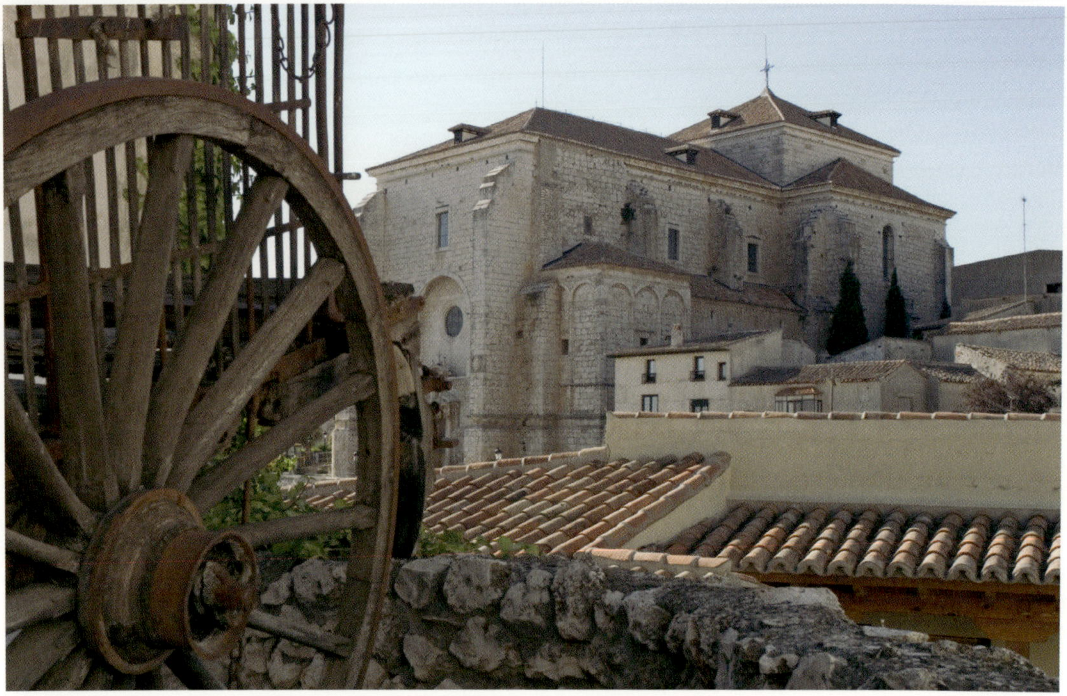

La iglesia de Nuestra Señora de la Asunción, en Chinchón, se construyó en 1626 y fue saqueada e incendiada por las tropas de Napoleón Bonaparte. Se terminó de reconstruir en 1828.

The church of Nuestra Señora de la Asunción in Chinchón, built in 1626, was looted and set fire to by Napoleon Bonaparte's troops. Reconstruction work finished in 1828.

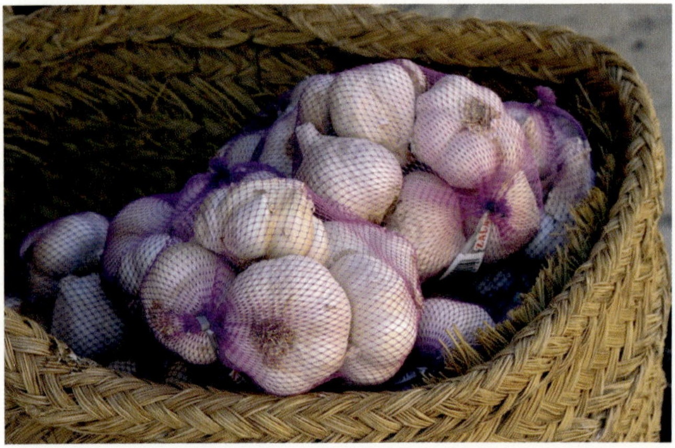

La producción típica de Chinchón son los ajos, de gran fama por su sabor y tamaño pequeño.

The garlic grown typically in Chinchón is renowned for its taste and small size.

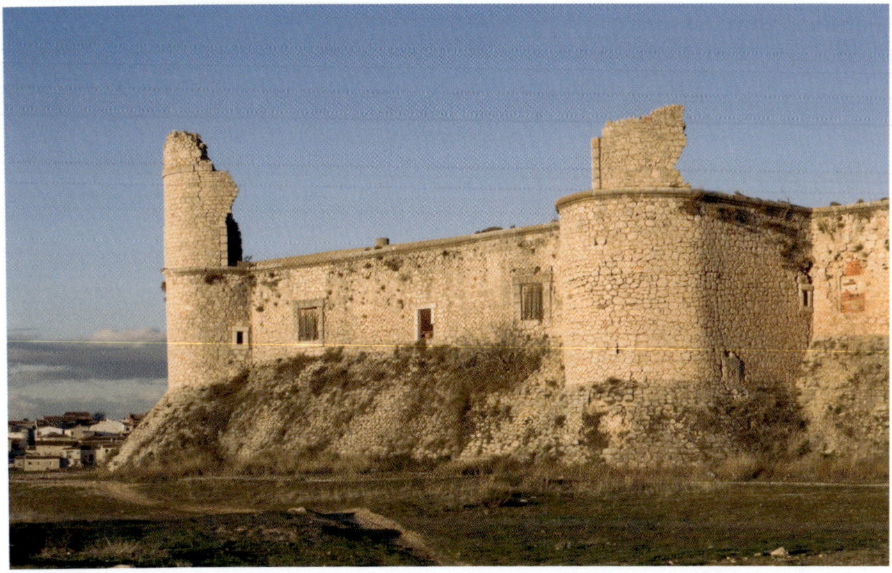

El primer castillo de los condes de Chinchón se levantó en el siglo XV, siendo reedificado de nuevo tras caer en manos de los comuneros. El castillo fue destruido durante la guerra de la Independencia.

La Plaza Mayor de Chinchón, de origen medieval, se terminó de construir en el siglo XVII. La iglesia de Nuestra Señora de la Asunción destaca en lo alto de la plaza.

The first castle of the Counts of Chinchón was constructed in the fifteenth century and rebuilt after falling into the hands of the comuneros. The castle was destroyed during the Peninsular War.

Chinchon's Plaza Mayor, of mediaeval origin, was finished in the seventeenth century. The church of Nuestra Señora de la Asunción stands out at the top of the square.

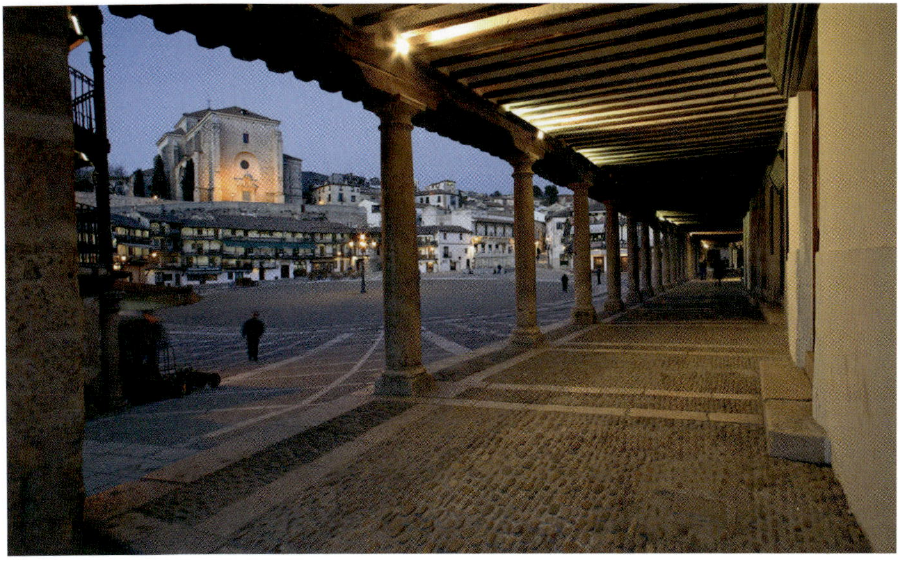

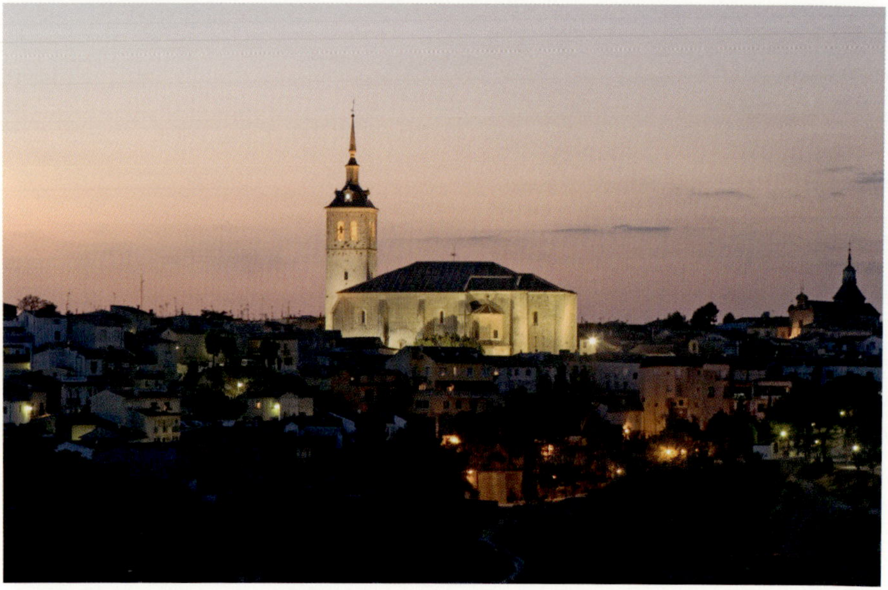

Atardecer sobre Colmenar de Oreja, destacando su iglesia Santa María la Mayor, mandada construir por Felipe II sobre planos de Juan de Herrera. En Colmenar destaca entre otras cosas su plaza Mayor.

Los viñedos de la zona sureste de la Comunidad de Madrid tienen su hueco en el mercado nacional con buenos vinos con denominación de origen.

Sunset over Colmenar de Oreja with a clear view of the church of Santa María la Mayor built at the behest of Philip II according to plans by Juan de Herrera. Colmenar is notable, among other things, for its main square.

The good wines with «appellation d'origine» from the vineyards in the south-eastern part of the Madrid region are well-established on the Spanish market.

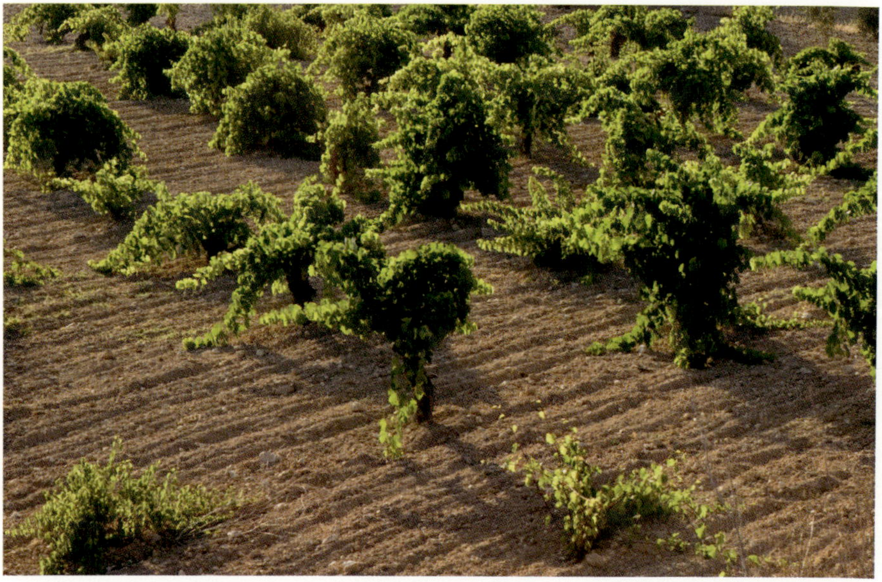

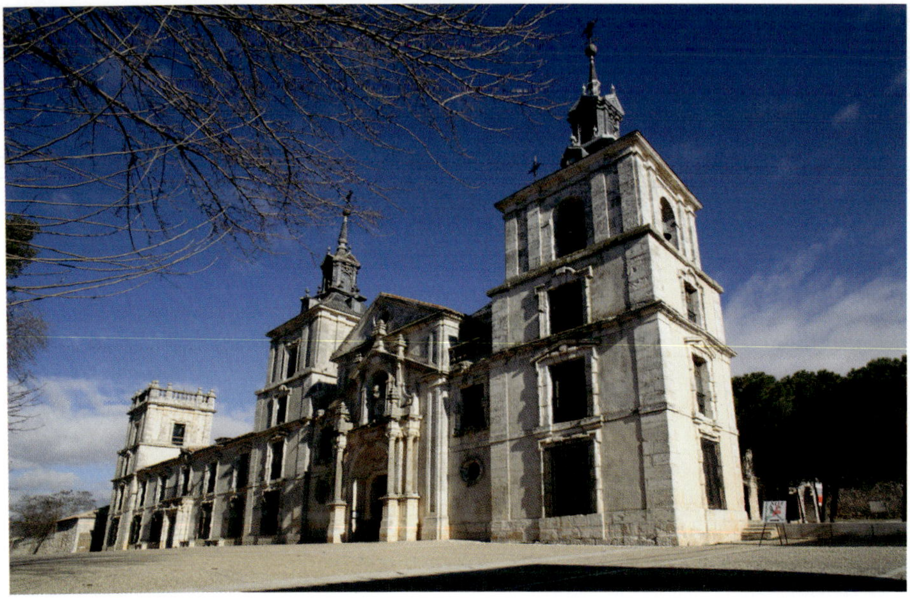

Nuevo Baztán fue fundado por el navarro Juan de Goyeneche en 1709, quien encargó construir su palacio residencia a José de Churriguera.

Las cuevas de Tielmes, hasta cincuenta en total, datan del Neolítico. Están horadadas en un risco de marga yesera. Aunque fueron declaradas de interés turístico en la Segunda República, en la actualidad están abandonadas.

Nuevo Baztán was founded in 1709 by Juan de Goyeneche who had his palace-residence built by José de Churriguera.

The Tielmes caves, numbering fifty in all, date from Neolithic times. They are excavated in a gypsum marl cliff. Despite being declared to be of tourist interest during the Second Republic they are currently in a state of neglect.

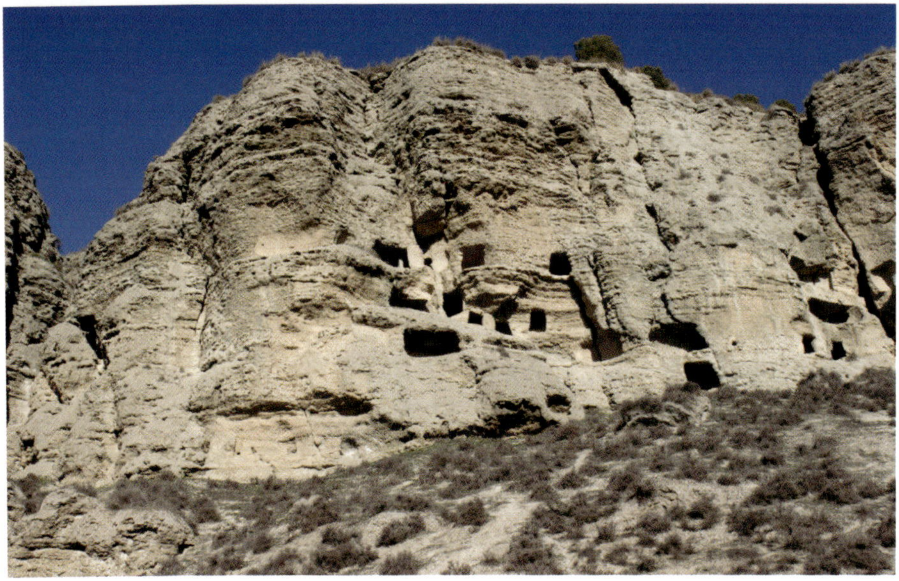

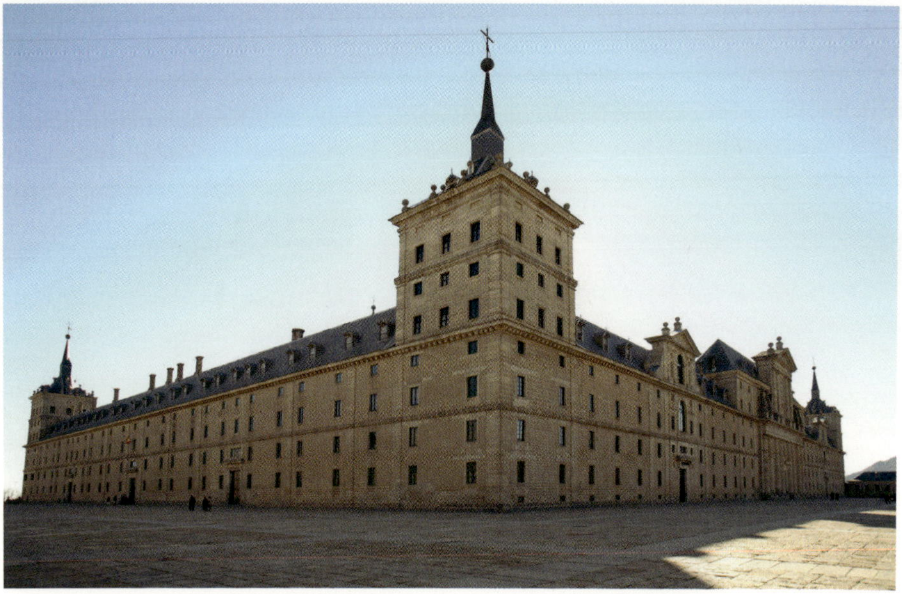

Para conmemorar la victoria de San Quintín, Felipe II ordenó la construcción de un palacio que sirviera además de panteón a sus padres y sus descendientes, donde, desde entonces, son enterrados los reyes de España. El palacio se halla junto al altar mayor del monasterio de San Lorenzo de El Escorial, verdadero núcleo del conjunto central del Real Sitio.

In order to commemorate the victory at Saint Quentin, Philip II ordered the construction of a palace that would also serve as a pantheon for his parents and descendents, and where the kings of Spain have been buried ever since. The palace stands next to the high altar of the monastery of San Lorenzo del Escorial, the real nucleus of the central ensemble of this royal domain.

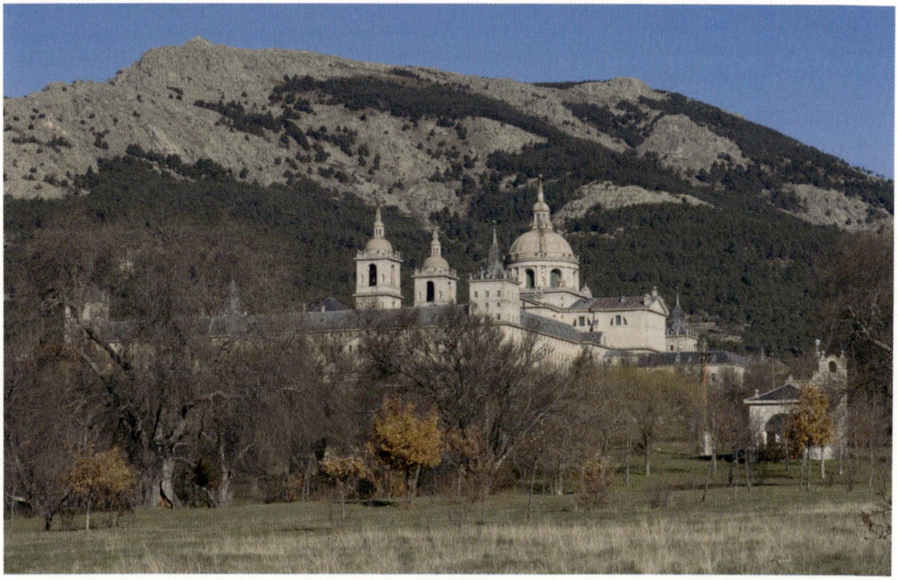

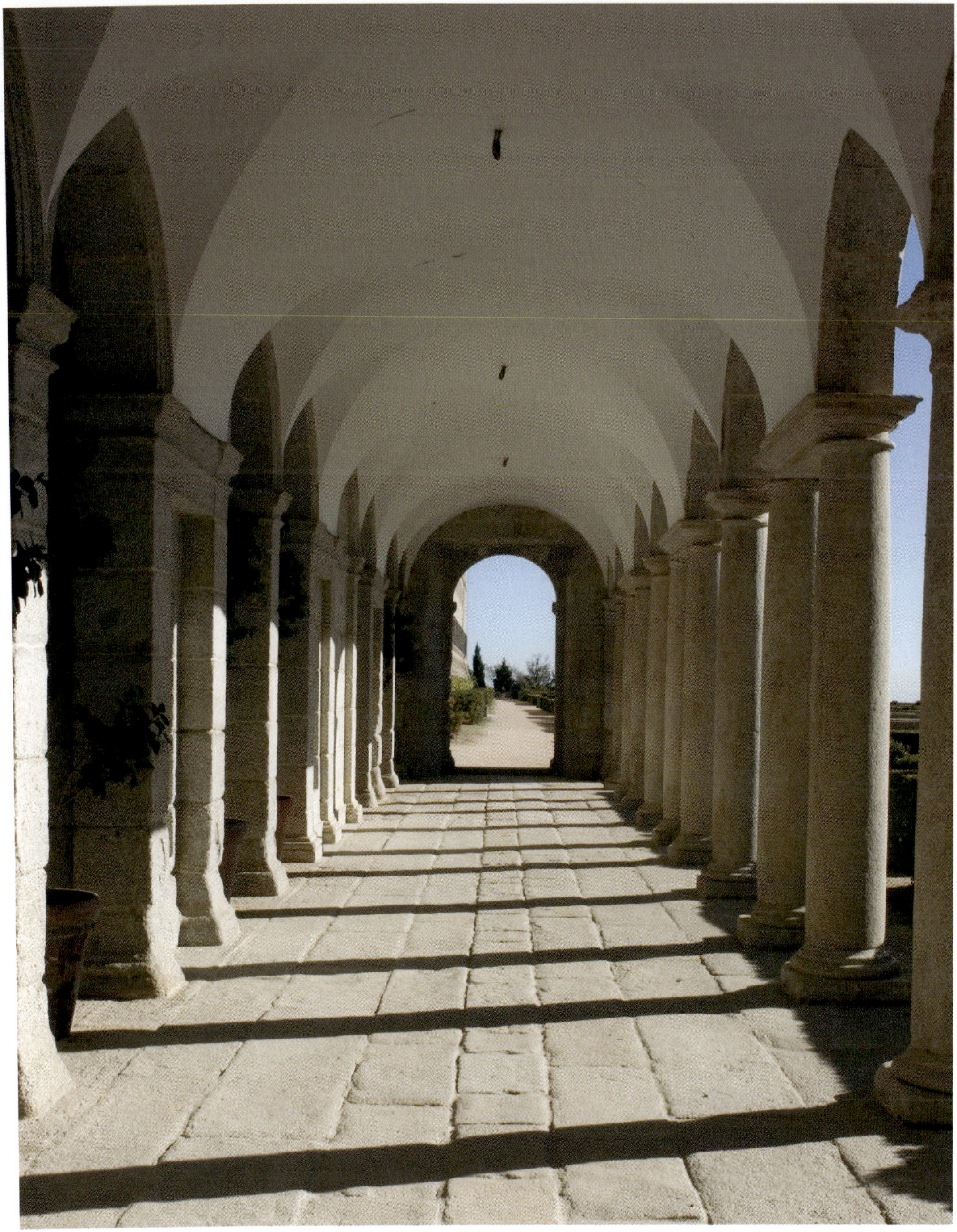

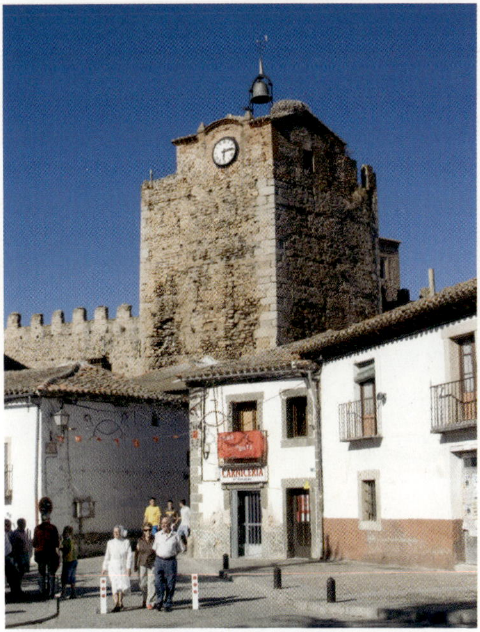

La torre del Reloj, en Buitrago del Lozoya, forma parte de la muralla musulmana del siglo XI que rodea la ciudad. La torre protegía la entrada al recinto.

The Clock Tower in Buitrago del Lozoya forms part of the eleventh-century Moorish wall surrounding the town. The tower guards the entrance to the area.

La iglesia parroquial de Santa María, se halla en el interior del recinto amurallado de Buitrago del Lozoya. Fue construida en 1321.

The parish church of Santa María stands inside the walled enclosure of Buitrago del Lozoya. It was built in 1321.

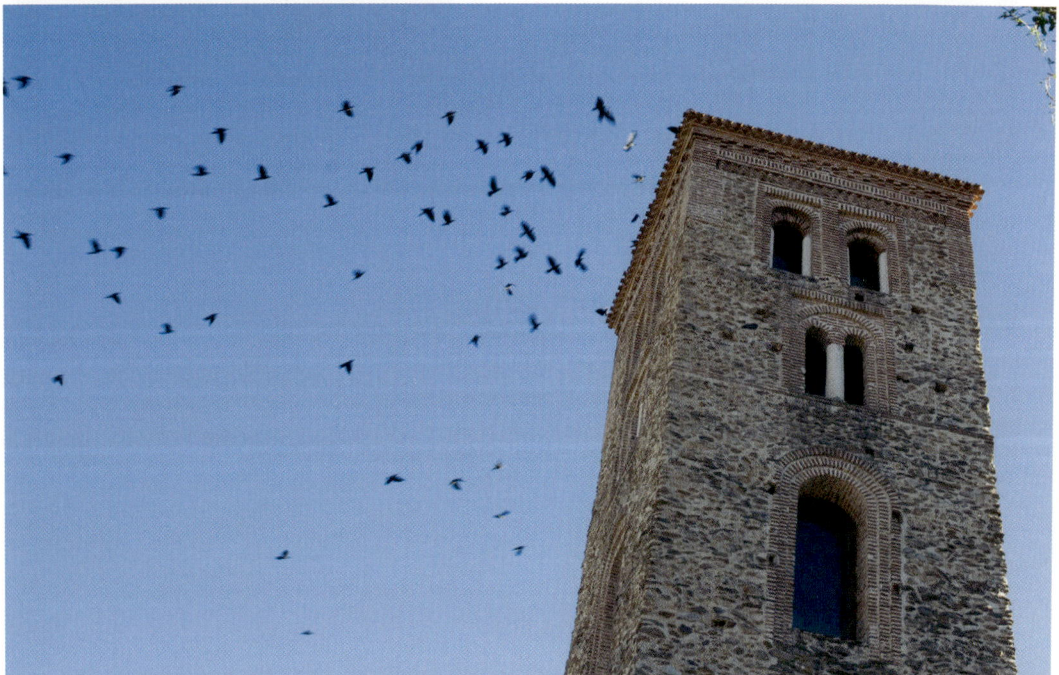

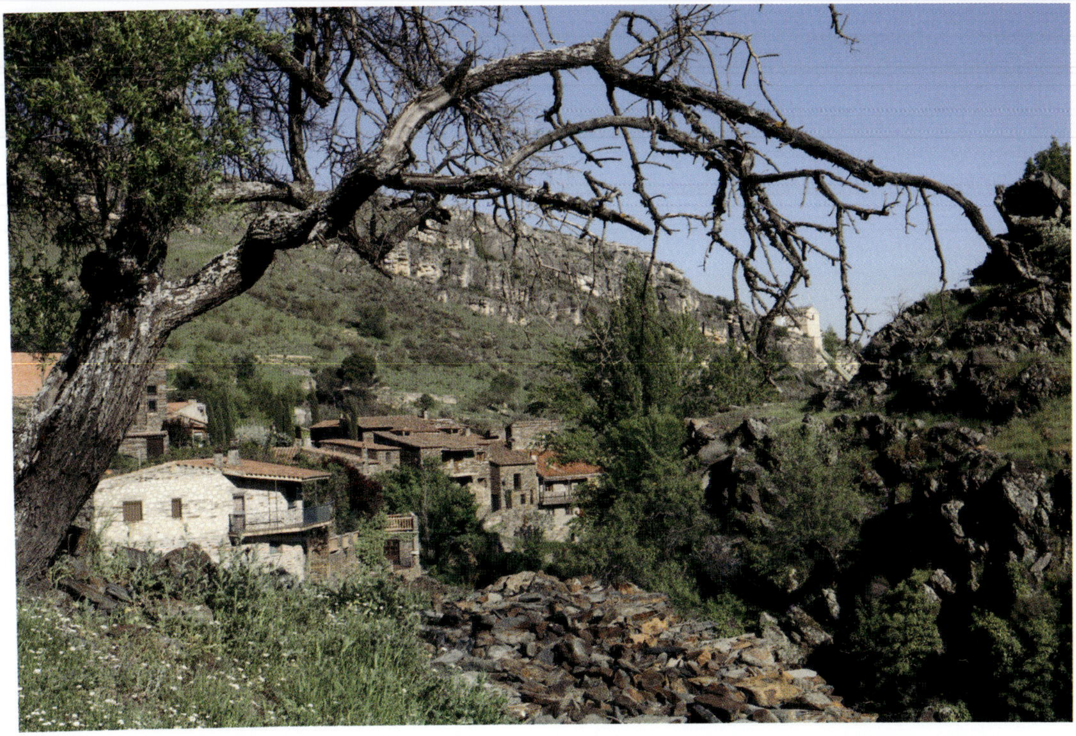

Patones es un pueblo escondido en la sierra Norte, en un rincón que aún guarda su valor paisajístico y arquitectónico debido a su aislamiento, últimamente conquistado por el turismo que llega de la Capital a comer en sus numerosos restaurantes.

Patones is a village hidden away in the northern sierra in a spot which, owing to its isolation, still conserves its natural and architectural value despite being recently taken over by the hosts of tourists who flock from the capital to savour the food served at its many restaurants.

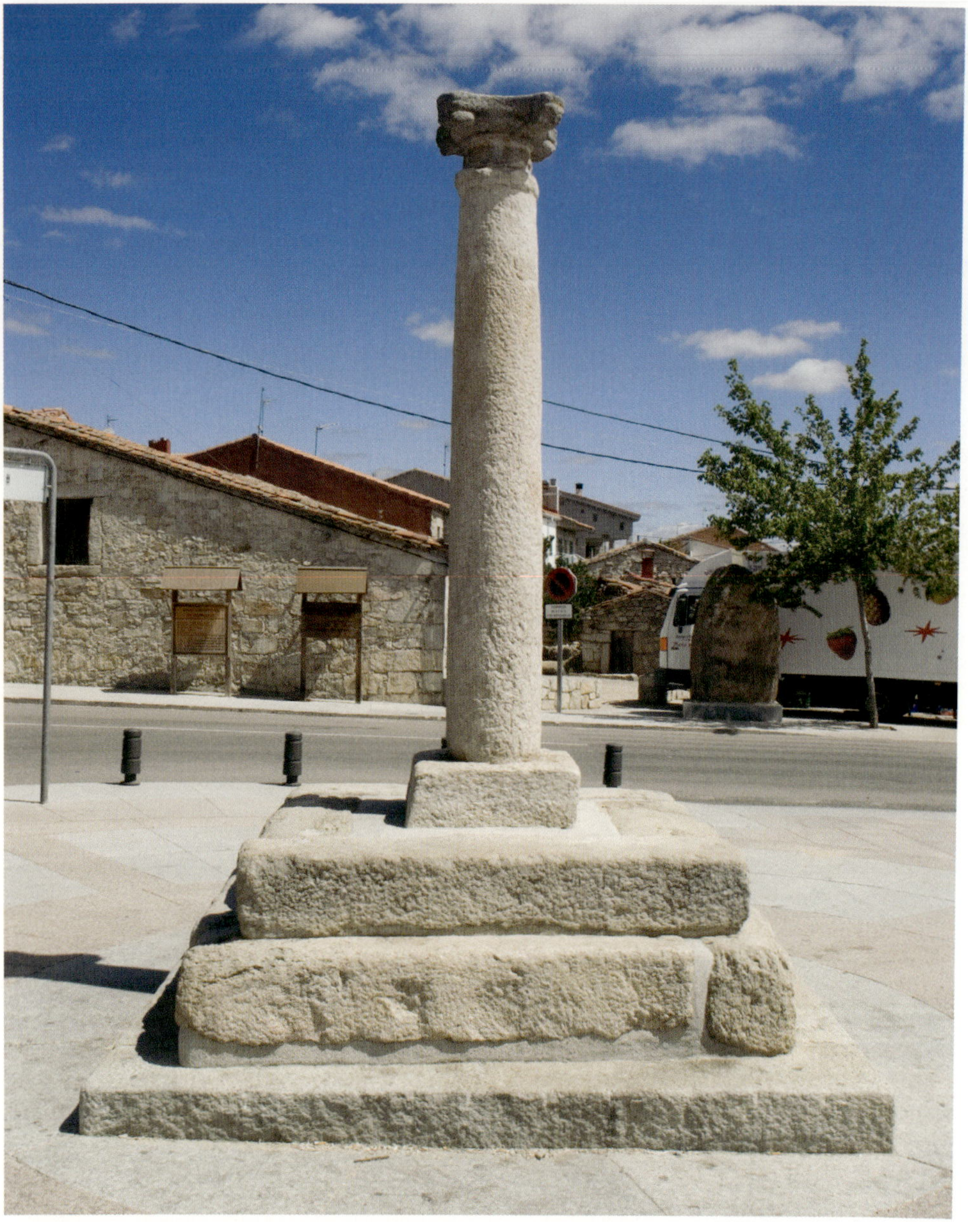

El municipio de El Berrueco es famoso por su picota que, según la inscripción situada en la parte superior, dataría del año 1 000, aunque es más probable que lo sea del siglo XIV o XV. Se utilizaba para exponer públicamente las cabezas de los ajusticiados.

The town of El Berrueco is famous for its pillory which, according to the inscription at the top, dates from the year 1000 thou gh it is more likely to be from the fourteenth or fifteenth century. It was used for publicly exhibiting the heads of those who had been executed.

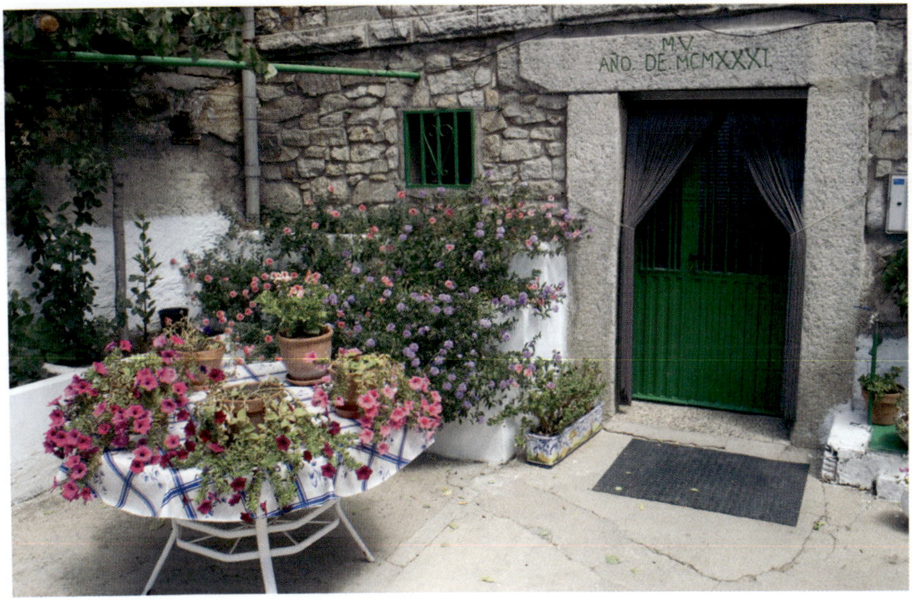

En el valle del Lozoya podemos encontrar rincones tan cuidados como el de la foto de arriba o tan emblemáticos de su paisaje y su historia como el inferior, donde se ve en primer plano el puente del Perdón y al fondo el monasterio de El Paular.

In the Lozoya valley we can find such well-preserved spots as the one in the photo above, or whose landscape and history are as emblematic as the one below which, in the foreground, shows the Puente del Perdón and, in the background, the monastery of El Paular.

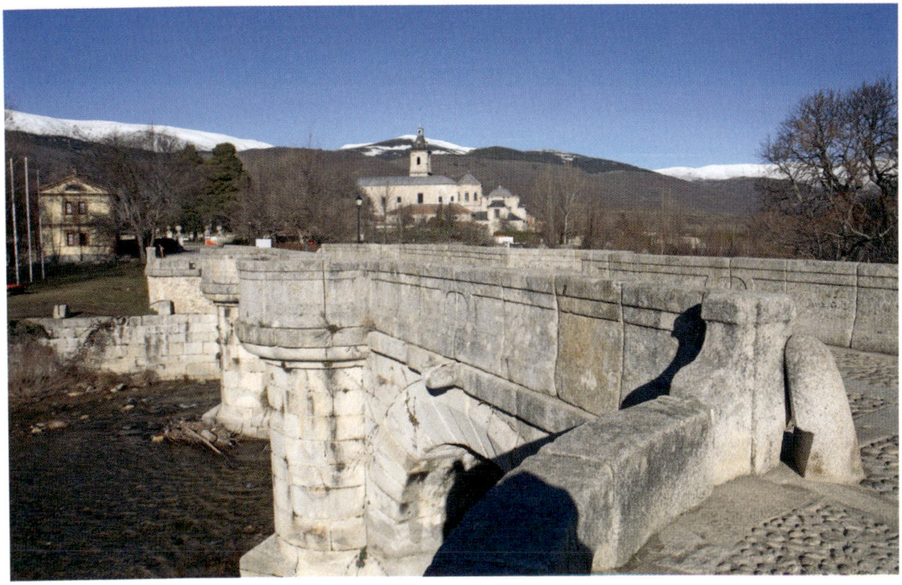

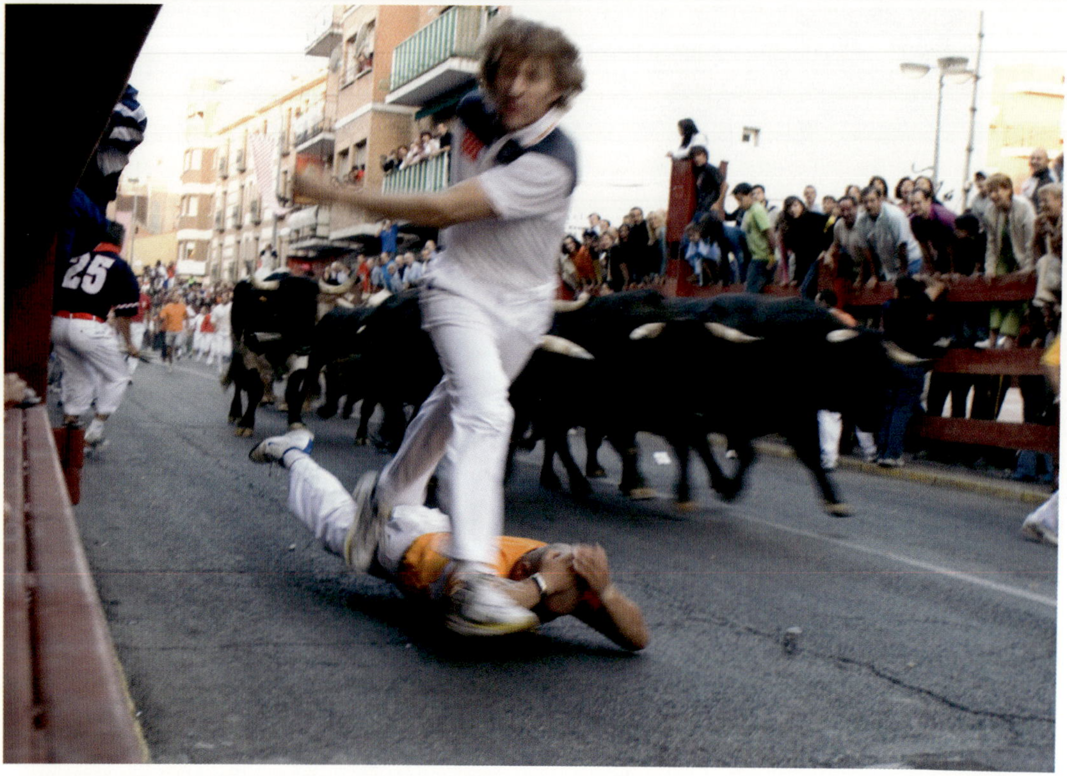

Desde 1525, treinta y tres años después de la fundación de San Sebastián de los Reyes, son famosos sus encierros de toros. Por algo *Sanse* es conocido como «la Pamplona chica».

San Sebastián de los Reyes has been famous for its bull-running since 1525, thirty-three years after the town was founded. Not for nothing is Sanse *known as «little Pamplona».*

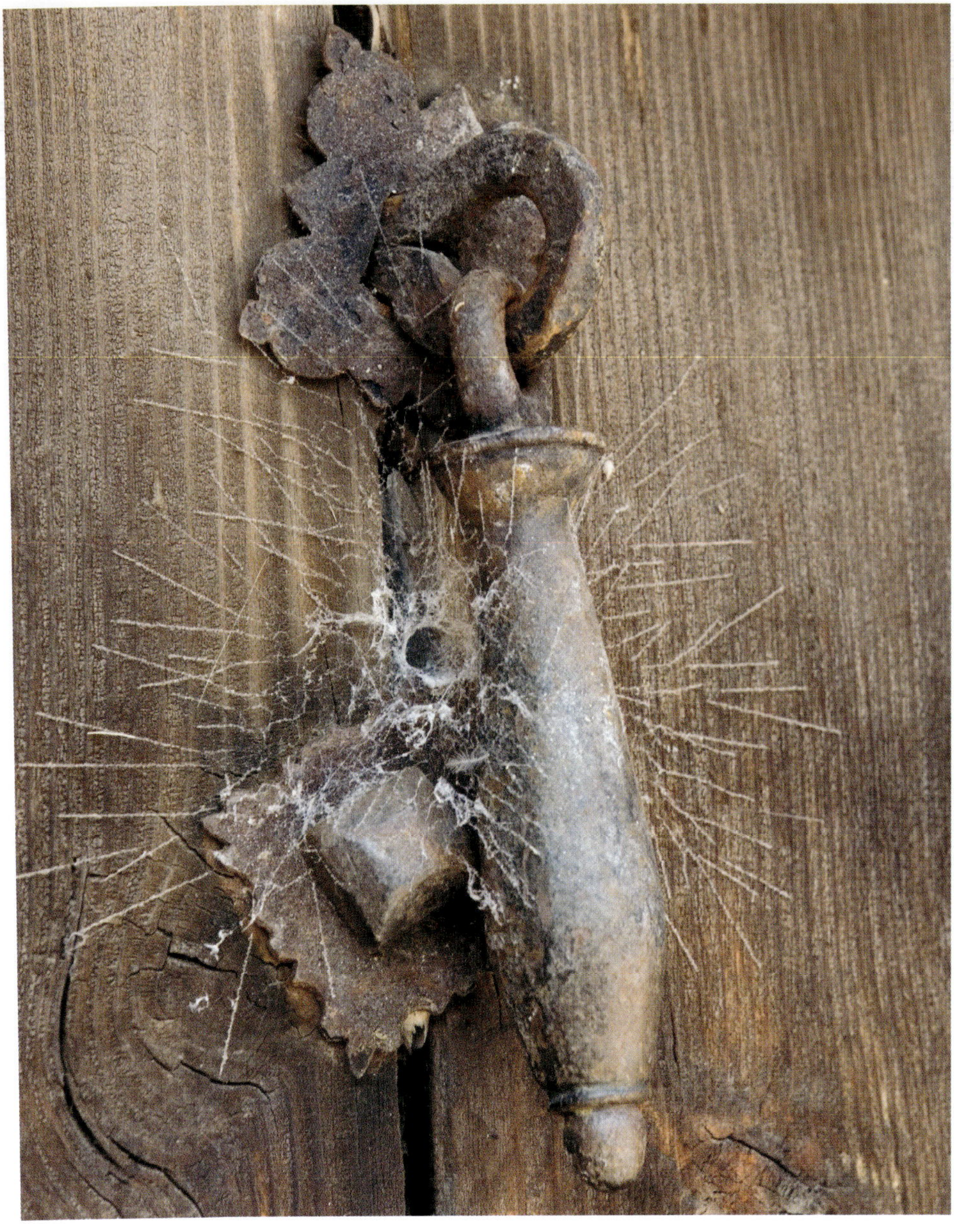

Son muchos los aldabones antiguos que se conservan en los pueblos de la Comunidad de Madrid y que, aunque servían para llamar a la puerta, hoy se mantienen como elementos decorativos.

The towns and villages in the Madrid region still have a large number of old doorknockers. Although they were used for calling at the door they are kept today as decorative items.

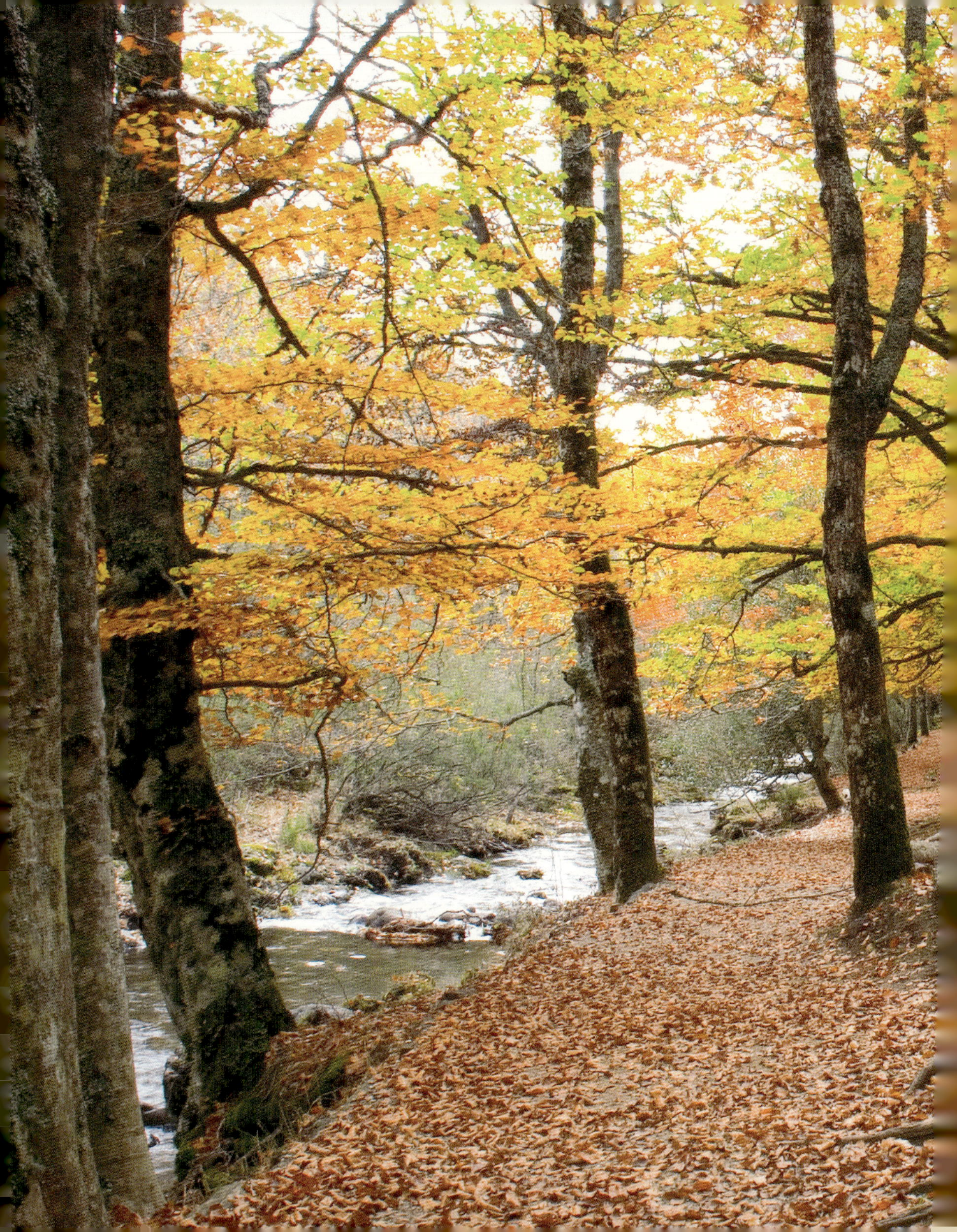

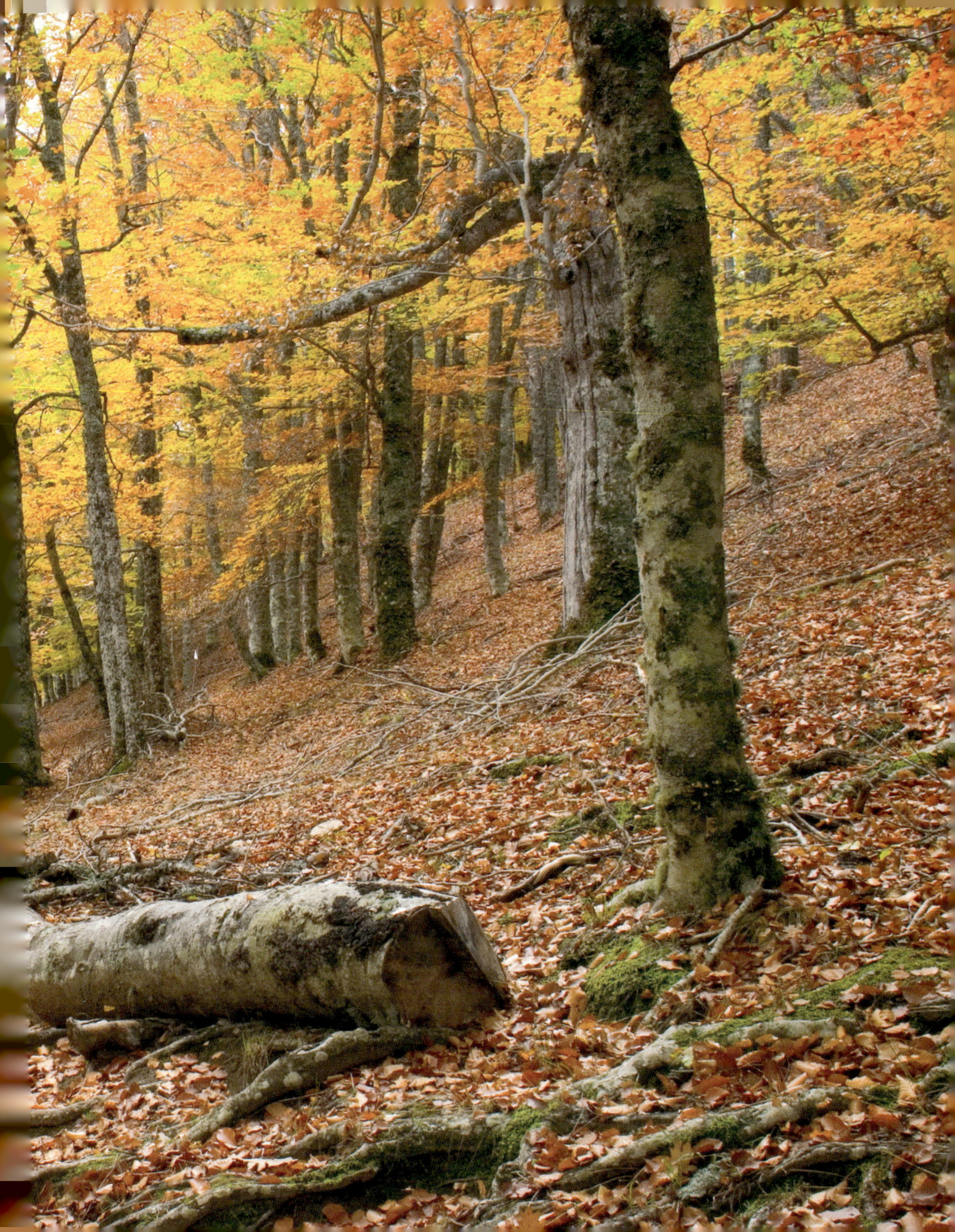

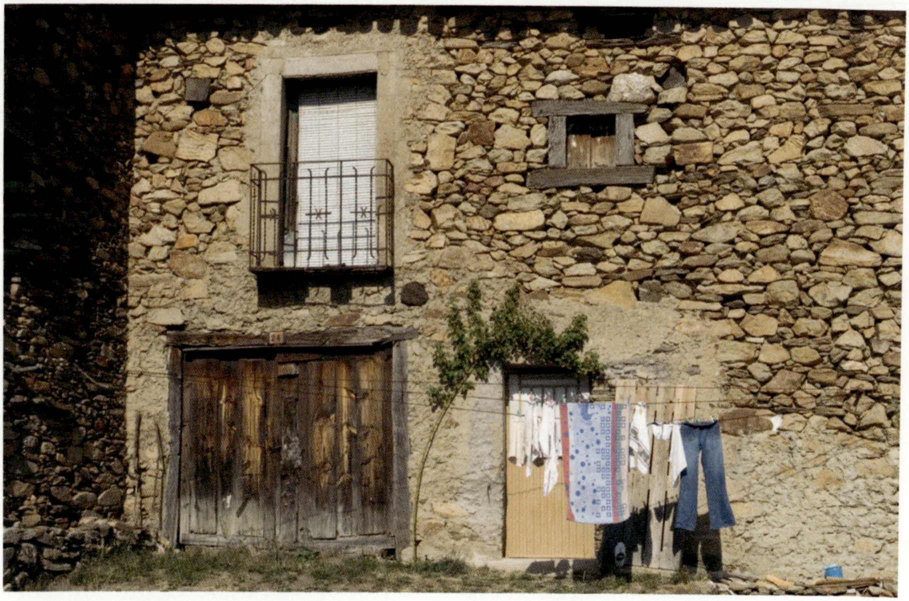

Vivienda de Horcajuelo, en la sierra del Rincón, declarada Reserva de la Biosfera por sus valores naturales.

La máxima altura de la Comunidad de Madrid, Peñalara (2430 m) se eleva sobre el embalse de Pinilla y todo el valle de Lozoya.

House in Horcajuelo, in the Sierra del Rincón, which has been declared to be a biosphere reserve owing to its rich natural environment.

Peñalara peak which, at 7,973 feet is the highest point in the Madrid region, stands over the Pinilla reservoir and the whole of the Lozoya valley.

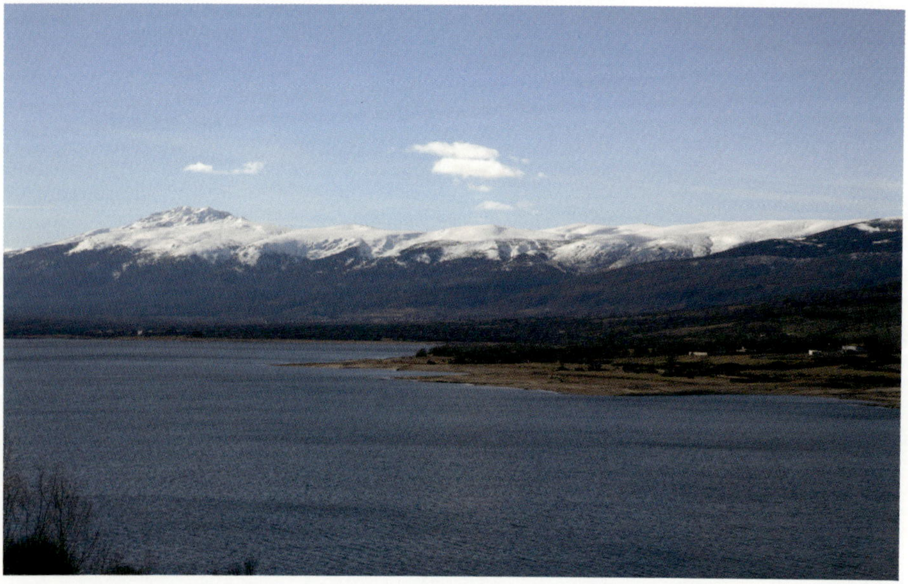

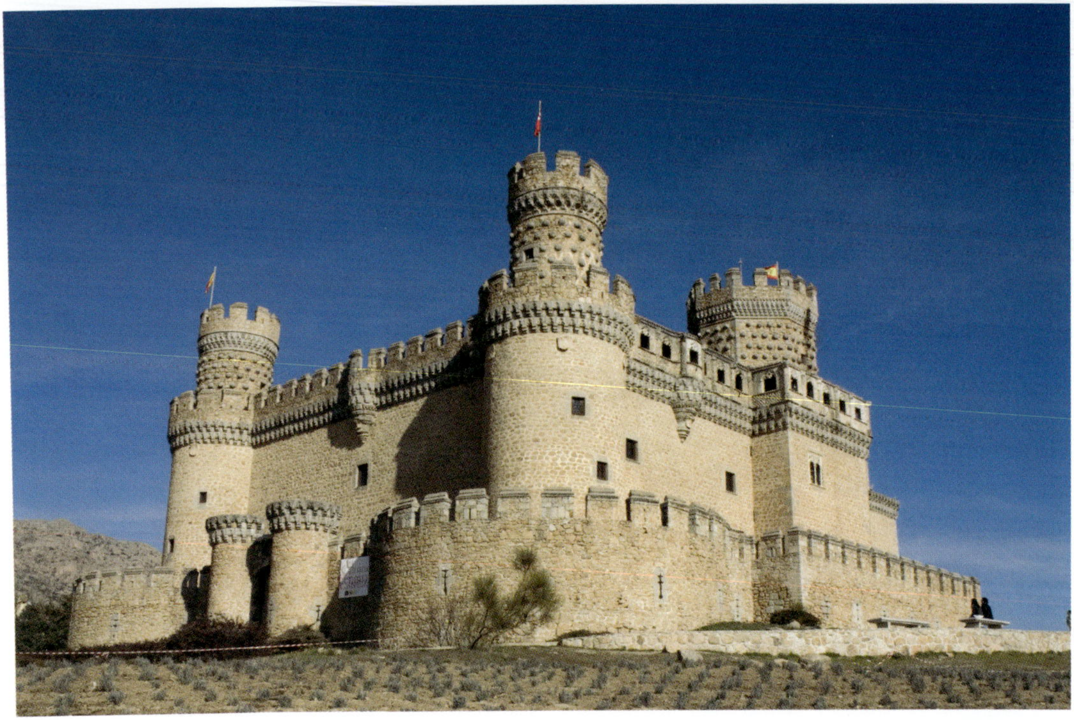

El castillo de Manzanares el Real fue mandado construir por Íñigo López de Mendoza, marqués de Santillana, en el siglo XV. En la actualidad pertenece al duque del Infantado quien lo ha cedido a la Comunidad de Madrid por espacio de sesenta años y es utilizado para celebrar congresos y actividades culturales entre otros usos, así como lugar de interés turístico.

The castle of Manzanares el Real was built at the behest of Iñigo López de Mendoza, Marquis of Santillana, in the fifteenth century. Its current owner is the Duke of Infantado who has transferred it to the Madrid Regional Government for a period of sixty years, and it is now used as a venue for congresses and cultural events among other activities, as well as being a tourist attraction.

Doble página (182-183): El hayedo de Montejo de la Sierra ocupa unas 120 hectáreas. Es interesante observar la falta de vegetación en el suelo, se debe a la amplitud de las copas de las hayas que impiden el paso de la luz del sol.

Double page (182-183): The beech wood of Montejo de la Sierra covers about 120 hectares. It is interesting to note the lack of vegetation on the ground. This is because the tops of the beeches are so broad that sunlight cannot get through.

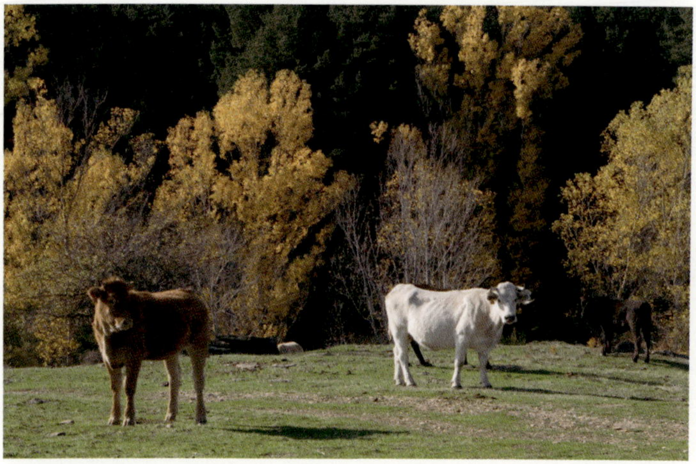

En la sierra Norte de Madrid se pueden encontrar pastando las ganaderías que luego darán carne con denominación de origen.

The herds whose meat will later be given the stamp of top quality can be seen grazing in Madrid's northern sierra.

Tumbas antropomorfas de Sieteiglesias, en la Sierra de la Cabrera. Tumbas excavadas en el granito de posible procedencia celtibérica.

Anthropomorphous graves in Sieteiglesias in the Sierra de la Cabrera. Graves of possible Celtiberian origin excavated in granite.

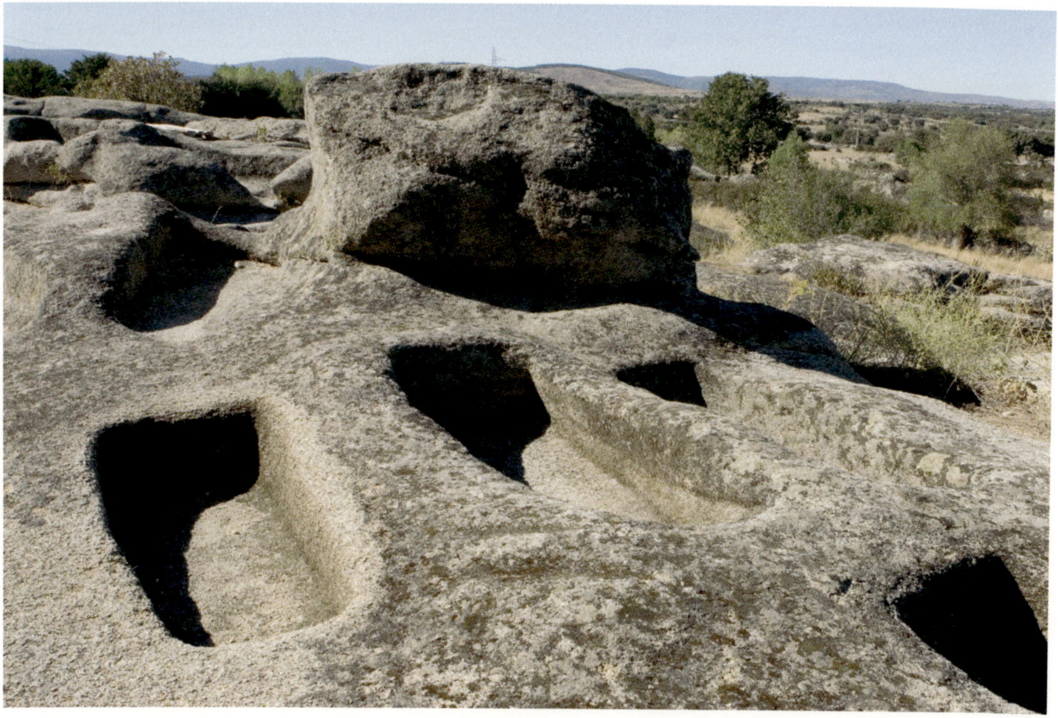

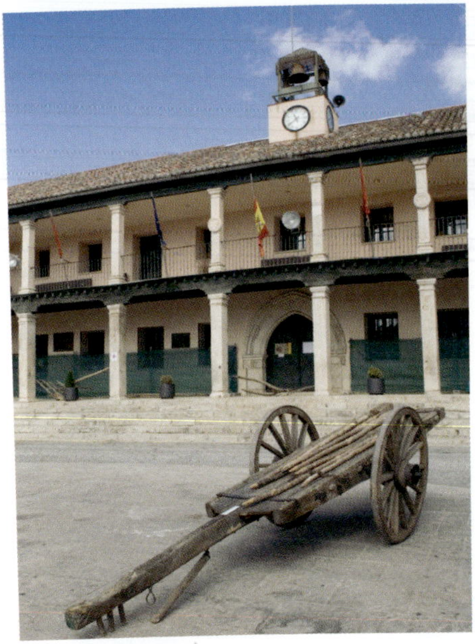

Plaza Mayor de Torrelaguna, con el edificio del Ayuntamiento, del siglo XVI, de doble galería adintelada y puerta ojival. En Torrelaguna nacieron el Cardenal Cisneros y la esposa de San Isidro, Santa María de la Cabeza.

Main square in Torrelaguna showing the sixteenth-century town hall building with its double flat gallery and Gothic-style door. Torrelaguna was the birthplace of Cardinal Cisneros and of Santa María de la Cabeza, wife of San Isidro.

Los musulmanes construyeron una red de atalayas con el fin de avisar, mediante fuego por las noches y señales de humo por el día, a los castillos de la provincia, el avistamiento de tropas enemigas. Una de estas atalayas, reconstruida, es la de Torrepedrera en el término de El Berrueco.

The Moors built a network of watchtowers for the purpose of communicating, by lighting fires at night and giving smoke signals during the day, that mounted enemy troops had been sighted. The reconstructed Torrepedrera, situated within the municipal boundaries of El Berrueco, is one of these watchtowers.

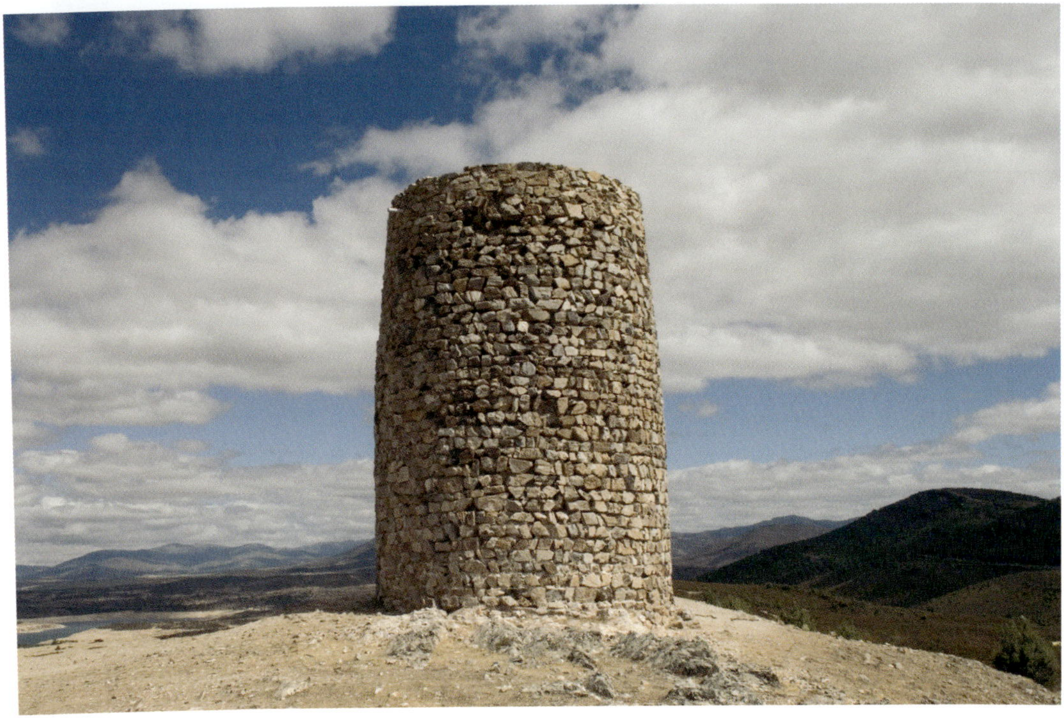

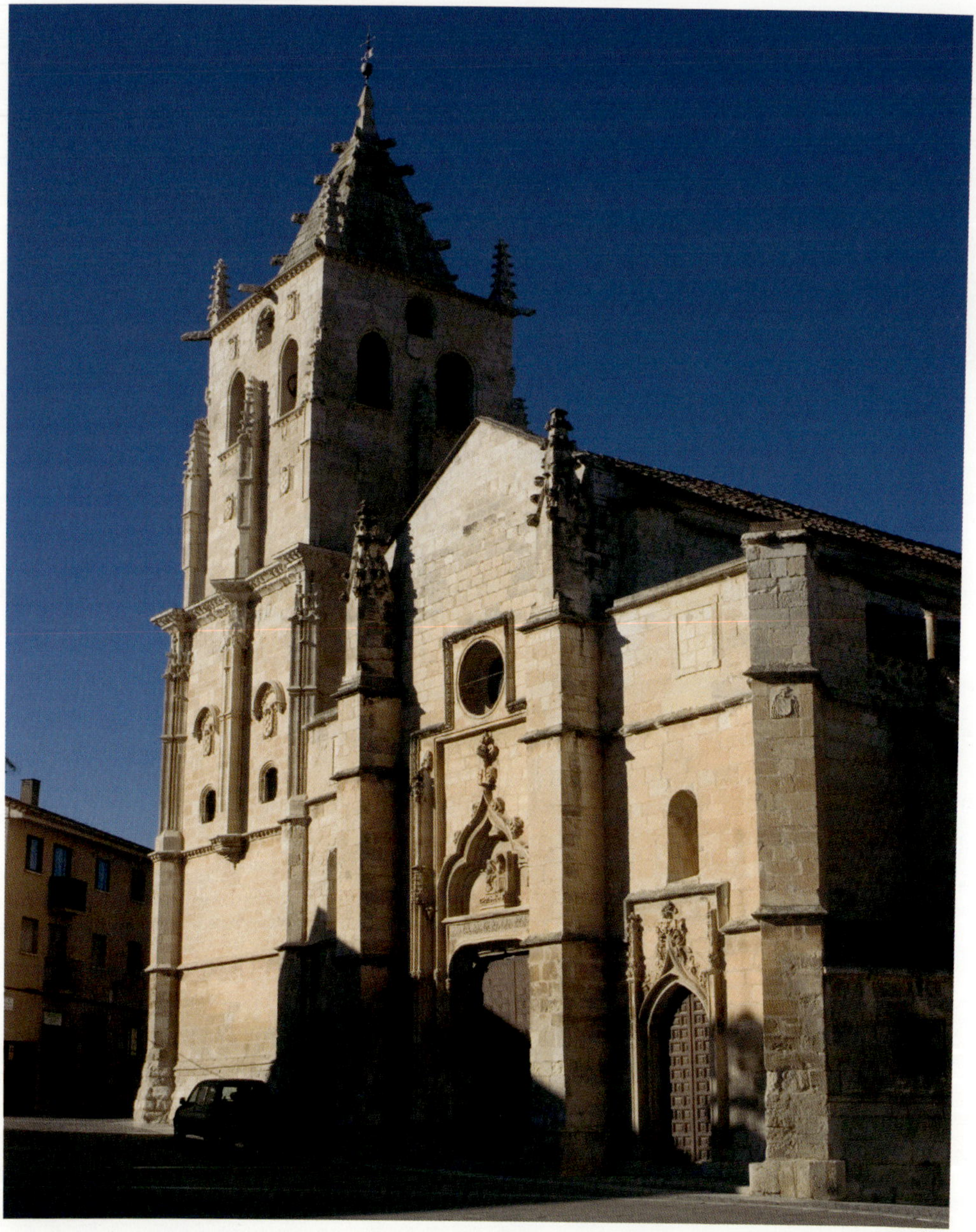

Iglesia gótica de Santa María Magdalena, en Torrelaguna, construida entre los siglos XIV y XVI. Destaca su robusta torre que recuerda a las de las iglesias de Colmenar Viejo y Villa del Prado.

Gothic church of Santa María Magdalena in Torrelaguna, built between the fourteenth and sixteenth centuries, with its solid spi re reminiscent of those of the churches in Colmenar Viejo and Villa del Prado.

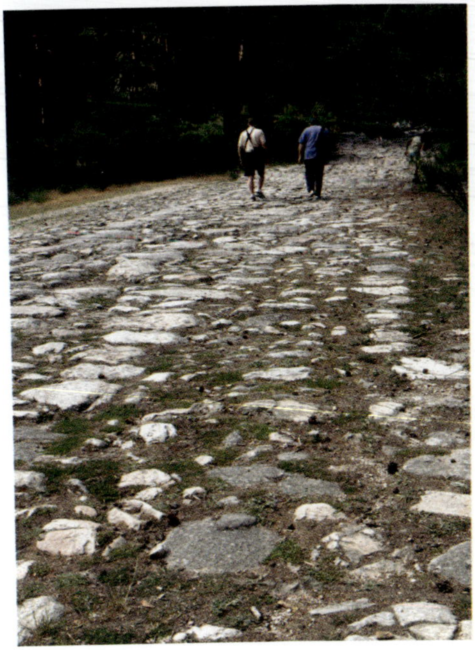

En Cercedilla se conserva en buen estado la calzada romana que atraviesa el puerto de La Fuenfría y que fue utilizada posteriormente por numerosas cortes reales que paraban en Cercedilla a descansar. La calzada unía Titulcia con Segovia, la denominada Vía Antonina.

In Cercedilla the Roman road that crosses the Fuenfría mountain pass, and which was used subsequently by numerous royal corteges that stopped to rest in the town, is still in a good state of repair. The road, known as the Via Antonina, linked Titulcia with Segovia.

Siete Picos, con una altura de 2 138 metros, forma parte de la sierra de Guadarrama. Ésta es el límite de la Comunidad de Madrid. La sierra de Guadarrama se halla enclavada en la mitad este del Sistema Central. Mide aproximadamente unos 80 kilómetros de longitud y es la conocida por los madrileños como «la Sierra».

Siete Picos, which rises to a height of 7,015 feet, is part of the Sierra de Guadarrama which forms the border of the Madrid Region. The Sierra de Guadarrama is in the eastern half of Spain's central mountain chain. It is approximately 50 miles long and is known by madrileños as «la Sierra».

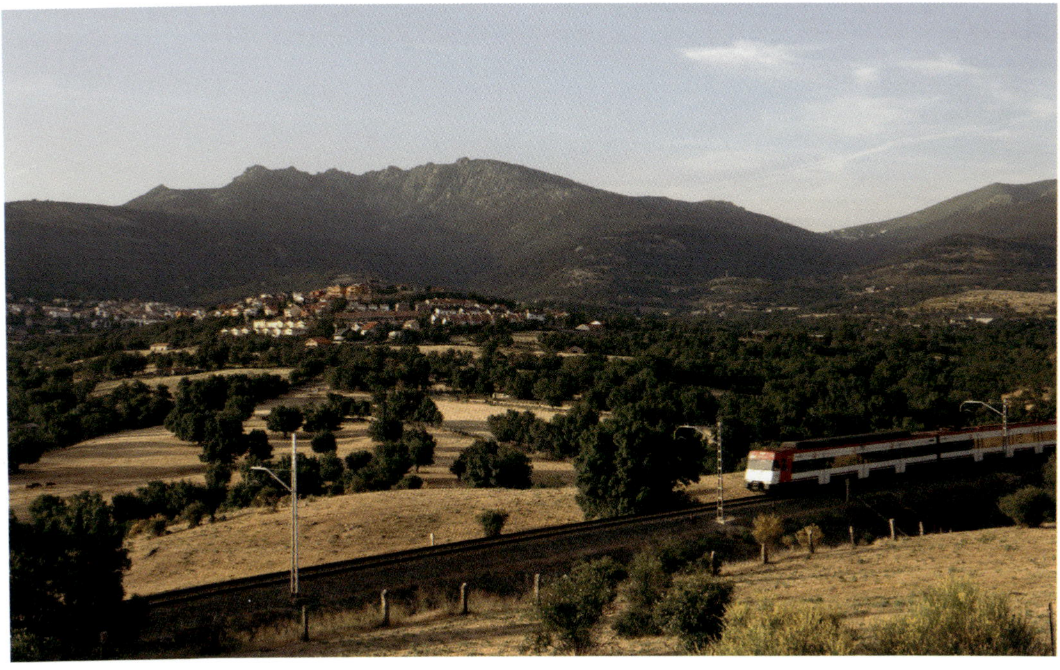

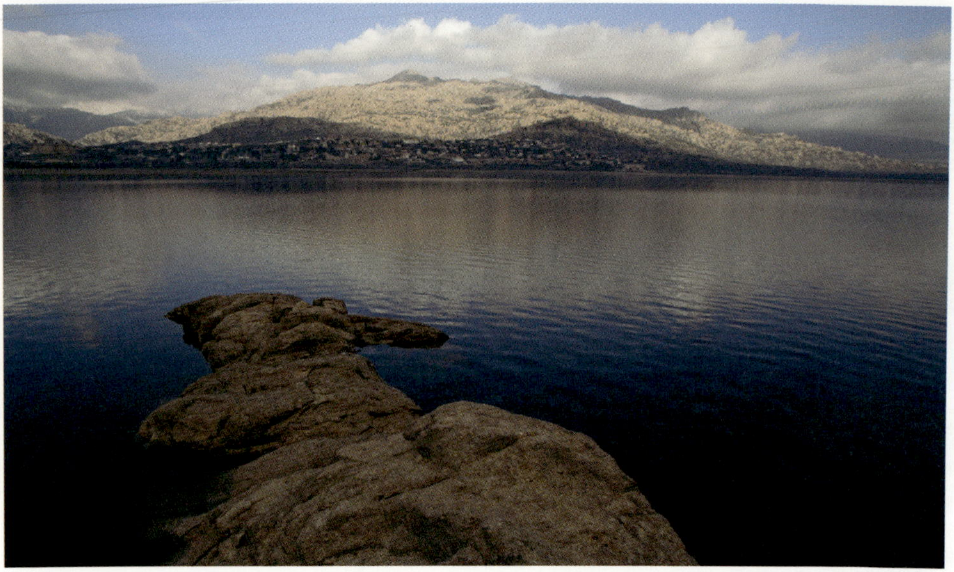

Embalse de Santillana, al pie de La Pedriza y del pueblo de Manzanares el Real donde se encuentra el castillo mejor conservado de Madrid. Un privilegiado paraje de Madrid.

El mirador de los poetas, en Cercedilla, homenaje a los poetas que glosaron la sierra de Guadarrama en sus poemas, algunos de los cuales están grabados en las rocas del entorno.

Santillana reservoir below La Pedriza and the town of Manzanares el Real where the best-preserved castle in Madrid is to be found. A privileged spot in Madrid.

Poets' corner in Cercedilla pays homage to the poets who sang the praises of the Sierra de Guadarrama in their poems, some of which are engraved in the surrounding rocks.

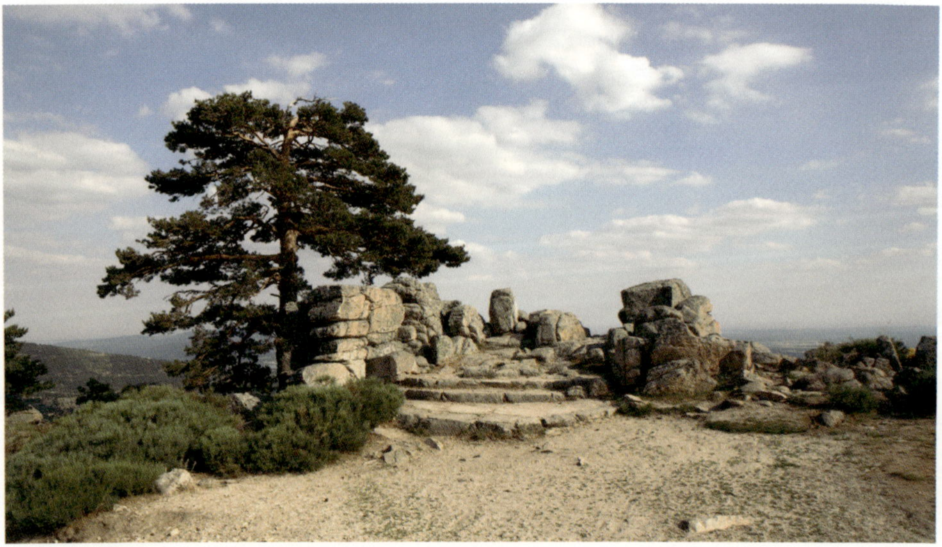

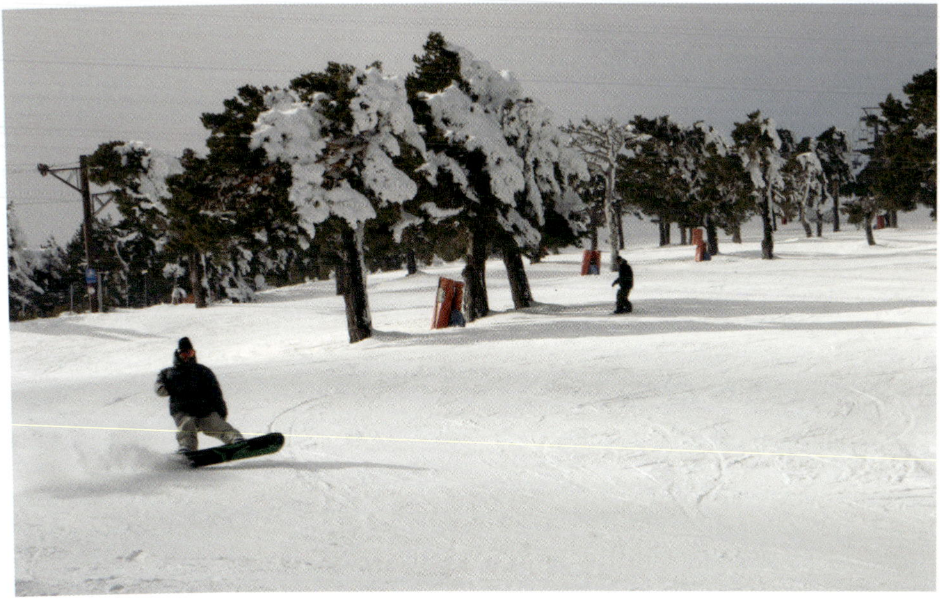

En «la Sierra» hay numerosas estaciones de esquí para disfrute de los madrileños que las utilizan en los fines de semana invernarles.

La Laguna de Peñalara, en el corazón del Parque Natural de las lagunas y cumbre de Peñalara, una reliquia del glaciarismo en estas montañas.

The «Sierra» has several ski stations for the enjoyment of the madrileños who make use of them at weekends in the winter.

Peñalara tarn, in the heart of the Parque Natural de las Lagunas, and Peñalara peak, an Ice Age relic in these mountains.

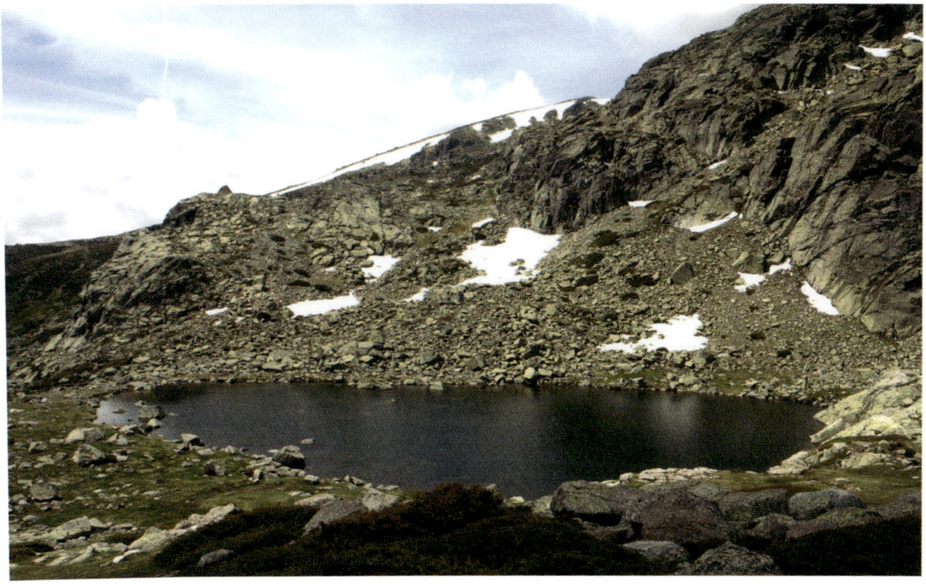